Trente ans après que deux alcooliques se soient rencontrés à Akron, les participants au Congrès international des AA à Toronto, (Ontario) ont résumé dans ces mots l'esprit qui inspire depuis le début la croissance des AA dans le monde entier : « Si quelqu'un quelque part tend la main en quête d'aide, je veux que celle des AA soit là... et de cela, JE SUIS RESPONSABLE. »

D^r BOB
et les pionniers

D^r BOB

et les pionniers

Une biographie établie à l'aide des souvenirs des premiers AA du Midwest

1980
Alcoholics Anonymous World Services, Inc., New York, N.Y.

Avant-propos

La préparation de ce livre débuta après que la Conférence des Services Généraux des AA d'avril 1977 eût approuvé le projet. Au départ, on voulait publier une biographie conjointe des deux cofondateurs. Ce projet s'avérant irréalisable, il apparut alors que la biographie de Dr Bob devait être écrite en premier, avant celle de Bill W. La fin du siècle dernier coïncida avec l'enfance et la jeunesse de Dr Bob. En dépit de recherches fouillées, il y a des mois et des années de cette première période sur lesquels on ne connaît que de rares détails, grâce aux souvenirs d'une poignée d'hommes et femmes. Si peu spectaculaires qu'ils soient, ces souvenirs nous permettent d'entrevoir la personnalité qui contribua à façonner le mouvement des Alcooliques anonymes.

Sur la vie adulte de Dr Bob, alcoolique actif, puis en voie de rétablissement, les renseignements sont beaucoup plus nombreux. En cours de recherches, l'ouvrage évolua tout naturellement d'une approche biographique un peu sommaire à un recueil de souvenirs des premiers AA du Midwest.

Notre cofondateur se trouvait dans la même situation que n'importe quel autre membre : sans le Mouvement et son programme, sa vie aurait été une histoire brève qui se serait terminée de façon tragique.

L'histoire personnelle et le contexte historique ressortent en partie des publications AA et des archives du Bureau des Services généraux AA de New York, mais l'essentiel provient d'entretiens en tête à tête avec des parents, amis et connaissances de Dr Bob ainsi qu'avec les premiers membres des AA du Midwest. Ces entretiens n'ont pas eu lieu seulement en Ohio, et au Vermont où est né Dr Bob, mais aussi en Californie, dans le district de Washington, en Floride, en Caroline du Nord, à New York et au Texas. Dans la version française, la partie intitulée « Sources » (page 349) présente une liste générale des sources des citations.

Les entretiens ont généré bien plus de matériel historique que ce que peut contenir un seul livre, mais les enregistrements intégraux font maintenant partie des archives AA. Le Mouvement a une énorme dette de gratitude envers tous ceux qui ont accepté de partager leurs souvenirs.

Table des matières

I. Enfance et années de collège

Robert Holbrook Smith – par la suite mieux connu des alcooliques reconnaissants sous le nom de Dr Bob, cofondateur des Alcooliques anonymes – est né le 8 août 1879, dans la chambre en
façade d'une grande maison de bois du XIXe siècle, à l'angle des
rues Central et Summer, à St. Johnsbury dans le Vermont.

Il était le fils du juge Walter Perrin Smith qui siégeait à la
Cour de Probation du comté de Caledonia (Vermont), et avait
beaucoup d'influence dans les milieux d'affaires et dans le domaine social. Le juge Smith fut également, à des périodes diverses, procureur, membre de la législature de l'État, surintendant
des écoles de St. Johnsbury, directeur de la *Merchants National
Bank* et président de la *Passumpsic Savings Bank*. De plus, il enseigna le catéchisme le dimanche pendant quarante ans.

Dr Bob, qui parlait rarement de ses antécédents familiaux, a
décrit son père comme un Yankee typique du Vermont ; à première vuc, il était réservé et taciturne, mais doté d'un sens de
l'humour vif et un peu caustique.

Beaucoup plus tard, le fils de Dr Bob, Robert R. Smith
(surnommé Smitty), a décrit son père en employant presque les
mêmes termes : «Au premier contact, il était très réservé et
guindé dans ses réactions, mais lorsque vous deveniez son ami,
il montrait une tout autre personnalité : amicale, généreuse et
pleine de gaieté»

Sous une dureté apparente, le juge Smith dissimulait beaucoup de chaleur et de compassion, avec peut-être un soupçon d'indulgence pour son fils unique. Il est certain qu'il a tenté de comprendre et de combattre la maladie qui menaçait de détruire la vie et le travail de Bob. À de nombreuses reprises, avec plus ou moins de succès éphémères, il a essayé de sauver Bob des conséquences de la boisson. Malheureusement, il est mort en 1918 et n'a donc pu voir Dr Bob acquérir une abstinence permanente.

Madame Smith, elle, a vécu assez longtemps pour le voir devenir abstinent. C'était une femme sévère, digne et très dévote qui s'occupait des innombrables activités sociales et religieuses de l'imposante église en pierres grises de St. Johnsbury, l'Église Congrégationniste du Nord.

«Grand-maman Smith était une femme froide, dit Suzanne Windows, la fille adoptive de Dr Bob. Un jour, elle est venue à la maison et nous étions tous grippés. Au lieu de se mettre à la besogne, elle est allée se coucher, elle aussi!»

Madame Smith était d'avis que la voie du succès et du salut devait passer par une stricte surveillance de la part des parents, une éducation sévère et une pratique religieuse assidue.

« Maman (Anne Ripley Smith) la blâmait parce que papa buvait, dit Sue. Elle trouvait que son éducation rigide l'avait presque détruit. À la première occasion, il s'en est libéré.»

Dr Bob (qui, comme nous le savons, n'était pas homme à « perdre son temps avec des complexes freudiens») disait simplement: «Il se fait que j'aimais mon grog». Cependant, en regardant le passé, il a pu déceler dans son enfance des influences qui ont eu des effets à long terme.

Même s'il avait une sœur adoptive beaucoup plus âgée, Amanda Northrup, à laquelle il était très attaché, il a grandi comme un enfant unique. À l'âge mûr, il a déclaré que c'était dommage, parce que cela

Avec derrière lui une enfance saine dans le Vermont et devant lui une carrière médicale, le jeune Dr Bob a déjà amorcé une seconde carrière, celle d'alcoolique.

« est peut-être à l'origine de l'égoïsme qui a joué un rôle si important dans l'apparition de mon alcoolisme. »

Il découvrit alors une raison de sa future révolte : « De mon enfance à la fin de mes études secondaires, je fus plus ou moins forcé d'aller à l'église. Je devais assister à l'école du dimanche ainsi qu'aux offices religieux en soirée, participer le lundi aux réunions de la *Christian Endeaver Society* et parfois même aller à la réunion de prière du mercredi soir. Cela a eu pour effet de me faire prendre la résolution de ne plus jamais remettre les pieds dans une église une fois libéré de l'emprise parentale. » Bob a « fermement » tenu sa résolution pendant les quarante années suivantes sauf lorsque les circonstances l'obligaient à agir différemment.

Un autre signe de rébellion est apparu dans sa prime enfance. Le jeune Bob était envoyé au lit chaque soir à 5 heures. Il montait tranquillement avec un air obéissant qui aurait pu amener certains parents à soupçonner le pire. Lorsqu'il croyait que la voie était libre, il se levait, s'habillait, descendait furtivement l'escalier et rejoignait ses amis par la porte de derrière. Il n'a jamais été pris.

De 1885 à 1894, Bob fréquenta l'école primaire de la rue Summer, un bâtiment de briques rouges de deux étages, à deux rues de la maison des Smith. Situé sur la rivière Passumpsic, dans le nord-est du Vermont, St. Johnsbury était, et est toujours, un village typique de la Nouvelle-Angleterre. Sa population était à l'époque d'environ 7 000 habitants, et d'à peine 8 400 dans les années 1970. Ce village se trouve à 160 kilomètres au nord-est de East Dorset où Bill Wilson – qui deviendra cofondateur des AA avec le Dr Bob – est né, a grandi et est enterré.

Le Dr Bob décrivait le niveau général de la moralité publique de St. Johnsbury comme « bien plus élevé que la moyenne ». La consommation d'alcool était considérée comme une question de moralité. La vente de bière ou d'alcool était illégale, sauf au magasin de l'État, et la seule chance pour un client d'acheter une bouteille était de convaincre le préposé qu'il en avait réellement besoin.

« S'il ne pouvait faire la preuve de ce besoin, dit Dr Bob, le client devait s'en retourner les mains vides, privé de ce que, plus tard, dans ma vie, j'en suis venu à considérer comme le remède à tous les malheurs humains. »

Qu'arrivait-il à ceux qui cherchaient à contourner l'esprit, sinon la lettre de la loi ? «Ceux qui faisaient venir de l'alcool de Boston ou New York, poursuit Dr Bob, étaient mal vus par les bonnes gens de l'endroit.»

Cependant, certains réussissaient à s'approvisionner sur place. Le jeune Bob a pris sa première boisson alcoolisée un beau jour d'été, alors qu'il venait d'avoir neuf ans. Il aidait les hommes à faire des ballots de foin dans une ferme voisine. En flânant, il découvrit dans un coin de la grange une cruche de cidre, cachée là par un employé de la ferme.

Il la déboucha et renifla. Il en eut la respiration coupée et les larmes lui montèrent aux yeux. C'était fort ! Pourtant, il but un coup, probablement plus parce que c'était défendu que pour tout autre raison.

Il aima le goût, mais à cette époque il était évidemment capable de continuer ou d'abandonner, car il ne mentionnera aucune autre consommation de boisson pendant les dix années suivantes.

Enfant, Bob avait d'autres façons d'échapper à la discipline. Dès le plus jeune âge, il apprécia les sorties en plein air, un dérivatif à l'école poussiéreuse qu'il était forcé de fréquenter jour après jour, jusqu'à l'été. Pendant les vacances, il était libéré de certaines obligations, et libre d'errer dans les collines, de pêcher, de chasser et de nager.

Il était très attaché (et il l'est resté toute sa vie) à sa sœur adoptive, Amanda, et c'était surtout pendant les vacances qu'il se retrouvaient ; ils pique-niquaient, vagabondaient et nageaient ensemble. Ils consacrèrent aussi beaucoup de temps à la construction d'un bateau, à bord duquel ils naviguaient sur le lac Champlain. C'est là que les Smith avaient leur maison d'été, à la frontière des États du Vermont et de New York. À la suite d'un de ses séjours chez les Smith, Amanda, qui devint professeur d'histoire au collège Hunter à New York, reçut de Bob, alors âgé de 10 ans, cette lettre sur papier ligné :

St. Johnsbury, Vermont
4 mai 1890

Chère Mademoiselle Northrup,

J'ai eu chaque jour l'intention de t'écrire mais j'ai tardé jusqu'à aujourd'hui. Je te remercie beaucoup de m'avoir envoyé les images et le livre. J'ai beaucoup aimé le livre et j'espère que tu le liras lorsque tu reviendras. Je suis allé rendre visite à M. Harrington et j'ai joué avec le chien Rover. Ils ont un jeune taureau et il a dit qu'il me le vendrait un dollar. Maman dit que s'il y a bien une chose dont nous n'avons pas besoin, c'est d'un taureau. Je suis allé à la pêche mercredi et j'ai attrapé environ dix poissons et un lézard. J'ai mis le lézard dans un bassin d'eau et je prévois le mettre dans l'alcool. Papa m'a offert une nouvelle bride et une couverture pour mon cheval et je monte tous les jours. J'aime beaucoup cela. Reviens dès que tu le pourras.

Avec tout mon amour,
Robert H. Smith.

(Même adulte, Dr Bob n'a jamais été un grand correspondant. Ses lettres à Bill Wilson ne couvrent qu'une page ; il va rapidement à l'essentiel et les mots sont grifonnés à travers la feuille.)

Ces étés ont fait du jeune Bob un excellent nageur et, un jour, il a sauvé une fillette de la noyade. Cet incident l'a convaincu que les enfants devaient apprendre à nager dès leur plus jeune âge ; il apprit à nager à Smitty et à Sue à l'âge de cinq ans. Chaque matin des vacances, tous trois allaient nager dans le canal près de leur maison d'été à West Reservoir, Akron. Un jour, effrayé de les voir à l'eau, un voisin a appelé Anne Smith pour lui dire que ses enfants étaient tombés du bateau au milieu du canal.

Plus Bob grandissait, plus il élargissait ses horizons. Il est même allé chasser au Canada avec quelques amis. Le gibier était si rare qu'ils se sont nourris pendant trois semaines d'anguilles, de bleuets et de biscuits tartinés de sauce tartare. Ils ont finalement pris en chasse une marmotte de belle taille. Une fois à leur portée, ils se sont mis à tirer sans arrêt.

Après quelques secondes, la marmotte a disparu dans son terrier. Le juge Smith racontait plus tard qu'elle s'était probablement sauvée pour échapper au bruit.

Une autre fois, les garçons se promenaient dans les bois. Ils avançaient en donnant des coups de pied sur les pierres, en riant et en plaisantant, quand ils se sont retrouvés devant un ours énorme. L'ours, sans doute plus effrayé qu'eux, a disparu dans les profondeurs de la forêt. Les jeunes chasseurs l'ont poursuivi impitoyablement, en hurlant et en s'encourageant l'un l'autre. Cependant, l'ours leur a échappé. « De toute façon, je ne pense pas que nous ayons couru après lui aussi vite que nous aurions pu le faire », racontait Bob.

Après les années d'enfance, Bob a vu le temps des vacances raccourcir. À l'adolescence, il s'est mis à travailler l'été, soit dans une ferme du Vermont, soit dans un hôtel de vacances des Adirondack, dans l'État de New York où, comme chasseur, il servait les clients et portait les valises.

En 1894, à quinze ans, il entre à l'Académie St Johnsbury. Devenue aujourd'hui un complexe impressionnant de dix bâtiments, l'Académie avait été fondée grâce à l'aide philanthropique de la compagnie Fairbanks Morse ; c'était une école secondaire indépendante « destinée à la formation intellectuelle, morale et religieuse des garçons et des filles du nord-est du Vermont. » Calvin Coolidge, trentième président des États-Unis, y a étudié.

Bob est devenu un lecteur passionné à la fin de sa vie, mais tout au long de ses années d'études, il a rarement ouvert un livre. Ses parents et ses professeurs lui reprochaient son caractère « rebelle». Il parvint néanmoins à passer sans doubler, avec même des notes honorables.

Son manque d'intérêt pour les études lui a peut-être mérité des reproches de ses aînés, mais par contre, il était populaire auprès de ses camarades. Ses révoltes quelquefois audacieuses contre l'autorité lui valaient peut-être une certaine gloire. Il se peut que ses condisciples sentaient chez lui des traits de caractère particuliers qui échappaient aux adultes. Ou peut-être était-il simplement un camarade agréable. Quoi qu'il en soit, il avait beaucoup d'amis et il en fut ainsi tout au long de sa vie.

C'est au cours de sa dernière année à St. Johnsbury que, lors d'un bal dans le gymnase de l'Académie, Bob a rencontré pour la première fois Anne Robinson Ripley de Oak Park (Illinois). Étudiante à Wellesley, Anne était en congé chez une amie de collège.

Petite et réservée, Anne possédait une gaieté, une douceur et un calme qu'elle conservera toute sa vie. Elle avait été élevée dans une famille de cheminots où régnait une atmosphère très protectrice, même si l'argent était rare à cette époque. Anne, qui détestait la vanité et la prétention, soulignait toujours qu'elle était allée à Wellesley grâce à une bourse autrement, sa famille n'aurait pas eu les moyens de l'envoyer dans ce collège.

On ne peut certainement pas dire que Bob et Anne se sont précipités dans le mariage. En effet, ce n'est qu'après 17 ans de fréquentations qu'ils ont convolé en justes noces. Personne ne connaît avec certitude les raisons d'un tel délai. Bob avait devant lui ses années d'étude, de travail et d'internat. Il est possible également qu'Anne ait craint de s'engager dans le mariage avec un homme qui buvait. Peut-être attendait-elle que Bob ne boive pas pendant un certain temps avant d'accepter de l'épouser. Néanmoins, ils se rencontraient et correspondaient régulièrement pendant cette période au cours de laquelle Anne a enseigné.

En 1898, après avoir obtenu son diplôme à St. Johnsbury, le jeune Bob est parti quatre ans au College Dartmouth, à 95 kilomètres au sud de Hanover dans le New Hampshire.

La photographie du livre du collège de cette année-là montre un jeune homme aux traits classiques et virils, qui aurait pu poser pour une publicité des cols Arrow, la norme du bon goût masculin au début du siècle. Il mesurait près de deux mètres, avait une carrure athlétique et une forte ossature.

Se rappelant le Dr Bob des dernières années, plusieurs personnes disent avoir d'abord été frappées par la taille de ses mains, qui semblaient anormalement larges et fortes, trop grosses pour avoir pu pratiquer des interventions chirurgicales délicates avec une telle adresse. Ses lunettes cerclées d'écaille ne pouvaient dissimuler son regard pénétrant.

Dr Bob avait une voix basse et sonore qui n'a jamais perdu son accent de la Nouvelle-Angleterre, mais qui est devenue de plus en plus enrouée et râpeuse avec l'augmentation de sa consommation de whiskey.

Emma K. qui, avec son mari Lavelle (un membre des AA), pris soin de Dr Bob et de Anne Smith à la fin de leur vie sur l'avenue Ardmore à Akron, décrit le Dr Bob comme très « côte Est ». La moitié du temps, personne ne parvenait à comprendre ce qu'il disait.

« Quand je disais *aunt* (tante), il avait l'habitude de me dire : Ne dis pas *ant* (fourmi), c'est quelque chose qui rampe sur le sol. Dis *ahnt*. Vous vous imaginez ? Ou encore, il téléphonait pour passer une commande. En terminant, il me regardait, riait et disait – je ne sais pas le dire correctement moi-même – mais il disait : Doctah Ah H. Smith, 855 Ahdmaw. Non, j'ai dit *Ahdmaw* – Aahdmoah ! »

Durant ses années à Dartmouth, évidemment, l'accent de la Nouvelle-Angleterre de Bob ne le distinguait guère. Il a adopté la vie de collège avec enthousiasme. Libéré de la surveillance contraignante de ses parents, il en a profité pour rechercher de nouvelles expériences et en jouir sans devoir rendre des comptes.

À l'époque, Dartmouth avait la réputation d'être une école perdue au fond des bois où environ 800 étudiants y passaient leurs hivers, oubliant leurs livres et buvant autant de bière et de cidre qu'ils pouvaient en supporter. Il semble cependant que les vrais rebelles et les libertins de ce « collège sauvage, où régnait un degré incommensurable d'immoralité et de vice », étaient ceux qui étaient régulièrement admonestés dans le journal scolaire pour porter, à l'église et aux dîners, des chandails « qui couvraient une multitude de péchés ».

Joe P., un AA d'Akron qui a fréquenté Dartmouth plusieurs années après Bob, se souvient que « Dartmouth était la plus alcoolisée des écoles de la *Ivy League* quand j'y étais. Le New Hampshire était un « État sec » où on ne pouvait pas se procurer de whiskey. Il fallait se rendre en train dans une petite ville du Massachusetts. Tout le monde y allait, faisait le plein, puis buvait pendant le trajet de retour. Parfois, nous allions nous approvisionner au Canada, ou nous demandions aux cheminots de nous en ramener.

« Les gens de l'endroit avaient un cidre corsé. Il y en avait une cruche sur chaque fenêtre de Dartmouth. Les jours de grand froid, ils perçaient la glace pour atteindre l'alcool qui s'y trouvait. Une tasse vous assommait raide.

« C'était une école perdue dans les montagnes, et il n'y avait rien d'autre à faire. Il y avait environ six jeunes filles qui étaient serveuses à l'Hanover Inn où on nous appelait "les animaux de Dartmouth" et nous tentions de jouer ce rôle. Nous étions considérés comme des *durs*. Rien ne pouvait calmer notre exubérance, sauf lorsque nous finissions par aller à Smith ou à Wellesley près de Boston. »

La première découverte qu'a fait Bob en cherchant à découvrir ce qui se passait sur le campus n'est sans doute pas un effet du hasard. C'était probablement ce qu'il espérait trouver : boire paraissait être la principale activité en dehors des études.

« Presque tout le monde buvait, semble-t-il », raconte Bob. Il reprend ainsi les mots utilisés par *presque tout le monde* pour justifier une consommation excessive dans un endroit, une profession ou un milieu social particuliers. Avec application, persévérance et une aptitude naturelle, Bob a entrepris de passer maître dans la pratique de ce nouveau sport.

Au début, il a bu par plaisir, sans ressentir d'effets négatifs. « Je semblais me remettre d'aplomb plus vite que mes compagnons qui, eux, avaient le malheur (ou le bonheur) de se réveiller avec la nausée. De toute ma vie, je n'ai jamais eu mal à la tête, ce qui me fait croire que j'étais alcoolique dès le départ. »

À Dartmouth, les camarades de Bob ne se sont pas rendus compte plus que lui de l'apparition de sa maladie. E.B. Watson, qui était président de la promotion de 1902 dont Bob faisait partie, enseigna plus tard dans ce même collège. Par la suite, à titre de professeur honoraire, il raconta dans une lettre que Bob était amical et qu'on l'appréciait à Dartmouth pour sa manière franche et simple de s'exprimer. « Bien qu'il ait bu de la bière de façon excessive (la seule boisson qu'il était possible de se procurer dans le New Hampshire), il n'a pas été esclave de l'alcool avant sa dernière année. »

« Je partageais sa chambre en première année, raconte le docteur Philip P. Thompson. Je me souviens de lui comme d'un grand jeune homme efflanqué, un peu sec dans ses manières. Il était nerveux. Je ne me souviens pas de l'avoir jamais vu étudier, mais il assistait toujours aux cours. »

Le docteur Thompson qualifie son compagnon de chambre de « prompt à la réplique ». Il se rappelle un samedi où plusieurs étudiants avaient longuement discuté de l'endroit où ils iraient et de ce qu'ils feraient de leur après-midi. Évidemment, on avait fait allusion à l'alcool une fois ou deux, car Bob a dit : « Bon, si on a l'intention de se soûler, pourquoi ne pas y aller tout de suite ? »

Le docteur Thompson souligne que Bob passait de plus en plus de temps à jouer au billard et à boire de la bière durant cette première année. « Il m'a raconté qu'il aimait le goût des boissons alcoolisées depuis qu'il avait bu du cidre quand il était petit garçon », dit-il en ajoutant que Bob était capable d'ingurgiter des quantités d'alcool « que nous ne pouvions pas supporter. »

En plus d'apprendre à jouer au billard, c'est probablement à Dartmouth également que Bob a acquis une grande habileté aux cartes, que ce soit au bridge, au poker ou au gin-rummy. À ces jeux et à d'autres, il se montrait très compétitif et il jouait toujours pour gagner.

Il a même appris à un moment donné à jouer au fer à cheval. Un des premiers membres des AA d'Akron, Ernie G., se rappelle qu'un groupe de membres, dont le Dr Bob, s'était rendu à un camp de pêche du Minnesota au début des années 1940.

« Il n'y avait pas moyen de le faire monter dans un bateau pour aller à la pêche, se rappelle Ernie. Je lui ai dit : Tu devrais

quand même faire autre chose que de jouer aux cartes. Tiens, je
vais te battre au fer à cheval,
   – Bon, allons-y. Combien vaut chaque point ? a-t-il répondu.
   – Je ne serai pas vache avec toi, ai-je ajouté. Disons vingt-
cinq cents. Seigneur, je ne savais pas qu'il savait lancer le fer. Il
lançait comme personne. Moi qui croyais être fort, il gagnait
deux fois sur trois. S'il avait été entraîné, je n'aurais eu aucune
chance. »

   Smitty a souvent fait remarquer en riant que l'habileté de
son père au billard, aux jeux de cartes et aux autres jeux de hasard était le résultat d'une jeunesse dissipée. Bob se contentait
alors de sourire et ne disait rien.

   Un autre truc que Bob avait appris consistait à ingurgiter une
bouteille de bière sans mouvement apparent de la pomme
d'Adam. « Nous disions qu'il avait le gosier béant », dit le docteur Thompson.

   Dr Bob n'a jamais perdu cette aptitude, qui a dû lui servir
plus d'une fois pour s'envoyer un coup ou deux en vitesse à
l'époque où il buvait. Durant ses années de sobriété, il avalait
d'un seul coup, sans eau, sa dose quotidienne de vitamines ou de
médicaments. « Quelle différence cela fait-il, disait-il, tout va au
même endroit ? »

   En plus de décrire l'habileté de Bob à engloutir une bouteille d'un coup, le docteur Thompson racontait deux incidents,
qui contiennent un détail significatif laissant présager l'avenir.

   « Bob et moi aimions les longues promenades. Un jour, nous
marchions en direction de White River Junction. En nous appro-
chant par la voie ferrée, nous avons entendu une voix venant
d'un wagon de marchandises : – Hé, Bub, donne-moi un sand-
wich, s'il-te-plaît.

   « Le jour tombait et nous ne pouvions pas voir qui parlait,
mais nous sommes allés au restaurant et nous avons acheté deux
sandwichs, que nous avons déposés dans la porte du wagon.
   « Merci, a dit la voix. Nous avons demandé au type où il allait et
il nous a répondu qu'il se rendait à Portland dans le Maine.

« Plus tard, cette année-là, l'amiral Dewey est revenu de Manille dans l'État du Vermont où il habitait, et une grande réception était prévue en son honneur à Montpellier. Bob eut l'idée d'y aller et, comme nous n'avions pas d'argent, il proposa que nous sautions dans un train, à la manière des vagabonds.

« Nous avons trouvé un wagon dont la porte était ouverte et nous avons sauté dedans, sans même savoir si le train allait à Montréal ou à Boston, s'il remontait la rivière ou la descendait. Heureusement, il a remonté la rivière Connecticut, s'arrêtant en chemin dans chaque petite gare, alors qu'il faisait de plus en plus froid et sombre.

« Arrivés à Montpelier le lendemain, couverts de paille et quelque peu échevelés, Bob décida que nous avions besoin de quelques bières, bien qu'il fût l'heure du petit déjeuner.

« Dans la rue, nous avons rencontré un habitant de Dartmouth dont le père était le gouverneur du Vermont. Quand nous lui avons dit que nous étions venus voir l'Amiral Dewey, il nous a invité à assister à la parade avec le gouverneur, à l'édifice du Parlement. Ainsi, en dépit de notre apparence, nous avons eu l'honneur d'assister au défilé en compagnie du gouverneur (assis en retrait bien sûr). »

Tout compte fait, cette escapade apparaît sans conséquence ; il semble normal qu'un enfant qui se moque du couvre-feu parental et se sauve de la maison, devienne un jeune homme qui saute dans un train sur un coup de tête.

Mais le petit garçon qui avait goûté au cidre en cachette était aussi devenu un homme pour qui « quelques bières » constituaient un rafraîchissement tout à fait normal à l'heure du petit déjeuner.

Docteur Bob a passé ses dernières années à Dartmouth en faisant, selon ses propres mots, « ce que j'avais envie de faire sans égard aux droits, aux désirs ou aux privilèges des autres, et cette attitude s'est accentuée de plus en plus au fil des années ».

Il a reçu son diplôme en 1902, « *avec très grande distinction* aux yeux de mes compagnons de beuverie », comme il le dit lui-même, mais le doyen ne voyait pas les choses du même œil. (Plus sérieusement, il était membre de Kappa Kappa Kappa)[1].

La plupart des condisciples de Bob à Dartmouth l'ont ensuite perdu de vue pendant près de 35 ans, pour des raisons qui sont devenues évidentes par la suite.

La revue des anciens de novembre 1936 contient cette brève nouvelle : « Certains d'entre vous se demandent ce qu'est devenu Bob Smith, mais il ne faut plus vous inquiéter. Bob nous a dit que, malgré ses nombreuses visites à Hanover, il n'a jamais pu être là au moment de nos réunions. Il compte cependant être des nôtres en juin 37. »

En novembre 42, le porte-parole de sa classe écrivait : « Celui que nous avons connu sous le nom de Bob Smith est aujourd'hui le Docteur Robert Smith. (Il n'avait toujours pas assisté à une réunion.) Il m'a envoyé un livre, *Les Alcooliques anonymes*. Ces dernières années, il a beaucoup travaillé à secourir les pauvres types qui se sont perdus dans la boisson, et je crois qu'il œuvre en première ligne puisqu'il en a sauvé environ 8 000 à ce jour. Je ne connais pas de mission plus noble. La promotion de 1902 est fière de vous, Bob. » Et de nouveau, en mars 1947 : « Bob est un des fondateurs et des âmes dirigeantes des Alcooliques anonymes ; l'histoire de ce mouvement et de ses réalisations est une source d'inspiration, d'autant plus que j'ai pu l'entendre dans le langage si pittoresque de Bob lui-même. Tout médecin a des malades reconnaissants, mais il y a des gens qui viennent de partout pour voir Bob et qui lui vouent une véritable adoration. Il les a sauvés d'un sort pire que la mort. »

(En 1947, les Douze Traditions des AA – notamment la onzième au sujet de l'anonymat dans les médias - n'avaient pas encore été approuvées par le Mouvement.)

Dans une lettre datée de 1958 adressée au Bureau des Services généraux des AA de New York huit ans après la mort de Bob, le professeur Watson mentionne que cinq de ses condisci-

---

[1] Ndt : Association d'étudiants d'université américaine connue sous le nom de *Fraternity*.

ples avaient parlé de Bob lors d'une réunion d'amis à Cape Cod. Deux d'entre eux étaient des amis intimes de Bob au collège, et ils l'avaient revu ensuite à quelques reprises à Chicago, en Floride, en Californie et dans l'Ohio.

«Nous pensons, écrit le professeur Watson, qu'il n'y a guère eu d'œuvre spirituelle qui réussisse autant à secourir les êtres et qui soit aussi authentique, aussi bénéfique et aussi appropriée que vos merveilleux Alcooliques anonymes.» Usant d'un langage plus fleuri que Bob ne l'aurait probablement souhaité, le professeur Watson parle de son condisciple comme «d'un grand réformateur pour lui-même et les autres».

«Notre promotion est fière de compter dans ses rangs un personnage aussi dynamique et aussi utile à la société que le Docteur Robert Holbrook Smith, dont l'influence s'étend aujourd'hui dans le monde entier.»

Pour le jeune diplômé de Dartmouth de 1902, cependant, cet avenir lointain était encore plus difficile à imaginer que les décennies d'expériences douloureuses qui l'attendaient.

II. Travail, études en médecine et alcoolisme

Maintenant qu'il avait un diplôme, on suggéra à Bob de s'établir pour gagner sa vie et se préparer un avenir solide et sûr. Quand il voulait vraiment quelque chose, Bob pouvait travailler dur. Il était aussi plein d'ambition et voulait devenir médecin comme son grand-père maternel. Pour on ne sait quelle raison, sa mère s'opposa à ce projet avec beaucoup de fermeté. Il n'eut donc d'autre choix que de chercher un emploi.

Bob a passé les trois années suivantes à Boston, à Chicago et à Montréal pour poursuivre une carrière dans les affaires qui se révéla courte, variée et ratée. En quittant Dartmouth, il a travaillé deux ans pour Fairbanks Morse, une fabrique de balances de St. Johnsbury dont son père avait jadis été le conseiller juridique.

Arba J. Irvin, un autre camarade de classe de Dartmouth, se souvient avoir vu Bob de temps en temps quand il venait à Chicago pour les affaires de la Fairbanks Morse (et probablement aussi pour voir Anne qui était alors institutrice à Oak Park, tout près). « Bob ne s'intéressait pas aux affaires, dit M. Irvin. En fait, il faisait systématiquement la fête toutes les fins de semaine. »

Après deux ans chez Fairbanks Morse, Bob est allé à Montréal vendre du matériel ferroviaire, des moteurs à essence et d'autres équipements lourds. Quelques mois plus tard, il a déménagé à Boston où il a travaillé pendant quelque temps au grand magasin Filene, «travail qu'il n'aimait pas, et pour lequel il n'était pas fait», selon son fils Smitty.

Ses amis n'étaient témoins que de ses virées occasionnelles, mais il buvait pendant cette période autant que ses moyens le lui permettaient. Les signes de l'évolution de sa maladie sont apparus quand il a commencé à éprouver la «panique du matin». Cependant, il pouvait se vanter de n'avoir manqué qu'une demi-journée de travail pendant ces trois années.

S'il ignorait, niait ou ne voyait pas la progression de son alcoolisme, il concédait volontiers que sa carrière s'enlisait. Il voulait toujours devenir médecin et a fini par persuader sa famille de le laisser poursuivre dans cette voie. À l'automne 1905, à 26 ans, il entra à l'université du Michigan en année préparatoire à la médecine.

Malgré son idéal élevé et ses bonnes résolutions, il a semblé avoir perdu tout contrôle en remettant le pied sur un campus. Il a été élu membre d'une société de buveurs, dans laquelle, comme il le dit «je me suis rapidement affirmé comme l'un des grands esprits... en buvant avec plus d'ardeur que jamais». Tout s'est bien passé pendant quelque temps puis, les tremblements se sont aggravés.

Souvent, le matin, Bob partait aux cours et, bien que fin prêt, faisait demi-tour à la porte d'entrée et retournait à sa chambre. Il tremblait tellement qu'il avait peur de provoquer un scandale s'il était interrogé.

Cette situation s'est répétée très souvent, allant de mal en pis. Sa vie à l'université se résumait en une succession de virées. Il ne buvait plus seulement par simple plaisir.

Bob n'a pas signalé de pertes de mémoire à cette époque. Il n'a pas parlé de ses compulsions, de ses angoisses irraisonnées, de son sentiment de culpabilité ou du verre du matin. Néanmoins, les tremblements, les cours manqués et les beuveries auraient été plus que suffisants pour en faire un candidat des AA. Mais on était en 1907, au printemps de sa deuxième année à l'université de Michigan, et les AA n'existeront que vingt-huit ans plus tard.

Cette année-là, pourtant, Bob a dû capituler en quelque sorte. Constatant qu'il ne pouvait poursuivre ses études, il a plutôt essayé une «cure géographique». Il a plié bagages et s'est rendu dans le Sud se refaire une santé dans une grande ferme que possédait un ami.

Cette hospitalité qu'on lui accordait a peut-être contribué à son problème. Tout le temps qu'il a bu, Bob a pu compter sur des amis et des collègues pour le tirer d'embarras. Ils venaient à son secours, le protégeaient et arrangeaient les choses pour lui.

Après un mois à la ferme, le brouillard a commencé à se dissiper et Bob a compris qu'il avait peut-être agi à la légère en quittant l'université. Il a décidé d'y retourner et de continuer à travailler. Les membres de la faculté pensaient cependant différemment. Ils croyaient que l'université du Michigan pouvait survivre et même prospérer sans la présence de Robert Holbrook Smith. Après de longues discussions, des promesses et des protestations d'un côté, des menaces et des sermons de l'autre, Bob a eu la permission de revenir et de passer ses examens.

Le fait qu'il les a réussis est peut-être une preuve de son talent et de son intelligence ou aussi un exemple de la détermination de certains alcooliques à travailler plus fort, plus longtemps et mieux que n'importe qui, pour un temps.

Après les examens, d'autres discussions pénibles ont eu lieu dans le bureau du doyen. Malgré sa bonne prestation de dernière minute, on a demandé à Bob de partir. On lui a donné une attestation de cours, de telle sorte qu'il a pu s'inscrire à l'université Rush près de Chicago, à l'automne 1907.

Là, il se mit à boire tellement que ses compagnons de résidence ont fait venir son père. Le juge a fait le long voyage pour tenter, sans succès, de remettre son fils d'aplomb. Bob a raconté plus tard que son père avait toujours affronté ces situations calmement, en cherchant à comprendre. «Eh bien, qu'est-ce que ça t'a coûté cette fois-ci?», demanda-t-il. Cela ne faisait qu'accroître les remords de Bob.

Il continuait à boire, les boissons fortes ayant remplacé la bière. Les virées étaient de plus en plus longues et les tremblements de plus en plus forts au réveil. Juste avant les examens de fin d'année, Bob a pris une cuite particulièrement sérieuse, si bien qu'au moment de les passer, sa main tremblait si fort qu'il ne pouvait tenir un crayon. Par conséquent, il a rendu trois feuillets d'examen complètement vierges.

Une fois de plus, on l'a réprimandé. À nouveau, promesses et protestations. Le doyen de l'école de médecine a décidé que pour obtenir son diplôme, Bob devait s'inscrire pendant deux autres trimestres et rester complètement à jeun.

Il a été capable de le faire, de sorte qu'il a décroché en 1910, à 31 ans, son diplôme de médecin. En fait, ses résultats et sa conduite furent toutes deux considérées comme si méritoires qu'il a pu s'assurer pendant deux ans un internat hautement convoité à l'hôpital municipal d'Akron dans l'Ohio.

Les deux années d'internat se sont déroulées sans problème. Le travail ardu a remplacé l'alcool, tout simplement parce qu'il n'y avait pas assez de temps pour les deux. « Je travaillais si fort, dit-il, que je n'ai presque pas quitté l'hôpital. Je ne pouvais donc pas m'attirer d'ennuis. »

Pendant son internat, Bob s'est occupé un certain temps de la pharmacie en plus de ses autres tâches, ce qui l'obligeait à parcourir tout le bâtiment. Les ascenseurs étant trop lents, il avait pris l'habitude de descendre et de monter les escaliers en courant comme si le diable était à ses trousses. Cette activité frénétique lui a attiré, de la part d'un des médecins parmi les plus anciens qui commençait à l'apprécier particulièrement, plus d'un éclatant : « *Voyons* où est ce jeune Yankee cadavérique ? »

En 1912, à la fin de ses deux ans d'internat, le jeune médecin de 33 ans a ouvert un cabinet dans le bâtiment de la Banque Nationale, à Akron, qu'il a conservé jusqu'à ce qu'il prenne sa retraite en 1948.

Les heures irrégulières et le dur labeur d'un jeune généraliste ont sans doute été la cause de ses terribles maux d'estomac.

« J'ai vite découvert que quelques verres atténuaient mes douleurs gastriques, du moins pendant quelques heures », dit-il. Il
lui a fallu peu de temps pour retomber dans ses vieilles habitudes.

Presque aussitôt, il a commencé à « avoir de graves problèmes de santé », à connaître toute l'horreur et la souffrance de
l'alcoolisme. « Je me trouvais pris entre Charybde et Scylla,
écrit-il. Si je ne buvais pas, j'avais des maux d'estomac terribles,
et si je buvais, c'était mes nerfs qui me faisaient souffrir ! »
(Smitty a mentionné incidemment que les maux d'estomac de
son père ont disparu dès qu'il a cessé de boire – il faisait quand
même un peu d'insomnie, ce qui l'amenait à lire beaucoup la
nuit.)

Quand les choses allaient trop mal et qu'il ne pouvait plus
travailler, Bob se faisait admettre dans un des centres de désintoxication des environs. Il n'y alla pas une seule fois, mais des
douzaines de fois.

Après trois ans de cette existence cauchemardesque, le jeune
médecin s'est retrouvé dans un petit hôpital. Comme les autres
centres de désintoxication et sanatoriums, c'était un endroit où
on s'occupait des patients souffrant de maladies socialement in-
acceptables, telles que l'alcoolisme, la toxicomanie et la maladie
mentale.

Le personnel de l'hôpital a fait de son mieux, mais Bob ne
pouvait ou ne voulait pas se permettre d'être aidé. Il a persuadé
des amis bien intentionnés de lui apporter en cachette des bouteilles de whiskey. Quand cette source d'approvisionnement
était tarie, il n'était pas difficile pour un homme qui connaissait
bien les hôpitaux de voler de l'alcool médicinal. Son cas s'ag-
grava rapidement.

Au début de 1914, le juge Smith envoya à Akron un médecin de St. Johnsbury chargé de ramener Bob à la maison. (En un
sens, St. Johnsbury a toujours été le foyer de Dr Bob. Bien qu'il
ait vécu et travaillé à Akron le restant de ses jours, il revenait
dans le Vermont chaque année, ivre ou abstinent.)

Le médecin du Vermont est parvenu à ramener Bob à sa maison de la rue Summer. Il est resté au lit deux mois avant d'oser sortir. Il était extrêmement démoralisé. Il lui a fallu encore deux mois avant de retourner à Akron réouvrir son cabinet. «Je pense que j'ai eu très peur de ce qui s'était passé, ou de ce médecin, ou probablement des deux», devait-il avouer plus tard.

Au début de l'année suivante, il était toujours abstinent. Peut-être a-t-il cru qu'il l'était pour de bon et, peut-être, Anne Ripley l'a peut-être cru, elle aussi. Il est allé à Chicago afin de se marier. La cérémonie s'est déroulée dans la maison de la mère d'Anne, Mme Joseph Pierce Ripley, le 25 janvier 1915 «à la demie de huit heures» selon le libellé du carton d'invitation.

Dr Bob ramena sa femme à Akron, dans une maison en angle au 855 de l'avenue Ardmore, une rue bordée d'arbres dans le quartier chic à l'ouest de la ville. C'était une grande maison neuve de deux étages aux pièces éclairées qui avait coûté 4 000 $.

La cuisine était moderne et équipée des dernières nouveautés, mais Smitty garde le souvenir d'une pièce longue et étroite. «Papa s'asseyait toujours sur la même chaise. Il n'en changeait jamais. C'était sa place. Il devait se lever chaque fois que quelqu'un voulait quelque chose dans le réfrigérateur. Mais il refusait de changer.

«Maman était bonne cuisinière, poursuit-il, mais il ne le remarquait pas. Elle voulait toujours souper aux chandelles et papa voulait voir ce qu'il mangeait. On avait pratiquement un projecteur au-dessus de nous.

«Il n'était d'aucune utilité dans la maison, et même une nuisance parfois ; maman l'avait persuadé un jour d'enlever le papier sur les murs du salon. Il passa un tuyau d'arrosage par la fenêtre et l'ouvrit. Il y avait de la moquette à la maison ; maman s'est presque évanouie. Il n'avait absolument aucune aptitude pour la mécanique. Je faisais toutes les réparations. »

Les trois premières années de mariage des Smith ont été un rêve ; le malheur ne devait arriver que plus tard. Bob ne buvait pas et tous les doutes qu'Anne pouvait avoir eus à ce propos

étaient apaisés. Ils formaient alors, et comme toujours, un couple
très uni. («Ma mère a toujours été profondément amoureuse de
papa, raconte Smitty. Je ne les ai jamais entendus se disputer.»
Sue le confirme, mais elle admet avoir surpris ce qu'on peut appeler des «discussions».)

La vie professionnelle de Dr Bob évoluait également sans
heurt; il se forgeait une réputation comme médecin, et il aimait
son travail. Il inspirait confiance à ses patients. Un peu autoritaire et d'un abord difficile, il se montrait sympathique et compréhensif dès que la conversation s'engageait. Il avait une de ces
façons de vous regarder par-dessus ses lunettes! «Il avait l'art
de faire ça, dit Emma K. (qui a été proche des Smith dans les
dernières années). Exactement ce que vous attendiez d'un médecin!»

En même temps que la clientèle de Dr Bob augmentait, les
Smith se sont faits beaucoup d'amis et sont devenus des membres respectés de la communauté locale. En 1918, ils ont eu un
enfant.

Cependant, l'année de la naissance de Smitty a aussi été
l'année d'un événement national qui a eu un impact très différent sur la vie de Dr Bob : l'adoption du dix-huitième amendement, la prohibition.

À la perspective que tout le pays serait *sec*, «je me suis senti
en sécurité», rappelle Bob. Quelques verres, à ce moment-là, ne
feraient guère de différence, pensait-il ; si lui et ses amis avaient
réussi à constituer un modeste stock d'alcool pendant que c'était
encore légal, il serait vite terminé.

C'était comme ça, se disait-il. Cela ne pouvait pas porter à
conséquence. Son raisonnement, s'il n'était pas tout à fait logi-

*Anne Ripley était étudiante à Wellesley quand elle a rencontré Bob ; pen-
dant les 17 ans qu'il lui a fait la cour, elle était enseignante.*

que (sauf pour un alcoolique), était par contre typique de l'époque. Bob et le reste du pays allaient bien vite connaître les conséquences de la « grande expérience américaine ».

Avant l'adoption de l'amendement, il ignorait que le gouvernement allait lui faire le plaisir d'allouer aux médecins, « à des fins médicales », des quantités presque illimitées d'alcool de grains. Souvent, pendant ces années « sèches », Bob prenait un nom au hasard dans l'annuaire téléphonique et rédigeait une ordonnance qui lui valait une bouteille d'alcool médicinal.

Très vite, on a vu apparaître un nouveau membre de la société américaine : *le bootlegger*.[2] La qualité n'était pas toujours garantie, mais il se révélait plus serviable qu'un magasin de spiritueux. Il livrait à n'importe quelle heure, même les dimanches et les jours fériés. Par contre, il n'acceptait pas de chèque et ne faisait pas crédit.

Bob recommença à boire modérément. Très vite, il a perdu à nouveau tout contrôle, mais pas selon l'ancien scénario, car la progression de sa maladie était évidente.

Selon ses propres paroles, il a développé très vite « deux phobies : la peur de ne pas dormir et la peur de manquer d'alcool. Comme je n'étais pas riche, je savais que si je ne m'abstenais pas d'alcool assez longtemps pour gagner de l'argent, je manquerais d'alcool. »

Cette logique irréfutable l'amena à vivre dans un cercle vicieux, un « cauchemar » de dix-sept ans. Ne pas boire pour gagner de l'argent pour se soûler... se soûler pour dormir. Et recommencer, encore et encore !

Au lieu de prendre le verre du matin, dont il avait une folle envie, Bob a pris ce qu'il appelait « de fortes doses de sédatifs » pour calmer les tremblements qui l'angoissaient terriblement. Il a ainsi développé ce qu'on appela plus tard un problème de médicaments, ou une double dépendance.

---

[2]Ndt : Fabricant ou vendeur d'alcool clandestin pendant la prohibition.

Chaque fois que Bob cédait à ce besoin de prendre un verre le matin, cela finissait en désastre monumental. Tout d'abord, en quelques heures, il devenait incapable de travailler. Deuxièmement, il perdait son adresse habituelle à dissimuler suffisamment d'alcool dans la maison pour pouvoir s'endormir. Cela conduisait à une nuit à «tourner dans mon lit pour retrouver les tremblements intolérables du lendemain matin».

Il y avait aussi des virées à l'occasion. Parfois, il se cachait au City Club ou louait une chambre à l'hôtel Portage sous un nom d'emprunt. Après tout, qui croirait que «Robert Smith» était un vrai nom? «Mes amis réussissaient habituellement à me retrouver et j'acceptais de rentrer à la maison s'ils me promettaient que je ne serais pas réprimandé».

Bob a réussi pourtant à continuer à pratiquer la médecine. «J'ai eu le bon sens de ne jamais aller à l'hôpital après avoir bu, dit-il, et je ne recevais que rarement des patients...»

En fait, sa carrière a même progressé pendant ces années-là. Après avoir commencé comme généraliste, Dr Bob manifesta de l'intérêt pour la chirurgie. Il est allé étudier à la clinique Mayo de Rochester, dans le Minnesota, et à l'école de médecine Jefferson de Philadelphie et en 1929 il s'est spécialisé en chirurgie proctologique et anale. Il était aussi, pendant de nombreuses années, le chirurgien de service à Akron de la Compagnie ferroviaire de Baltimore et de l'Ohio; en cas de maladie ou d'accident dans la région, il était donc le premier médecin appelé. Cela lui procurait un peu d'argent supplémentaire et un laissez-passer en chemin de fer.

Cependant, au fil de ses années de consommation d'alcool, l'effort qu'il devait fournir pour travailler et garder une apparence de normalité devint de plus en plus éprouvant. Sa méthode habituelle était de rester à jeun, mais sous sédatifs, jusqu'à seize heures chaque jour et de rentrer alors à la maison. Il espérait ainsi éviter que tout le monde sache son problème de boisson et les commérages à l'hôpital.

Le masque tombait graduellement. Même si Bob croyait que personne ne connaissait son problème d'alcool, il est bien évident que pas mal de gens étaient au courant. Par exemple, au début de son rétablissement, quand il a annoncé à une infirmière du City Hospital qu'il avait un « remède » contre l'alcoolisme, sa première remarque a été : « Eh bien, Docteur, je suppose que vous l'avez déjà essayé vous-même ? »

Anne C., une membre des AA qui connaissait Dr Bob avant même d'avoir pris son premier verre, se souvient l'avoir vu descendre au comptoir du restaurant de la Second National Bank et demander du bicarbonate de soude, du jus de tomates et de l'aspirine. « Je ne le voyais jamais manger. Un jour, j'ai demandé à Bill, le patron, ce que cet homme avait. – Est-ce qu'il a le paludisme ? – Non, il a une gueule de bois perpétuelle, répondit Bill. »

III. Mari, père et ivrogne

L'alcoolisme de Dr Bob devait fatalement influencer sa vie familiale et professionnelle. Ses deux enfants n'en ont cependant pas eu conscience pendant leur jeunesse et leurs souvenirs de cette époque sont pour la plupart heureux.

À quarante-cinq ans, Anne a appris qu'elle ne pourrait plus avoir d'enfant. C'est alors que les Smith ont adopté Sue, cinq ans après la naissance de leur fils. «Ils ne voulaient pas élever Smitty en enfant unique et trop le gâter, raconte Sue. C'est pourquoi ils m'ont adoptée et ensuite ils nous ont gâtés tous les deux. Oh, nous avons eu droit à de bonnes fessées. Pas souvent, mais quand nous en recevions, c'était parce que nous les avions méritées. Nous avons compris très vite que plus nous criions fort, plus tôt c'était fini.»

Sue, qui avait cinq ans au moment de son adoption, se rappelle qu'elle a été plus effrayée qu'autre chose lorsqu'elle a rencontré son père pour la première fois. «Je ne savais pas à quoi m'attendre. Je le revois encore remonter en automobile la grande entrée circulaire du City Hospital et me dire de l'attendre pendant qu'il entrait une minute. Je croyais que c'était là que j'allais vivre. Dès le premier soir, j'ai eu une dispute avec une fille du voisinage et on m'a grondé. Je me souviens avoir pensé que tout cela n'était pas juste.»

Il y avait seulement cinq mois de différence entre les deux enfants. Ignorant que Sue avait été adoptée, le personnel enseignant à l'école s'expliquait difficilement cet écart. Sue et Smitty se souviennent tous deux de la réponse de leur père quand ils lui ont dit que leur professeur avait demandé l'âge de leurs parents. Bob a répondu : « Dites-leur que nous avons soixante-dix ans ». C'est ce qu'ils ont fait, créant ainsi plus de mystère.

Avec sa mine sévère, voire même rébarbative, Dr Bob n'était pas le type d'homme qui attirait les enfants. Il n'était pas non plus particulièrement à l'aise avec eux, mais il faisait des efforts. Il sortait jouer à la balle avec les enfants du quartier. « On s'amusait bien, raconte Sue. On était quinze ou vingt dont lui, du haut de son mètre quatre-vingt-dix, et un petit garçon de trois ans. »

« Il *paraissait* sévère, nous dit Smitty, mais c'était un vrai confident. Il venait nous parler dès qu'il rentrait ».

Même son de cloche chez Sue. « Il avait l'air sévère mais en réalité, c'était un tendre. »

Smitty signale également que ce n'est qu'à vingt et un ans qu'il a su qu'il existait d'autres médicaments que le bicarbonate de soude. « Quand je demandais un médicament à papa, se souvient-il, il me disait : – Pourquoi, bon sang ? Mon garçon, ces médicaments-là sont à vendre, pas à prendre ! »

« C'était le meilleur des pères, dit Sue. Il nous aimait et en même temps, il voulait être obéi. C'était amusant d'être avec lui. Nous avons passé bien des soirées à jouer aux cartes et j'ai eu plus de plaisir avec lui qu'avec toute autre personne. »

Selon Sue, l'éducation stricte que Bob avait reçue était non seulement responsable de sa résistance obstinée à l'autorité, mais aussi d'une plus grande liberté accordée à ses propres enfants. « Quand je regarde en arrière, dit-elle, je me rends compte qu'il était en avance sur son temps ou bien qu'il ne voulait pas nous faire vivre ce qu'il av ait vécu, comme d'aller au lit à cinq heures du soir. »

Smitty rapporte que Bob jouissait d'une énergie extraordinaire et d'une grande résistance physique. Exception faite des effets de l'alcool, il n'a jamais eu de troubles de santé un seul jour de sa vie jusqu'à sa maladie fatale. « À cinquante-six ans, il jouait six parties de tennis avec ma sœur et moi et nous en ressortions épuisés. Il avait plus de souffle à cet âge que tous ceux que je connaissais. »

«Il était rarement inactif, ajoute Sue. Et il avançait toujours au pas de course. Nous avions l'habitude de faire de longues randonnées dans les bois avec papa, mon frère, moi-même et le chien, et ces moments étaient fort agréables. Il aimait emprunter des petits chemins en automobile, juste pour voir où ils menaient. »

Leurs souvenirs de leur mère témoignent aussi d'une profonde affection. «Elle était calme et sans prétention, une dame dans le vrai sens du mot, écrivait Smitty dans une lettre à Bill Wilson. Elle était de stature moyenne et luttait sans cesse pour ne pas prendre de poids. Elle avait un délicieux sens de l'humour et un rire mélodieux. Nous passions tous une bonne partie de notre temps à lui jouer des tours parce qu'elle les prenait tellement bien ! »

Un des tours dont elle ne s'est jamais rendu compte lui a été joué après qu'elle a commencé à fumer, à cinquante-six ans ! Sue et Smitty ne se contentaient pas de lui voler ses cigarettes, ils lui raflaient aussi ses mégots parce qu'elle ne tirait que quelques bouffées sur sa cigarette avant de la déposer et d'en allumer une autre. «S'il lui arrivait d'avaler la fumée, c'était par erreur, raconte Sue, qui croyait que sa mère fumait cigarette sur cigarette à cause de la tension créée par l'alcoolisme de Dr Bob. Elle devait se consumer intérieurement. C'était inévitable. »

Au milieu de la Dépression, Anne a acheté un appareil à rouler des cigarettes. «Nous pensions que c'était indigne de nous, dit Smitty. Nous nous sommes portés volontaires pour lui rouler quelques cigarettes et nous avons mélangé des copeaux de crayons au tabac. Quand elle en alluma une, la cigarette s'enflamma et elle dut souffler dessus pour l'éteindre. La même chose s'est produite avec la suivante.

– Vous savez, celles-ci ne me plaisent pas autant que celles en paquet, finit-elle par dire.

Smitty se souvient également que sa mère l'avait grondé après avoir découvert qu'il commençait à fumer. – Et toi alors ? répliqua-t-il. Toi aussi tu fumes.

– Ne me reproche pas de fumer *à mon âge*, répondit Anne. Si tu te mets à fumer à cinquante ans, je ne te dirai rien, moi non plus.

Bob fumait aussi, mais il disait : « Moi ? Je ne fume pas. C'est Anne qui fume dans cette famille. »

« Maman se scandalisait facilement, raconte Smitty. Sa timidité et sa candeur étaient une source d'amusement perpétuel pour papa, qui aimait raconter à la maison des choses qui sortaient de l'ordinaire et observer sa réaction.

« Après avoir côtoyé des alcooliques pendant un certain temps, par contre, rien ne pouvait plus la surprendre ni la choquer, dit-il en se rappelant les premières années des AA. Même si leurs manières différaient des siennes, ma mère était extrêmement tolérante. Elle n'émettait jamais la moindre critique. Elle leur cherchait toujours des excuses.

« Elle ne donnait jamais son avis impulsivement ; elle le réservait tant qu'elle n'avait pas eu le temps de prier et de réfléchir. Par conséquent, ses réponses étaient toujours empreintes d'altruisme et d'affection et contribuaient grandement à la stabilité émotive de papa.

« Maman a toujours été d'une profonde loyauté envers sa famille, et plus tard envers les AA ; aucun sacrifice n'était trop grand. Elle refusait de dépenser de l'argent pour elle-même afin d'acheter ce qu'elle estimait nécessaire pour la famille.

« De nature plutôt timide, elle pouvait cependant être éloquente lorsque la situation l'exigeait, rapporte Smitty. Je pense à l'époque où elle croyait le mouvement des AA en danger. À ces moments-là, ma mère était prête à se battre contre n'importe qui pour les principes qu'elle croyait justes. Je l'ai également vue sortir de sa réserve pour défendre papa ou me défendre ».

Par contre, les souvenirs des dernières années qui ont précédé les AA sont naturellement plus sombres. Au fur et à mesure que les enfants grandissaient, les Smith étaient de plus en plus tenus à l'écart par leurs amis. Ils ne pouvaient pas accepter d'invitations parce qu'il était certain que Bob se soûlerait et provoquerait une scène. Quand à Anne, chez qui l'hospitalité était une seconde nature, elle n'osait inviter personne pour la même raison.

En grandissant, les enfants se rendaient de plus en plus compte de l'alcoolisme de Bob. Il a commencé à leur promettre, ainsi qu'à Anne et aux quelques amis qui leur restaient, d'arrêter de boire, « mais malgré ma grande sincérité du moment, dit-il, je réussissais rarement à m'abstenir de boire jusqu'au soir. »

Comme il l'a raconté à Bill Wilson en 1954, quelques années après la mort de Dr Bob, les plus anciens souvenirs de Smitty sur l'alcoolisme de son père étaient surtout reliés aux effets que cela avait sur sa mère.

« Elle était absolument opposée à ce qu'il boive, dit-il, et cela causait tout un problème car quand il avait réellement trop bu, il ne rentrait pas à la maison. Je devais avoir treize ou quatorze ans. Je sais que je n'avais pas encore l'âge de conduire donc, je ne pouvais pas aller à sa recherche.

« Maman a essayé bien des fois de lui soutirer des promesses. Il allait toujours s'arrêter. Il disait qu'il ne toucherait plus un verre de sa vie.

« Je me rappelle qu'un jour, elle était tellement désespérée qu'elle m'a amené à l'étage et m'a dit :

– Maintenant, je vais prendre un whiskey, et quand il reviendra à la maison ce soir, tu lui diras que je suis soûle.

– Elle a pris un verre et essayé de se comporter comme si elle était ivre. Cela s'est terminé par une grande scène qui n'a pas servi à grand-chose. Je ne pense pas qu'il ait cru qu'elle était soûle. Il était juste gêné par le spectacle qu'elle offrait. Vous pouvez donc vous imaginer à quel point elle devait être désespérée pour lui montrer ce qu'il se faisait à lui-même. Je ne pense pas qu'elle ait jamais pris un autre verre, ni avant, ni après.

« Cela se passait en 1933, et les temps étaient horriblement durs, continue Smitty, non seulement pour nous, mais pour tout le monde. Il n'y avait qu'une seule industrie à Akron, et quand les usines de caoutchouc ont fermé, toute la ville s'est écroulée. Nous avions une seconde voiture, mais pas assez d'argent pour l'immatriculer. Seul un délai du prêt hypothécaire nous a permis de garder la maison. Nous avons mangé suffisamment de soupe de pommes de terre pour nous maintenir à flot.

«Papa n'avait pratiquement plus de clientèle. Ou il se cachait, ou il était à la maison, malade. Ma mère mentait à ses patients et sa secrétaire Lily en faisait autant.

«Il conduisait rarement en état d'ébriété. Il avait habitué les employés d'un garage du centre-ville à venir le reconduire à la maison.

«Maman essayait toujours de le fouiller quand il rentrait. Elle essayait ainsi de le maintenir en bon état pour le lendemain matin. Mais papa savait contourner la situation. Il portait de grosses mitaines pour conduire l'hiver car le chauffage des voitures était assez rudimentaire à l'époque. Il mettait une bouteille d'alcool médical dans l'une d'elles et lançait le tout sur le balcon à l'étage des chambres.

«Après avoir été fouillé par maman, il montait à l'étage et buvait son whiskey. Quand il redescendait, il était évident qu'il avait bu. Elle n'a jamais compris ce qui se passait.»

Ce n'était pas le seul tour que Dr Bob avait dans son sac. Comme beaucoup d'autres alcooliques avant lui, après lui et à venir, il était passé maître dans l'art d'assurer son approvisionnement.

«Si ma femme projetait de s'absenter l'après-midi, dit-il, je me procurais une bonne quantité d'alcool que je cachais subrepticement un peu partout dans la maison, dans la boîte à charbon, dans la chute à linge, au-dessus des cadrages des portes, au-dessus des poutres de la cave, ou sous les carreaux du plancher. Les vieilles malles et les coffres, les vieux contenants et même le seau à cendres me servaient aussi de cachettes.»

Il n'a jamais utilisé le réservoir d'eau des toilettes, parce que «cette cachette était trop facile». Il faisait bien car si Bob était un ex-

En façade, le 855 de l'avenue Ardmore paraît fort respectable, mais l'arrière fournissait de discrètes cachettes pour les bouteilles.

pert en cachette, Anne était une experte en fouille. C'est un endroit qu'elle a inspecté régulièrement.

Bob avait aussi donné la consigne au *bootlegger* de cacher des bouteilles sous l'escalier arrière, où il pouvait les récupérer à sa guise.

«Parfois, j'apportais de l'alcool dans mes poches, raconte-t-il. Je remplissais aussi des bouteilles de quatre onces que je glissais dans le haut de mes chaussettes. Cette ruse a fonctionné jusqu'au jour où ma femme et moi sommes allés voir la pièce *Tugboat Annie* avec Wallace Beery (Beery utilise le même stratagème dans le but de tromper Marie Dressler) ; le truc des bas a pris fin. »

Quand la bière est devenue légale au début de 1933, Bob a pensé qu'elle serait une solution satisfaisante pour tous. Il n'aurait pas à arrêter de boire car, disait-il, «C'était sans danger, puisque personne ne s'enivre à boire de la bière. »

Peut-être Bob avait-il un pouvoir de persuasion hors du commun, peut-être Anne était-elle dans un tel état de désespoir qu'elle était prête à essayer n'importe quoi. De toute façon, c'est avec sa permission qu'il a rempli la cave de bière.

«Bientôt, je buvais au moins une caisse et demie de bière par jour, raconte-t-il. J'ai engraissé de quinze kilos en deux mois environ, j'avais l'air d'un porc et j'avais de la difficulté à respirer. »

Il a alors compris que s'il empestait la bière, personne ne pourrait dire exactement ce qu'il avait bu. Il a commencé à mélanger de l'alcool pur avec la bière. Les résultats habituels ne se sont pas faits attendre. «C'est ainsi qu'a pris fin l'expérience de la bière », conclut Dr Bob.

Pendant cette période de consommation de bière, en 1934, Smitty était allé avec son père rendre visite à la mère de Bob et à de vieux amis dans le Vermont. «J'avais seize ans, se rappelle Smitty, et j'ai dû conduire la plupart du temps parce qu'il buvait. Je me souviens qu'il craignait que le Vermont puisse encore être au régime sec ; c'est pourquoi nous avions chargé des caisses et des caisses de bière à la frontière de l'État de New York. Nous avons découvert ensuite qu'il n'y avait pas de prohibition au Vermont ».

C'est à peu près au même âge, à l'école secondaire, que Sue a pris conscience des problèmes d'alcool de son père. « Je me rappelle que maman s'inquiétait de savoir où il était ou lui trouvait des excuses, racontait-elle à Bill Wilson en 1954. Mais j'ai finalement compris quand mes amis sont venus à la maison. Papa devenait irascible et je ne comprenais pas pourquoi. J'ai fini par demander à maman ce qui se passait et elle m'a expliqué. Il n'avait jamais l'air soûl, mais il s'énervait si mes amis et moi étions en bas alors qu'il voulait aller à la cave pour se réapprovisionner. Mes amis croyaient simplement qu'il était de mauvaise humeur.

« Plus tard, quand j'ai compris ce qui se passait, il est devenu susceptible et nous avions de petites querelles à ce sujet. Rien de bien grave, mais quand même. Voyez-vous, il venait de Nouvelle-Angleterre et il était têtu comme une mule. Moi aussi, j'étais têtue. La boisson ne l'a jamais rendu méchant, mais irritable surtout. La plupart du temps, il rentrait ou sortait furtivement. Ou il se reposait au lit. Cela allait de mal en pis. Nous avions des dettes et le matin, il était souvent malade jusqu'à midi. »

Les problèmes d'argent se sont multipliés. Sue se rappelle que sa mère devait payer les dettes avec l'argent reçu pour Noël ou pour les anniversaires. Emma K. se souvient avoir admiré une magnifique petite statuette qu'ils avaient reçue en cadeau de Noël et s'être fait répondre par Anne : « Oh, ma chère, si seulement ils avaient envoyé de la nourriture à la place ! »

« Non, je ne me fâchais pas contre lui, dit Sue, mais il avait l'art de nous mettre dans le pétrin. On ne pouvait pas être loyal à la fois envers lui et envers maman. Je me sentais tiraillée entre les deux.

«Je me souviens qu'il m'a demandé un jour de lui procurer une bouteille. J'ai refusé et il m'a offert de l'argent. Il est monté jusqu'à dix dollars et je ne voulais toujours pas. C'est alors que j'ai compris mon ignorance sur son état et à quel point il voulait sa boisson.

«Je pense qu'il se sentait coupable de certaines choses et il a commencé à nous faire des promesses quand il a su que nous connaissions son problème. J'avais une tirelire et, bien sûr, je savais comment en retirer les pièces. Je l'ouvrais et je trouvais deux ou trois dollars de plus. Je pense qu'il essayait ainsi de se faire pardonner.»

IV. Le médecin vu par ses collaborateurs

Ceux qui ont travaillé avec Dr Bob, lorsqu'il buvait et au cours de son rétablissement, ont vu l'homme et son problème sous différents aspects.

Au début de sa carrière, Dr Bob allait assez souvent à l'hôpital St. Thomas (où il a été nommé médecin visiteur en 1934). C'est à l'occassion d'une de ses premières visites en 1928 qu'il a rencontré Sœur Mary Ignatia. Elle avait enseigné la musique mais suite à une maladie, on lui a assigné des tâches moins astreignantes au bureau des admissions à l'hôpital St. Thomas, dirigé encore aujourd'hui par les Sœurs de Charité de Saint-Augustin.

« Le Docteur appelait et demandait : « Ma sœur puis-je avoir un lit ? » se souvient Sœur Ignatia. Je pouvais toujours reconnaître sa voix avec son bel accent de la Nouvelle-Angleterre. Il venait rarement à l'hôpital sans passer au bureau des admissions.

« Il aimait beaucoup parler argot. Le lendemain d'un grand dîner, il pouvait dire : « On s'est bien rempli la panse hier. » Ou bien, en passant au bureau des admissions où il y avait plusieurs personnes, il s'informait de son malade. Je disais : – J'ai mis M. Jones au 408, mais il y a là une autre patiente. – Un autre patiente, ma Sœur ? – Oui Docteur, un autre patiente – Vous voulez dire une cocotte, ma Sœur. » La fois suivante, je lui disais donc :

– Docteur, votre M. Brown est au 241 et il y a une cocotte au 218.
Cela l'amusait. »

Le Dr Bob avait également l'habitude d'affubler presque tout le
monde d'un sobriquet. « Il m'appelait toujours Abercrombie », dit
un des premiers AA, Bill Wilson était Willie ou, sans doute dans les
grandes occasions, Sir William. Les alcooliques en général devenaient des U.D. pour *unknown drunks* (ivrognes inconnus). Selon
Smitty, Sœur Ignatia avait aussi un sobriquet, Ig. Toutefois il est peu
probable que son père ait jamais osé s'en servir devant elle.

D'après Sœur Ignatia, leur première rencontre n'a pas été particulièrement remarquable. Elle ne savait rien du problème de D^r
Bob. « Il semblait simplement différent des autres, dit-elle. Il éma-
nait quelque chose de lui lorsqu'il pénétrait dans une pièce. Je n'ai
jamais su ce que c'était mais je le sentais. »

Une autre personne qui pensait que le docteur R.H. Smith était
différent, « merveilleusement différent », était Betty B., alors jeune
étudiante infirmière au City Hospital. « Nous l'appelions le docteur
R.H.S. car il y avait deux autres Smith au City Hospital ».

En 1934, Betty ignorait totalement que le docteur R.H.S. était
alcoolique, bien qu'elle ait remarqué que, parfois, ses mains tremblaient quand il faisait un pansement et que ses yeux étaient injectés
de sang. Ce n'est que des années plus tard, lorsqu'elle-même s'est
jointe au mouvement des AA, qu'elle a appris que le docteur R.H.S.
du City Hospital et le Dr Bob des AA étaient une seule et même
personne.

Pourtant, le personnel de l'hôpital et même les étudiantes infirmières entendaient parler du problème de l'alcoolisme. Betty
avait appris qu'un médecin, chirurgien en chef, avait été démis de
ses fonctions pour ce motif. Elle a su qu'on lui permettait d'opérer
clandestinement ! Une fois, alors qu'elle était de service, il avait
amené quelqu'un sur une civière à la salle d'opération au milieu de
la nuit.

*Certains collègues du City Hospital n'étaient pas conscients du problème
de Dr Bob. Petit à petit, ce problème est devenu apparent.*

Betty n'a jamais considéré le docteur R.H.S. comme pompeux ou condescendant à l'époque où les étudiantes infirmières étaient au plus bas échelon de la hiérarchie hospitalière et où les médecins étaient des demi-dieux, du moins à leurs propres yeux.

«Il ne m'ignorait pas, ni aucune autre étudiante, dit-elle. Lorsque nous nous écartions, comme c'était la règle devant un ascenseur ou une porte pour laisser préséance à un médecin, nous savions toutes que le docteur R.H.S. nous pousserait en avant, tout comme il nous fixait par-dessus ses lunettes en grognant. Asseyez-vous, les femmes, disait-il, alors que nous commencions automatiquement à nous lever à son entrée au poste de garde. Le plus surprenant était quand il nous remerciait de l'avoir accompagné dans sa tournée ou bien de l'avoir aidé à changer un pansement.»

«Ses malades l'adoraient et les infirmières aussi», dit Betty en se souvenant du temps où, vêtue d'un énorme tablier blanc à bavette, elle admirait les médecins et craignait la plupart d'entre eux. Mais pas le docteur R.H.S. «J'avais appris que, sous des dehors brusques et parfois bourrus, il était gentil, compréhensif et même un peu timide.»

Il appelait toutes les étudiantes infirmières «femme», un terme qui les faisait se sentir un peu moins gauches, un peu plus adultes. Selon Betty, il le savait et c'était intentionnellement qu'il avait choisi ce terme inhabituel pour des étudiantes infirmières. Il appelait «Beauté» quelques infirmières en chef qu'il connaissait de longue date et qu'il respectait.

Betty se souvenait qu'il portait toujours des chaussettes mauves rayées en-dessous de ses pantalons de chirurgien toujours trop courts ; son bonnet, au lieu d'être bien ajusté, était posé bien au-dessus de ses oreilles, à la manière d'un boulanger désinvolte.

«Déjà, même avant AA, les choses étaient simples pour lui et les infirmières à son service l'appréciaient pour cela, dit-elle. Tant les infirmières que les médecins admiraient ses talents de chirurgien. Pourtant, il employait moins d'instruments et autres accessoires que tout autre collègue.

« Au fil des ans, j'ai appris à admirer et à respecter quelques médecins, dit Betty, mais l'attitude d'un grand nombre d'entre eux me déplaisait. Il est difficile de trouver un médecin compétent qui soit également humble, décent et gentil. C'est un genre de personne très rare et le docteur Smith était un de ces hommes.

« Lorsque je suis devenue infirmière en chirurgie, j'ai appris que la plupart des chirurgiens sont des prima donna. Ils font des colères et lancent les instruments par terre. Ils sont arrogants et peuvent vous rendre la vie très dure, surtout si vous êtes une étudiante infirmière.

« Si les choses commençaient à mal tourner pendant une opération, le docteur R.H.S. restait très calme. Il nous mettait toutes à l'aise et il n'y avait aucune précipitation. Sa voix un peu rauque devenait douce et basse. Les ordres étaient transmis doucement. Plus la situation devenait difficile, plus il était calme. Cette attitude était contagieuse.

« Il n'y avait ni cri, ni injure. Il ne tentait pas d'embarrasser les étudiantes avec des plaisanteries grivoises. Certains essayaient de nous humilier et se montraient parfois vraiment cruels. Le docteur Smith n'était pas ainsi et c'est pour cela que nous l'aimions toutes. Je n'ai jamais entendu dire quelque chose de méchant à son sujet. »

Betty lui attribuait une gentillesse innée et une grande force intérieure. Elle se souvient qu'il disait aux étudiantes que tous étaient égaux devant la douleur et que tous les malades devaient être traités avec la même sollicitude et la même compassion, qu'ils soient dans des salles publiques ou des chambres privées.

Betty se souvient particulièrement d'avoir assisté Dr Bob pour une ponction lombaire et d'avoir laissé tomber l'échantillon. Au lieu de porter plainte, il a simplement dit : « Bien, nous allons devoir faire un autre prélèvement. » Lorsque l'infirmière chef a demandé pourquoi ils recommençaient cette procédure compliquée et ennuyeuse, Dr Bob a répondu qu'il « avait laissé tomber ce maudit truc » avant que Betty ait eu le temps de répliquer, lui épargnant ainsi une réprimande sévère.

« Je ne sais pas si ma surveillante l'a cru, mais elle ne pouvait pas lui dire qu'il mentait, dit Betty. C'est pourquoi, je... Hé bien, j'aurais embrassé le sol sur lequel cet homme marchait. »

Betty se souvient que Dr Bob pouvait être cinglant. « Un dimanche après-midi, j'ai été demandé en salle d'opération. Il y avait seulement Dr Bob, un interne, le malade anesthésié et moi. Dr Bob n'était pas loquace et personne ne parlait.

« Le malade était couché sur le ventre. Dr Bob, qui était un chirurgien du rectum, jugeait qu'il n'était pas nécessaire de raser le patient pour opérer à cet endroit. L'interne, un jeune homme plutôt timide et le plus souvent dans les nuages, était presque appuyé sur le malade et à l'aide d'une pince hémostatique, il épilait la région rectale. Il semblait effeuiller les pétales d'une fleur : – Elle m'aime, un peu, beaucoup...

« Je me souviendrai toujours de la réaction de Dr Bob : – Hum ! Docteur ? – Oui, docteur R.H. ? – Bon sang, aimeriez-vous que quelqu'un vous tire les poils du cul de cette manière ?

« Oui, il était cinglant. Mais il n'y avait rien de colérique ou de faux dans cet homme. Je savais cela de lui, bien avant toute autre chose. C'était un chic type. »

Lily, l'infirmière réceptionniste de Dr Bob, lui était aussi très dévouée. Sue se souvient avoir entendu sa mère dire que Lily « chantait ses louanges mais parvenait difficilement à savoir à qui elle devait réclamer de l'argent. Il n'aimait pas envoyer de factures et traitait beaucoup de personnes sans rien demander. »

« C'est vrai, reconnaît Smitty. Il soignait plus de patients par charité que de patients réguliers. Je me souviens qu'il disait : « Bon, j'ai trois opérations ce matin : deux pour le Seigneur et une pour R.H. » De plus, des gens venaient à son cabinet dans des situations désespérées et il leur donnait littéralement jusqu'à son dernier sou. S'il n'avait que 50 cents, il les leur donnait. »

Bien sûr, dans les années 1933-34, il y avait probablement de moins en moins de factures à envoyer. La position de Dr Bob au City Hospital devenait pour le moins précaire. Certains ont prétendu qu'il avait été renvoyé mais on n'a rien trouvé dans les dossiers à ce sujet. Il est vraisemblable que des discussions de cet ordre en étaient au stade préliminaire ou «officieux» quand Bob a cessé de boire. Par contre, sa pratique de chirurgien avait diminué et il compensait le manque à gagner par sa pratique de généraliste.

On connaît mieux cette période cruciale grâce au docteur Thomas Scuderi qui est devenu plus tard le directeur médical de ce qui est aujourd'hui la Salle Ignatia pour alcooliques de l'hôpital St. Thomas.

Le docteur Scuderi a rencontré Dr Bob pour la première fois en 1934 alors qu'il était jeune interne. Il l'a décrit comme «un colosse bien proportionné à la voix éraillée. Il était très bon pour les internes et les résidents. Il ne pouvait jamais en faire assez pour vous. Et lorsqu'il riait, on ne pouvait s'empêcher de rire avec lui.»

À ce moment-là, le docteur Scuderi n'était pas au courant du problème de boisson de Dr Bob, parce que «tout se faisait en cachette en ce temps-là». Plus tard, il a découvert que d'autres le savaient. Il a émis plusieurs raisons pour lesquelles Dr Bob n'a pas été sanctionné plus sévèrement qu'il ne l'a été.

Premièrement, le docteur Scuderi considérait que Dr Bob, même diminué par l'alcool, était un chirurgien hors pair. Deuxièmement, il était extrêmement apprécié par ses collègues qui devaient, sans doute, faire tout ce qu'ils pouvaient pour le couvrir. Troisièmement, il y avait (et encore aujourd'hui jusqu'à un certain point) un accord tacite dans la profession médicale voulant que des problèmes tels l'alcoolisme n'existent pas chez les médecins.

Le docteur Scuderi (qui, en 1977, au moment de raconter ces souvenirs, avait plus de soixante-dix ans et n'avait jamais bu) a rapporté que Dr Bob aidait et guidait toujours les jeunes. Lui-même s'est intéressé à l'alcoolisme à cause de l'exemple de Dr Bob et de Sœur Ignatia, quand ils ont créé une aile pour alcooliques à St. Thomas.

«Je me souviens qu'il disait aux jeunes internes: – Si vous êtes fins pour deux sous, évitez l'alcool. Regardez-le mais n'y touchez pas, car vous n'irez nulle part. Plus vous vieillirez, plus vous serez tentés par la boisson. Écartez-vous en.»

«Les médecins travaillent sous pression, dit le docteur Scuderi. L'alcool est une tentation. Ils assistent à beaucoup de soirées et croient qu'ils ne peuvent pas avoir de rapports sociaux avec les autres médecins s'ils n'ont pas un verre à la main.

«Je ne sais rien de son renvoi de l'hôpital municipal. Tout ce que je sais, c'est qu'il a fait un formidable retour en chirurgie à St. Thomas. Et il se levait à deux ou trois heures du matin pour aider un autre alcoolique.

«R.H. Smith avait l'habitude de se rendre chaque jour dans l'aile réservée aux alcooliques. Cela s'ajoutait à sa pratique régulière et constituait un travail tout-à-fait bénévole pour les AA. Il n'en faisait jamais assez pour eux. Il leur parlait très simplement, avec des phrases courtes. Il était très accessible et s'adressait à tout le monde de la même façon, qu'ils soient en haut ou en bas de l'échelle sociale.

«Lorsque je suis allé en Italie l'an dernier, j'ai cherché le numéro des AA dans l'annuaire téléphonique. J'ai dit à mon frère : – Si seulement le docteur Smith pouvait savoir comment c'est aujourd'hui dans le monde entier !»

V. L'alcoolique du groupe Oxford

En 1934-35, la femme et les enfants de Dr Bob n'avaient que le strict nécessaire, victimes de promesses très sincères mais non tenues.

Anne faisait ce qu'elle pouvait pour maintenir la famille unie et priait pour que son mari trouve une réponse quelconque à son problème : « Comment ma femme a réussi à garder sa confiance et son courage pendant toutes ces années, je ne le saurai jamais, écrivait Bob. S'il en avait été autrement, je sais que je serais mort depuis longtemps.

« J'ignore pour quelle raison mais nous, les alcooliques, avons le don de choisir les meilleurs femmes du monde. Je n'arrive pas à m'expliquer pourquoi elles doivent subir toutes les tortures que nous leur infligeons. »

Au début de 1933, à peu près à la même période de l'expérimentation de la bière, Dr Bob et Anne ont noué des liens avec le Groupe Oxford, un mouvement spirituel qui cherchait à recréer dans le monde moderne la force du christianisme des premiers siècles. Une vingtaine d'années plus tôt, Frank Buchman, son fondateur, avait rassemblé des disciples du Mouvement chrétien du premier siècle. Créé en 1921, son mouvement reposait sur des principes analogues. (En 1939, il a pris le nom de Réarmement moral.)

Les membres du Groupe Oxford cherchaient une régénération spirituelle en s'abandonnant à Dieu en faisant un examen rigoureux d'eux-mêmes, en confessant leurs défauts à un autre être humain, en réparant le tort fait aux autres, et en donnant sans rien attendre en retour ; comme ils le disaient «pas de salaire pour la chirurgie de l'âme». Toutefois, ils acceptaient des contributions.

Ils insistaient sur la prière et l'inspiration de Dieu en toutes choses. Le mouvement s'appuyait également sur l'étude des Écritures et de quelques livres qu'il avait publiés.

Au centre du programme, il y avait les «quatre absolus»: l'honnêteté absolue, le désintéressement absolu, la pureté absolue et l'amour absolu.

En 1948, Dr Bob a rappelé que les «absolus» étaient «les seules règles» que les Alcooliques anonymes avaient au tout début, avant les Douze Étapes. Il disait ressentir encore leur importance car ils pouvaient lui être extrêmement utiles lorsqu'il voulait faire le bon choix et que la réponse n'était pas évidente. «Presque toujours, disait-il, quand je mesure ma décision par rapport aux règles de l'honnêteté absolue, du désintéressement absolu, de la pureté absolue et de l'amour absolu, si elle s'en approche suffisamment, elle a de bonne chance d'être bonne.» (Les «absolus» sont encore publiés et souvent cités aux réunions des AA de la région d'Akron - Cleveland.)

En plus des «quatre absolus», les groupes Oxford avaient recours aux «cinq C» et aux «cinq méthodes». Les C étaient: confiance, confession, conviction, conversion et continuité, tandis que les «méthodes» étaient: «soumets-toi à Dieu», «écoute les directives de Dieu » ; « demande conseil, répare tes torts et partage par le témoignage et la confession». Il y avait également des slogans: «Étudie les hommes, pas les livres», «Gagne ton point et tu perdras ton homme», «Donne des nouvelles, pas des opinions». Un membre se rappelle que les adhérents allaient de l'un à l'autre avec enthousiasme et se demandaient en souriant: «Êtes-vous au maximum?»

Chef indiscuté et fondateur du Groupe Oxford, Frank Buchman était un pasteur luthérien de Pennsylvanie qui ne buvait pas et ne fumait pas. Plus tard, il se méfiera des AA et ne se sentira jamais tout à fait à l'aise avec eux.

Les membres du Groupe Oxford cherchaient à «changer» les notables des communautés avec l'idée que leur exemple motiverait les autres. Ils faisaient donc beaucoup de publicité et de bruit pour marquer la renaissance spirituelle de nouveaux convertis. Le Dr Buchman lui-même était souvent interviewé et cité.

Le président d'une fabrique de caoutchouc, voulant exprimer sa gratitude au Groupe Oxford qui avait rendu son fils abstinent, a fait venir à Akron une soixantaine de chefs membres du Mouvement pour une « fête privée» (nom donné à leurs rassemblements) de dix jours. Ils avaient tenu des réunions tous les jours et la fête s'est terminée par un dîner rassemblant quatre cents notables de la ville.

Cet événement a eu un impact important dans les cercles des églises locales et a attiré beaucoup de nouveaux membres, qui, par la suite, ont organisé des réunions hebdomadaires dans différents quartiers (comme les membres des AA le font aujourd'hui).

Plus tard, le Groupe Oxford a perdu de son influence à Akron pour diverses raisons, entre autres parce que l'héritier de la fabrique de caoutchouc avait recommencé à boire. Mais à ce moment-là, l'équipe avait déménagé à St. Louis, afin de rendre abstinent le fils d'un grand magnat de la bière, une situation qui a sans aucun doute posé des problèmes publicitaires délicats aux membres.

C'est Anne qui, au départ, avait persuadé Dr Bob de se rendre aux réunions du Groupe Oxford mais plus tard, il s'est lui-même senti attiré par une «impression de calme, de santé et de bonheur. »

«Ces gens, dit-il, s'exprimaient librement et sans gêne, ce que je n'ai jamais pu faire, et ils semblaient tout à fait à l'aise... » Dr Bob était surtout impressionné par « l'impression de bonheur qu'ils dégagaient. J'étais timide et mal à l'aise la plupart du temps, ma santé était précaire et j'étais profondément mallheureux. »

Dr Bob s'était rendu compte que ces nouveaux amis «avaient quelque chose que je n'avais pas ». Il a pensé qu'il pourrait tirer profit d'une association avec eux et dans le cas contraire, cela ne pourrait pas lui faire de tort.

Probablement à cause de ses expériences religieuses anté-
rieures, il a perdu un peu de son enthousiasme quand il a découvert que leur programme avait un aspect spirituel. Par contre, il
était rassurant de savoir qu'ils ne se réunissaient pas dans une
église mais à l'hôtel Mayflower et dans des maisons privées.

Dr Bob et Anne fréquentaient régulièrement le groupe de
West Hill qui se réunissait le jeudi soir. Lui et quelques autres
étaient peut-être alcooliques mais il ne l'a pas admis au début
car « jamais, dit-il, je n'ai pensé que je pouvais trouver là la solution à mon problème d'alcool ».

Pendant deux ans et demi, Bob a assisté régulièrement aux
réunions de ce groupe Oxford et a consacré beaucoup de temps à
l'étude de sa philosophie. On pourrait dire, en fait, qu'il commençait une recherche spirituelle qui a duré le restant de sa vie.

« Je lisais, dit-il, tout ce que je pouvais trouver dans ce domaine et je parlais à toutes les personnes que je croyais infor-
mées. » Il lisait les Écritures, étudiait la vie des Saints et faisait
de son mieux pour s'imprégner des philosophies spirituelles et
religieuses du temps. Pourtant, il se soûlait encore.

Une autre personne qui assistait régulièrement à la réunion
de West Hill était Henrietta Seiberling, belle-fille de Frank A.
Seiberling, fondateur et premier président de la fabrique de
pneus et de caoutchouc Goodyear. Diplômée du collège Vassar,
Henrietta était alors une jeune maîtresse de maison, mère de
trois adolescents qui étaient aussi membres du Groupe Oxford.

Elle a raconté (en 1978, un an avant sa mort), qu'une amie
appelée Delphine Weber lui avait demandé un soir de mars ou
d'avril 1935 : « Qu'allons-nous faire au sujet de Bob Smith ?

– Qu'est-ce qui ne va pas avec lui ? avait-elle demandé.

– C'est un terrible buveur, avait répondu Delphine, ajoutant
qu'il avait des difficultés à l'hôpital et qu'il était pratiquement
ruiné à cause de l'alcool.

« J'ai immédiatement senti qu'il fallait avoir une réunion
pour Bob Smith bien avant que Bill (Wilson) ne vienne à Akron »,
dit Henrietta. Elle est allé trouver d'autres membres du Groupe

Oxford, T. Henry et Clarace Williams, et leur a demandé s'ils pouvaient tenir une réunion chez eux. Ils ont accepté volontiers.

On disait de T. Henry, un riche inventeur qui avait mis au point un nouveau procédé de fabrication de pneus, qu'il ressemblait plus à un ivrogne que la plupart des alcooliques à cause de son teint coloré. On le taquinait beaucoup à cause de cela, mais il ne s'en formalisait pas.

T. Henry et Clarace avaient sans aucun doute leurs propres problèmes spirituels mais on les considérait comme un saint couple, qui se dévouait sans compter, avec une gentillesse naturelle qui n'apparaît, chez la plupart d'entre nous, que pendant de courtes périodes.

Contrairement à ceux qui ont raconté leurs souvenirs au sujet des Smith, Henrietta s'est montrée quelque peu critique vis-à-vis d'Anne, déclarant qu'elle ne partageait jamais profondément pendant les réunions et qu'elle était «très sensible». Henrietta faisait allusion à un incident au cours duquel Anne parlait d'une situation en se servant de la troisième personne. J'ai dit « Anne, pourrais-tu parler à la première personne du singulier ? » Elle s'est mise à pleurer. Le partage à la première personne était trop difficile pour sa fierté mais elle me connaissait assez pour deviner mes raisons et me faire confiance. Vous savez que nous devions exiger le maximum.

«Bob parlait d'une façon très réservée, poursuit Henrietta. Il était absolument honnête et ne commérait jamais. Je ne peux pratiquement rien dire de ses défauts, excepté la boisson. Il avait un caractère solide comme le rocher de Gibraltar. » De sa période avec les AA, elle disait : «Il n'a jamais parlé comme un fondateur. Il disait toujours – Je travaille simplement ici. »

Ayant trouvé un lieu de rencontre, Henrietta a rassemblé quelques membres du Groupe Oxford. « Je trouvais que les gens qui témoignaient devant le groupe n'avaient jamais partagé des choses très difficiles à avouer ; il ne fallait pas faire perdre à Bob sa fierté en lui faisant admettre une chose qui, je le pensais, lui coûterait beaucoup.

« J'avais prévenu Anne de cette réunion. Je ne lui avais pas dit que c'était pour Bob mais je l'avais avertie : « Prépare-toi à une soirée difficile. Il n'y aura pas d'échappatoire. »

« Nous avons tous partagé franchement nos défaillances et celles que nous avions réprimées. Puis, il y eut un silence. J'attendais en pensant : – Est-ce que Bob dira quelque chose ? »

« Il l'a fait. De sa voix profonde et grave, il a dit : Vous avez tous partagé des choses dont l'aveu, j'en suis sûr, vous a été très difficile et je vais vous dire quelque chose qui pourrait me coûter ma profession. Je bois en cachette et je ne peux pas m'arrêter.

« Nous avons dit :

– Veux-tu que nous priions pour toi ? Alors quelqu'un a dit :

– Devons-nous nous mettre à genoux ?

– Oui, a-t-il répondu, et nous l'avons fait. » C'était le début de la réunion du mercredi soir chez les Williams qui, selon Dr Bob, « nous ont laissé endommager les murs et les cadres de portes en déménageant des chaises de haut en bas de la maison ». Les réunions chez T. Henry ont continué jusqu'en 1954, bien après que les alcooliques se soient éclipsés.

« Le lendemain matin, continue Henrietta, moi qui n'y connaissais rien à l'alcoolisme (je pensais qu'un homme devait boire comme un gentleman, tout simplement), j'ai dit une prière pour Bob :

« Mon Dieu, je ne connais rien à l'ivrognerie mais j'ai assuré Bob que s'il suivait notre mode de vie, il abandonnerait la boisson. Maintenant mon Dieu, j'ai besoin de Ton aide. Quelque chose m'a dit (je l'appelais « une directive » ; c'était comme une voix dans ma tête) : Bob ne doit pas prendre une goutte d'alcool.

« Je savais que cette pensée ne venait pas de moi. J'ai donc appelé Bob et je lui ai dit que j'avais reçu une directive pour lui. C'est très important, ai-je ajouté. Il est venu à dix heures du matin, et je lui ai dit que ma directive était de ne pas prendre une goutte d'alcool. Il était très déçu, car il pensait que la directive serait de voir quelqu'un ou d'aller quelque part.

–Henrietta, m'a-t-il dit, je ne comprends pas l'alcool. *Personne* ne le comprend. Un docteur a écrit un livre sur l'alcool, mais il ne le comprend pas. Je n'aime pas l'alcool. Je ne veux pas boire.

– Mais, Bob, c'est ce que dit ma directive. Et ce fut le point de départ de nos réunions, longtemps avant la visite de Bill. »

Plus tard, en 1948, Dr Bob décrivait ainsi ce qui pourrait être la même conversation avec Mme Seiberling : « Je suis allé chez ma bonne amie Henrietta et je lui ai dit : « D'après toi, est-ce que je veux arrêter de boire ? » Henrietta, qui est bien charitable, me répondit : « Bien sûr Bob, je n'en doute absolument pas. » Je répondais : « Dans ce cas, je ne peux imaginer aucun homme sur terre voulant réellement arriver à quelque chose, le voulant aussi fort que j'ai l'impression de le vouloir et qui rate son coup aussi sûrement que moi » Et elle d'ajouter :« Bob, je sais que tu es décidé seulement, tu n'as pas encore trouvé le bon moyen d'y arriver. »

T. Henry Williams trouvait que Bob buvait pas mal moins depuis qu'il fréquentait le Groupe Oxford – d'abord tous les jours, puis une fois toutes les deux ou trois semaines – mais qu'il n'avait pas vraiment trouvé une solution avant de rencontrer Bill.

Cette impression d'une « amélioration » était probablement due au fait que Bob cherchait et réussissait à cacher sa consommation, même après avoir admis qu'il avait un problème. En effet, comme il l'a dit plus tard, « Ils m'ont dit de venir à leurs réunions régulièrement. Je l'ai fait chaque semaine. Ils m'ont dit de m'affilier à une église et nous l'avons fait. Ils m'ont également dit de prendre l'habitude de prier, et je l'ai fait – du moins de façon considérable à mes yeux. Par contre, je me soûlais chaque soir... Je n'arrivais pas à comprendre ce qui n'allait pas. »

Sue se souvient s'être assise dans l'escalier pendant quelques réunions du Groupe Oxford et se rappelle que sa mère semblait parler plus librement du problème de son père à ce moment-là, bien qu'aucune solution n'ait encore été trouvée.

Elle se rappelle aussi que jusqu'à ce moment-là, les pratiques religieuses étaient assez limitées à la maison. « Je sais que nous allions régulièrement au catéchisme du dimanche, mais eux ne pratiquaient pas. Papa avait juré de ne plus aller à l'église et il a tenu sa promesse jusqu'à ce qu'ils commencent à se rendre de temps à autre à l'église de J.C. Wright, à cause de leurs liens avec le Groupe Oxford. »

Telle était la situation, le 11 mai 1935, le samedi où Henrietta Seiberling a reçu un appel d'un parfait étranger.

« C'était Bill Wilson, et je n'oublierai jamais ce qu'il m'a dit » raconte-t-elle.

– « J'appartiens au groupe Oxford et je suis un ivrogne de New York. »

« Ce sont ses propres mots. C'est le ciel qui l'envoie, ai-je pensé. Moi qui désespérais d'aider Bob pour un problème que je connaissais mal, j'étais prête. Venez tout de suite, ai-je dit. Mon idée était de mettre ces deux hommes en présence.

« Il est donc venu à la maison et il est resté à dîner. Je lui ai dit de venir à l'église avec moi le lendemain matin. J'essaierais d'y faire venir Bob également, ce que j'ai fait. »

Active dans le Groupe Oxford, Henrietta Seiberling espérait que son programme libérerait Dᴿ Bob de son alcoolisme.

VI. Deux alcooliques se rencontrent

Bill avait appelé Henrietta sous le coup du désespoir quand, après avoir arpenté le hall de l'hôtel Mayflower sur la rue Principale sud du centre-ville d'Akron, il s'était soudain rendu compte qu'il avait besoin de parler à quelqu'un pour ne pas se remettre à boire.

Le Mayflower, à la façade lisse style Art Déco, était un hôtel pratiquement neuf, le meilleur et le plus moderne d'Akron. Le samedi, les gens venaient faire des courses au centre-ville, et le soir, ils dînaient parfois au restaurant et allaient voir un film. Ginger Rogers et Fred Astaire jouaient dans *Roberta* au Rialto, et James Cagney était la vedette de *G-Men* dans une autre salle.

Bill se souvient qu'il y avait ce soir-là une ambiance de fête dans les couloirs du Mayflower, avec des rires chaleureux et attirants provenant du bar. Celui-ci devait être particulièrement bondé et plusieurs réceptions privées devaient avoir lieu dans les suites de l'hôtel parce que des invités arrivaient pour le bal du mois de mai, donné par l'association de l'Hôpital St. Thomas. Sœur Ignatia devait y être, de même que le jeune docteur Tom Scuderi. S'il avait été sobre, Dr Bob aurait également pu être présent en tant que médecin traitant.

Dans le hall de l'hôtel Mayflower, un étranger a consulté un jour ce répertoire des églises afin de se tenir éloigné du bar.

Au lieu de se joindre aux fêtards du bar, «Bill a eu l'inspiration de consulter le répertoire des ministres du Culte dans le Hall, raconte Henrietta, et une chose étrange s'est produite. Il l'a regardé et y a pointé un nom, le Révérend Walter Tunks.

«Bill a téléphoné au révérend Tunks qui lui a fourni une liste de noms. L'un d'entre eux était Norman Sheppard, un de mes meilleurs amis qui savait ce que j'essayais de faire pour Bob. Norman a dit à Bill : «Je vais à New York ce soir mais téléphonez à Henrietta Seiberling, elle vous rencontrera».

Comme Bill l'a raconté lui-même, il avait déjà appelé neuf des dix noms sur la liste et Henrietta était le dernier. Il se souvenait avoir eu l'occasion de rencontrer un monsieur Seiberling, ancien président de Goodyear, et il supposa qu'il sagissait de sa femme. Il lui paraissait inconcevable de l'appeler pour une pareille raison. Toutefois, «une voix intérieure me disait : Tu dois l'appeler, a raconté Bill.

«Ayant elle-même réussi à affronter et à surmonter d'autres épreuves, elle m'a certainement comprise. Elle allait jouer un rôle capital dans la série d'événements fantastiques qui devaient bientôt mener à la naissance et à la croissance des AA. De toutes les personnes que m'avait gentiment nommées le pasteur, elle fut la seule à s'intéresser à ma demande. Il convient donc ici que je lui témoigne notre gratitude éternelle.»

Henrietta n'était pas la femme du président de la société de caoutchouc, mais sa belle-fille. Elle habitait la maison à l'entrée du domaine des Seiberling sur Portage Porth, pas très loin du domicile des Smith.

Henrietta invita Bob et Anne chez elle ce samedi-là. Pouvaient-ils venir afin de rencontrer un de ses amis, un alcoolique abstinent qui était peut-être capable d'aider Bob à propos de son problème de boisson ?

*Le Révérend Walter Tunks a joué un rôle important au début et à la fin de la sobriété de D*r* Bob.*

À ce moment-là, Bob était dans sa chambre, ivre mort. Il avait ramené une grande plante pour la fête des mères, l'avait posée sur la table de la cuisine et s'était ensuite effondré sur le sol. Anne et les enfants étaient parvenus à le monter dans son lit.

Anne a d'abord répondu qu'elle ne pensait pas qu'il leur serait possible d'y aller le jour même. Mais, comme le racontait Dr Bob, Henrietta était très tenace, très déterminée. « Oh ! oui, venez, insista-t-elle. Je *sais* qu'il pourra aider Bob. »

« Anne croyait toujours qu'il n'était pas très raisonnable d'y aller ce jour-là, ajouta Dr Bob. Finalement, Henri insista tellement qu'Anne a bien dû lui avouer que j'étais hors d'état de participer à toute conversation et qu'il fallait ajourner cette visite.

Henrietta a de nouveau téléphoné chez les Smith le dimanche. « Bob peut-il venir aujourd'hui ? »

« Je ne me souviens pas de m'être jamais senti aussi mal, dit Bob, mais j'étais très attaché à Henrietta et Anne avait promis que nous irions. Nous nous sommes donc mis en route. En chemin, j'ai fait promettre solennellement à Anne que cette affaire ne durerait au maximum qu'un quart d'heure. Je ne désirais parler ni à cet imbécile ni à personne d'autre, et nous ne ferions qu'entrer et sortir. Maintenant, voici ce qui s'est produit : nous sommes arrivés à 17 heures et il était 23 h 15 quand nous sommes partis. »

D'après Smitty, son père était assez nerveux, mais abstinent lorsqu'ils sont partis en voiture pour aller chez Henrietta rencontrer cette personne qui pouvait peut-être l'aider. « Bien entendu, je n'ai pas assisté à cette rencontre. Je n'étais encore qu'un gamin et maman voulait que papa puisse se confier à Bill. Je ne sais donc pas du tout ce qui s'est passé. Je me souviens pourtant que, peu de temps après, Bill est venu s'installer à la maison. »

Décrivant sa rencontre avec l'homme « qui allait devenir mon partenaire... le merveilleux ami avec lequel je ne devais jamais avoir la moindre dispute », Bill raconte : «Bob n'avait pas beaucoup l'air d'un fondateur. Il tremblait violemment. Mal à son aise, il nous annonça qu'il ne pourrait rester plus de quinze minutes.

« Même s'il paraissait embarrassé, il a semblé sourire quand je lui ai dit que, d'après moi, il avait besoin de prendre un verre. À la fin du dîner, durant lequel Bob n'avait rien mangé, Henrietta nous installa seuls, Bob et moi, dans sa petite bibliothèque. C'est là que nous avons parlé jusqu'à vingt-trois heures. »

Que se passa-t-il réellement entre les deux hommes ? Une version courte et séduisante nous vient d'un ancien confrère de classe de Dr Bob, Arba J. Irvin. Elle a le mérite d'identifier ce qui deviendra la boisson officieuse des AA, le café, vendu alors quinze cents la livre.

«... Ainsi, ils se sont rencontrés et ils ont commencé à dire qu'ils pouvaient s'entraider et aider celui qui éprouvait les mêmes difficultés. Ils sont allés dans les bas-fonds d'Akron pour rassembler un groupe d'ivrognes, et ils se sont mis à parler et à boire du café. La femme de Bob m'a dit n'avoir jamais préparé autant de café que durant les deux semaines qui ont suivi. Ils restaient là à boire leur café, fondant ce groupe d'assistance mutuelle. C'est ainsi que les AA ont démarré. »

Tout cela est vrai, mais, comme nous le savons, il a fallu plus que cela. (On a tendance à *trop* simplifier les choses.) Depuis des années, de nombreuses personnes avaient tenté d'éloigner Bob de la boisson. Le Groupe Oxford avaient un « programme ». Henrietta lui avait dit : « Tu ne dois pas prendre une goutte d'alcool ». Manifestement, Bill apportait quelque chose de neuf : lui-même.

Qu'a-t-il dit à Dr Bob qu'on ne lui avait pas déjà dit ? Quelle importance ont eue ces mots ? Quelle a été leur importance comparée au fait qu'un alcoolique s'adressait à un autre alcoolique ? Personne ne peut le dire avec certitude. D'ailleurs, Dr Bob et Bill eux-mêmes n'accordaient pas tout à fait la même importance aux facteurs en jeu.

Dans *Le mouvement des AA devient adulte*, écrit une vingtaine d'années plus tard, Bill analyse l'événement à la lumière
de son expérience subséquente et dit : «J'effleurai à peine les
effets fulgurants de mon expérience religieuse.» Pour commencer, il avait parlé de son propre cas jusqu'à ce que Bob «se
reconnaisse bien en moi». Ensuite, comme le docteur William
D. Silkworth le lui avait recommandé, il avait insisté sur les
aspects physiques de la maladie, «le verdict de l'inévitable
annihilation». Bill a senti que ses paroles provoquaient chez
Dr Bob une réduction de son ego qui le fit naître à une vie
nouvelle.

Bill décrit leur entretien comme «un échange tout à fait
réciproque. J'avais cessé de prêcher. Je savais que j'avais autant besoin de cet alcoolique, que lui avait besoin de moi. *La
solution était là.* Cet échange mutuel demeure encore au cœur
de la Douzième Étape des AA.»

Dans le livre *Les Alcooliques anonymes*, publié exactement
quatre ans après leur première rencontre, Dr Bob écrit à propos
de Bill : «Je me trouvais en face d'un homme... qui avait été
guéri par le moyen même que je vais essayer d'employer,
c'est-à-dire par l'approche spirituelle. Il m'a donné sur
l'alcoolisme des informations qui m'ont incontestablement aidé.

«*Mais ce qui est beaucoup plus important encore, c'est
que pour la première fois de ma vie, j'étais en face d'un être
humain qui savait, par expérience, de quoi il parlait quand il
s'agissait d'alcoolisme. En d'autres mots, il parlait la même
langue que moi.* S'il connaissait toutes les réponses, ce n'était
sûrement pas parce qu'il les avait lues quelque part.»

En cinq heures de conversation, Bill a dû raconter tout ce
qu'il savait, pensait ou supposait sur l'alcoolisme, et faire le
récit détaillé de son histoire, mais quelles que soient les choses
qu'il a dites, Bob a immédiatement cessé de boire.

Bill a semblé accorder plus d'importance à ce qu'il disait
qu'au fait que ce soit lui qui parlait. Quant à Bob, il a rapporté

que malgré l'utilité de ces paroles, il les avait déjà presque toutes entendues auparavant. Pour lui l'important était qu'*un autre alcoolique* les lui dise. Si William James, Carl Jung et le docteur Silkworth, en plus de Frank Buchman et de tous les membres du Groupe Oxford, lui avaient tenu ce discours, cela n'aurait été qu'un sermon de plus.

Sue se souvient que, ce dimanche-là, elle attendait impatiemment le retour de ses parents, qui ne sont rentrés que peu avant minuit. À leur arrivée, son père semblait plus à l'aise qu'au départ. Il n'était pas encore en très grande forme mais dans l'ensemble, il semblait aller mieux.

« Il était très enthousiaste à propos de votre entretien, a-t-elle raconté à Bill. Je m'en souviens. Il n'est pas entré dans les détails mais il a dit qu'il lui semblait que vous vous accordiez bien parce que vous aviez tous deux le même problème. Il se rendait compte qu'il n'était pas seul. Il m'a dit que les membres du Groupe Oxford n'avaient pas le même genre de problème. »

Comme Bill l'a écrit, « l'étincelle avait jailli ».

Dans une conversation avec T. Henry Williams, il ajoutait : « Le groupe s'est formé ici, au sein de votre propre groupe.

– Et il a grandi rapidement car je suppose que vous y avez travaillé avec acharnement, fit remarquer T. Henry.

– Il le fallait. Nous ressentions une terrible compulsion. Nous avions compris que nous devions faire quelque chose pour quelqu'un sans quoi nous aurions péri nous-mêmes. »

« Bill s'installa à Akron, raconte Henrietta. Un de mes voisins avait constaté le changement intervenu dans ma vie grâce au Groupe Oxford. Je l'ai appelé et lui ai demandé d'héberger Bill au club pour deux semaines environ, afin qu'il reste à Akron, car je savais qu'il n'avait plus d'argent. »

Nous étions fin mai et même si Bill et Dr Bob se rendaient compte que quelque chose de très spécial s'était passé entre eux, rien ne prouvait qu'ils en avaient saisi toute la portée. Chose certaine, ni l'un ni l'autre n'a fait de réflexion du genre :

« Bien, nous sommes cofondateurs des Alcooliques anonymes et nous ferions bien de commencer à rédiger les Douze Étapes ».

Dr Bob a mentionné un autre point de ressemblance entre eux : leur appartenance commune au Groupe Oxford, « Bill à New York pendant cinq mois, et moi à Akron durant deux ans et demi ». Mais il y avait une différence fort importante : « Bill avait compris leur idée de service. Pas moi ».

Cette idée, apportée par Bill et que Dr Bob n'oubliera jamais, a été mise en pratique immédiatement. Ils ont commencé à essayer d'aider un autre ivrogne.

Dans une lettre à Lois, Bill mentionne qu'il écrit du bureau « d'un de mes nouveaux amis, le Dr Smith, qui a le même problème que moi ». Ensemble, ils essayaient de « changer » un chirurgien jadis renommé qui avait développé un « terrible penchant pour l'alcool ». (Il est possible qu'il s'agisse de celui dont s'est souvenue Betty B., ce médecin qui amenait des patients sur une civière au bloc opératoire au milieu de la nuit.)

La lettre de Bill est datée de mai 1935. Cela prouve que Bob et lui ont commencé à transmettre ensemble le message dans les deux premières semaines qui ont suivi leur rencontre.

Dans cette lettre et les suivantes adressées à Lois, Bill faisait souvent allusion aux Smith ; disant qu'il avait mangé chez eux et trouvé le reste de la famille « aussi aimable que lui » ou encore qu'il devait se « dépêcher d'aller chez le Dr Smith (originaire du Vermont et alcoolique) pour dîner ».

Dans une lettre datée de juin, Bill a décrit Bob et Anne comme « des gens qui ont dix à douze ans de plus que nous (Bill avait alors 39 ans et Bob 55.) Il risque de perdre sa clientèle alors qu'apparemment, c'est un être très compétent et extrêmement populaire. Ils te plairont énormément. »

Dans une autre lettre, Bill signale qu'il va emménager chez les Smith. Anne aussi a écrit à Lois, qui a mentionné ce geste aimable à Bill dans sa lettre suivante. (À cette époque, contrairement à Lois, Bill ne conservait pas ses lettres.)

« Mme Smith est plutôt flatteuse, répondait-il. Tu vois, Bob a été au groupe (le Groupe Oxford) et il a fait un genre de rechute. Il n'y avait là personne qui comprenait vraiment les alcooliques. J'ai pris l'habitude de beaucoup l'aider, *du moins je le crois.* »

D'après Bill, Anne Smith avait décidé de prendre des mesures pratiques pour protéger la toute nouvelle abstinence de son mari. Elle avait invité Bill à venir habiter chez eux. « Ainsi, je pourrais garder un œil sur le Dr Bob, et lui sur moi. »

L'invitation tombait bien. Bill était presque sans le sou, même s'il avait reçu de l'argent de ses partenaires de New York et s'il espérait toujours remporter la bataille légale qui, au départ, l'avait amené à Akron.

« J'ai passé les trois mois suivants, avec ces deux personnes merveilleuses », raconte Bill. Je crois qu'elles m'ont donné beaucoup plus que ce que je leur ai apporté. »

Il se souvenait que, chaque matin, il y avait la prière. Après un long silence, durant lequel ils attendaient inspiration et orientation, Anne lisait un passage de la Bible. « Saint Jacques était notre préféré. Assise dans un coin, Anne lisait et concluait doucement : *La Foi sans les œuvres est une foi morte.* »

C'était une des citations préférées d'Anne, comme les épitres de saint Jacques étaient la lecture préférée des premiers AA, si bien que certains songeaient à appeler leur mouvement le Club Jacques.

Sue se souvenait elle aussi de ces moments paisibles, le matin, quand ils étaient assis ensemble pour lire la Bible. Plus tard, ils lisaient également *The Upper Room*, un ouvrage méthodiste qui proposait chaque jour un message spirituel d'inspiration interconfessionnelle.

« Quelqu'un disait ensuite une prière, raconte-t-elle. Après, nous étions censés en dire une, nous aussi. Puis, nous restions silencieux. Finalement, chacun partageait ce qu'il avait obtenu, ou ce qu'il n'avait pas obtenu. Cela durait au moins une demi-heure et se prolongeait parfois jusqu'à une heure ».

Le jeune Smitty était au courant des prières du matin et de la tranquillité de ce moment, mais il n'y participait pas. « J'étais trop occupé à siphoner l'essence de la voiture de mon père pour pouvoir me rendre à l'école », se rappelle-t-il.

« Tout se passait après le petit déjeuner qui, avec toi, se prenait à six heures du matin, raconte Sue dans un entretien avec Bill. Tu descendais en peignoir et tu nous faisais tous sursauter. Tu t'assoyais près de la cafetière et tu versais du café à chacun.

– J'étais nerveux à cette époque, riposte Bill, très nerveux.

– Je me souviens également de la bouteille sur l'étagère de la cuisine, ajoute Sue, pour prouver que la tentation n'existait pas.

– Oh ! oui, je l'avais oubliée, dit Bill. « Il n'était absolument pas question de boire. Je disais que nous devions prouver que nous pouvions vivre en présence d'alcool. J'avais donc acheté deux grosses bouteilles et je les avaient placées sur le buffet. Cela a rendu Anne presque folle pendant un temps.

– Mais je ne me souviens réellement de ta présence à la maison qu'après que papa soit allé au congrès médical, ajoute Sue.

– Je vivais déjà chez vous lorsque ton père a dit un jour : Que devient mon voyage à Atlantic City pour le Congrès ?

Cela se passait durant la dernière semaine de mai, alors que Dr Bob était abstinent depuis environ deux semaines. Le Congrès de l'Association médicale américaine avait lieu la première semaine de juin et il n'en avait manqué aucun en vingt ans. »

« Oh ! non », dit Anne lorsque Dr Bob souleva la question. Malgré toute sa confiance, il est évident qu'elle possédait un solide bon sens et une connaissance instinctive de la façon de penser d'un alcoolique. Bill, quant à lui, était favorable au projet. Pour lui, assister à un congrès était manifestement la même chose que laisser de l'alcool sur le buffet. Il croyait que les alcooliques devaient vivre dans le monde réel, avec toutes ses tentations et tous ses pièges.

Anne ne partageait pas son avis, mais elle finit par céder.

Dr Bob, qui racontera plus tard qu'il avait acquis le goût du scotch autant que le goût du savoir, commença à boire tout ce qu'il pouvait trouver dès qu'il monta dans le train d'Atlantic City. À l'arrivée, il acheta plusieurs bouteilles sur le chemin de son hôtel.

C'était un dimanche soir. Le lundi, il resta abstinent jusqu'après dîner. Ensuite, « j'ai bu au bar tout ce que j'osais boire en public, puis je me suis rendu à ma chambre pour terminer ce que j'avais commencé ».

Le mardi, Bob a commencé à boire dès le matin et il était déjà ivre à midi. « Ne voulant pas déshonorer mon nom, dit-il, j'ai quitté l'hôtel. »

Il s'est dirigé vers la gare et a acheté encore de l'alcool en chemin. Tout ce dont il se souvenait, c'était d'avoir attendu le train longtemps. Il est revenu à lui à Cuyahoga Falls, dans la maison de son infirmière et de son époux.

Son trou de mémoire a certainement duré plus de 24 heures car Bill et Anne ont attendu cinq jours à partir du départ de Bob jusqu'au moment d'avoir de ses nouvelles par son infirmière. Celle-ci, à l'appel de Bob, était venue le chercher ce matin-là à la gare d'Akron dans un état « de confusion et de désarroi ».

Bob n'était pas pleinement conscient de ce qui se passait. « Bill m'a ramené à la maison, raconte-t-il. Ce soir-là il m'a fait prendre quelques verres et m'a donné une bouteille de bière le lendemain matin ».

Toutefois, Bill et Sue se rappellent qu'il avait fallu trois jours de sevrage après ce qui fut, soit dit en passant, le dernier congrès médical de Dr Bob.

« Te souviens-tu quand ta mère et moi avons été le chercher chez son infirmière au petit matin ? », demande Bill à Sue. Nous l'avons ramené et il est allé se coucher. Je suis resté près de lui dans cette chambre de coin où il y avait deux lits. »

– Je sais qu'il n'était pas en très bonne forme, répond Sue. Puis, vous lui avez donné des plats à la tomate et du sirop de maïs. »

– « C'était pour l'opération, explique Bill. Au retour de Dr Bob, ils avaient appris qu'il devait opérer trois jours plus tard. C'était très inquiétant car s'il était trop soûl, il en serait incapable, et s'il était trop à jeun, il tremblerait trop. Nous l'avons donc gavé d'un mélange de jus de tomates, de choucroute et de sirop de maïs. L'idée était de lui fournir des vitamines grâce aux tomates et à la choucroute et de l'énergie grâce au sirop de maïs. C'était notre théorie. Nous lui avons aussi donné de la bière pour calmer ses nerfs. »

Comme Bill le dira à une autre occasion, cette méthode typique de sevrage a duré trois jours. Personne n'a dormi beaucoup, mais Bob s'est montré coopératif.

« À quatre heures du matin, le jour de l'opération, raconte Bill, il s'est tourné vers moi, m'a regardé et a dit « Je vais aller jusqu'au bout. »

– Tu veux dire que tu vas pratiquer cette intervention ?

– J'ai placé l'opération et ma vie entre les mains de Dieu. Je vais faire ce qu'il faut pour devenir abstinent et le demeurer. »

« À neuf heures, poursuit Bill il faisait pitié à voir tellement il tremblait alors que nous l'aidions à s'habiller. Nous avions très peur. Pourrait-il y arriver ? Que ce soit parce qu'il était trop tendu ou trop chancelant, il risquait de mal diriger son scalpel et d'enlever la vie à son patient. »

En se rendant à l'hôpital municipal, à l'est de la ville, le Dr Bob étendait sa main de temps en temps pour voir si les tremblements persistaient. Juste avant d'arriver, Bill, qui lui aussi avait un esprit pratique, lui donna une bouteille de bière.

Bill et Anne sont revenus à la maison pour l'attendre. Plusieurs heures plus tard, Bob leur a téléphoné pour annoncer la réussite de l'opération. Pourtant, il n'est pas rentré immédiatement. Était-il allé quelque part pour fêter ça ? Anne et Bill n'en avaient aucune idée. Ils ne pouvaient qu'attendre.

Finalement, Dr Bob est revenu à la maison. Il avait passé ces heures après l'opération à faire amende honorable auprès d'amis et de connaissances d'Akron. La bouteille de bière que Bill lui avait donnée ce matin-là fut son dernier verre.

Malgré toutes les discussions qu'il y a eu et qu'il y aura encore au sujet d'autres événements marquants dans l'histoire des AA, on s'accorde généralement pour dire que les Alcooliques anonymes ont débuté à Akron, ce 10 juin 1935.

VII. L'arrivée d'un troisième membre

Certain d'avoir pris son dernier verre, et avec au cœur l'idée de servir, Dr Bob était impatient de se joindre à Bill pour « travailler » avec un autre ivrogne, comme on disait alors.

Bill s'était senti libéré immédiatement du désir de boire mais il n'en a pas été de même pour Bob. De son propre aveu, la soif ne l'a presque jamais quitté durant ses deux premières années et demie d'abstinence. « Mais jamais, ajoutait-il, je n'ai été sur le point de succomber ».

On entend souvent dire que Bob n'a jamais perdu l'envie de boire. Ses derniers commentaires à ce sujet indiquent pourtant que ce désir n'était ni constant, ni violent. En 1948, il admettait : « Je pense toujours qu'un double scotch aurait terriblement bon goût...

« Mais, ajoutait-il, je n'ai aucune raison valable de croire que les résultats seraient différents ». Lorsqu'une telle idée lui venait, il l'interprétait comme le signe qu'il ne s'était pas occupé suffisamment des hommes hospitalisés à St Thomas.

Cela confirme la théorie de Bill, à l'effet que son partenaire voulait à ce point aider les autres parce qu'il avait découvert que c'était là le meilleur moyen de rester abstinent. Dr Bob s'est raccroché à cette découverte, qui s'est transformée en conviction profonde et qu'il a exprimé dans sa dernière causerie en disant

que les Douze Étapes, une fois « réduites à leur plus simple expression..., se résument à deux mots : « amour » et « service » ! »
Réduites... à l'essentiel !

Il n'a plus jamais été question du « terrible fêtard et ivrogne » dont ils s'étaient occupés avant le voyage de Bob à Atlantic City. Toutefois, le pasteur G.C. Wright envoya à Bill et à Bob un autre candidat, qui n'était pas un terrible fêtard, mais un terrible ivrogne.

Il s'agissait d'Eddie R. qui habitait dans le même quartier. Face à Eddie, ils se sentaient tantôt enthousiastes, tantôt désespérés. Ils s'en sont occupé durant tout l'été de 1935. D'après ce qu'on a dit sur son compte, Eddie aurait pu garder toute une armée abstinente. Il était probablement celui dont ils avaient besoin à ce moment précis.

Bill et Dr Bob ont pris beaucoup d'expérience sur ce qu'il fallait faire et ne pas faire dans une Douzième Étape en essayant de rendre Eddie abstinent ; Bill le disait « capable de provoquer n'importe quelle crise majeure un jour sur deux. »

Dans ses lettres à Lois, Bill relate qu'Eddie était un alcoolique athée et que son rétablissement était susceptible de « faire sensation. Bob Smith et moi avons commencé à travailler avec ce gars, il y aura huit jours mercredi, et nous l'avons rendu abstinent. Lui et sa femme ont capitulé. Il a commencé à rencontrer ses créanciers et il change rapidement.

« Le dimanche suivant, poursuivit Bill, il a pris son premier gros repas. Tu te souviens combien j'étais nerveux et dépressif quand j'ai arrêté de boire et pris un repas lourd ? Lui, ça l'a rendu temporairement maniacodépressif et il s'est enfui pour se suicider, ce qu'il avait déjà tenté auparavant et dont il avait été sauvé de justesse. »

Cette fois, Eddie s'était réfugié sur les quais de Cleveland. Mais avant de sauter, il avait pris une précaution inhabituelle chez les alcooliques ; il avait appelé les Smith pour les informer de son intention d'en finir.

Bill lui a demandé d'attendre jusqu'à ce qu'ils puissent lui parler. Puis, lui et Bob « ont foncé à Cleveland au milieu de la nuit, l'ont récupéré, amené à l'hôpital et là, ils ont commencé à lui appliquer le traitement du Towns Hospital. En y ajoutant « l'oxydation », l'effet a été magique. Cela a fait grand bruit à l'hôpital municipal, où les médecins sont tout en émoi, incapables qu'ils sont de faire quoi que ce soit pour ces cas-là. («Oxydation » est sans doute une forme abrégée de « Oxfordisation » mais on possède peu de détails sur le « traitement du Towns » à l'heure actuelle. La dernière cuite de Bill l'avait conduit au Towns Hospital de New York.)

« Pendant ce temps, poursuit Bill, l'effet sur le groupe (le groupe Oxford) est électrifiant. Les différences sont oubliées face à ce nouveau prodige. Lui et sa femme sont profondément transformés et cela va certainement créer tout un émoi à Akron ».

Quelques jours plus tard, le «nouveau prodige» était ivre encore une fois, ce qui a éventuellement poussé Bill à décrire la situation d'Eddie comme « parfois si désespérée que nous avons été sur le point de l'interner dans un asile ».

Cette lettre à Lois a été suivie d'une autre mentionnant «une nouvelle affaire brève mais orageuse avec les R. (Eddie et sa femme), qui s'est terminée par une terrible explosion qui nous a tenus occupés de samedi après-midi jusqu'à hier soir. Mais le danger est écarté et tout va pour le mieux à présent. Maintenant que le pire est passé, je suis certain qu'ils ne courent plus aucun danger. »

Le jeune Smitty, qui souligne que Bill et son père étaient « *déterminés* à convertir quelqu'un à ce moment-là», se souvient que nos cofondateurs enfermaient Eddie dans une chambre à l'étage chez lui, pour l'obliger à rester abstinent.

« Une fois, dit Smitty, Eddie s'est laissé glisser le long de la gouttière et a atterri gaiement dans la rue. Papa et Bill se sont précipités à toute vitesse derrière lui, papa en voiture et Bill à pied ! Eddie s'est arrêté juste avant que Bill ne renonce. Bill a pu

---

Tous deux non alcooliques, T. Henry et Clarace Williams ont manifesté une réelle sympathie pour Dr Bob et ses compagnons en rétablissement.

le coincer et le ramener à la maison. Peu de temps après, Eddie perdait sa maison. Sa femme et lui sont venus habiter chez nous.»

Sue se souvient parfaitement de l'arrivée du couple car il a occupé sa chambre. «Elle était couverte de bleus quand elle descendait le matin, s'est-elle rappelée dans un entretien avec Bill.

– Il la battait, disait Bill. J'avais oublié cela. Il était très gentil avec elle devant les gens mais lorsqu'il se trouvait seul avec elle, il la battait et voulait l'étrangler.»

Il s'agit sans doute de la «terrible explosion» mentionnée par Bill. De toute évidence, cela s'était produit parce que la femme d'Eddie s'était, suivant la tradition du groupe Oxford, confessée publiquement et avait fait amende honorable pour une indiscrétion qu'Eddie n'avait pas appréciée. La réserve inscrite dans la Neuvième Étape des AA – «sauf lorsqu'en ce faisant, nous pouvions leur nuire ou faire tort à d'autres» – n'a donc pas été rédigée par hasard.

Smitty a décrit Eddie comme «presque un malade mental et un dépressif», en plus d'être un vrai alcoolique. «On lui donnait du bicarbonate de soude, ce qui lui rendait temporairement ses esprits, mais dès qu'il prenait un repas, il perdait la tête. Ils ont essayé la choucroute, mais elle avivait ses ulcères.»

L'histoire la plus célèbre au sujet d'Eddy était celle qu'aimait raconter Anne, la fois où il l'avait pourchassée avec un couteau de boucher. Elgie et John R. (qui se sont joints aux AA en avril 1939) se sont rappelés avoir entendu Anne raconter ce lunch interrompu chez elle (des sandwiches au thon et du café). «Sans aucune raison, Eddie a bondi, empoigné un couteau de boucher, et poursuivi Anne jusqu'en haut». D'après Elgie, Anne aurait dit :

«Je ne savais que faire alors je me suis agenouillée et j'ai commencé à prier. Eddie marmonnait ce qu'il allait faire avec ce couteau et tout ce que je faisais, c'était prier, prier. J'ai commencé par le Notre-Père, puis j'ai continué à penser à différents versets. Je priais à voix basse, d'un ton monotone. Je me disais que tôt ou tard, il trouverait cela ennuyeux. Finalement, il a commencé à se calmer, Bill est monté et a pris le couteau. Encore aujourd'hui, on n'arrive pas à comprendre ce qui s'est passé ; d'après Bob, il devait être allergique au thon. »

« Après ça, ils ont pensé qu'Eddie n'était peut-être pas une bonne recrue, dit Elgie. Mais des années plus tard, nous sommes allés à Youngstown en voiture, au club où se tenait une grande réunion AA, et la première chose que Doc a dite, c'est : – Grand Dieu ! Mais c'est Eddie ! »

Eddie est réapparu à l'enterrement de Dr Bob, en 1950. « Il est venu vers moi, raconte Smitty, et m'a demandé si je me souvenais de lui. Il m'a dit qu'il était abstinent, depuis un an je crois, et fréquentait le groupe de Youngstown en Ohio. »

Bill a reçu de ses nouvelles lorsque Eddie a eu sept ans d'abstinence. Nell Wing, qui était la secrétaire de Bill et devint ensuite archiviste au Bureau des Services généraux, se souvient d'avoir rencontré Eddie et de s'être demandé comment cet homme serein et posé avait pu causer tant d'ennuis.

Leur zèle était tel que, au moment même où ils essayaient de tirer Eddie d'affaire, Dr Bob et Bill cherchaient déjà un autre alcoolique avec lequel ils pourraient travailler simultanément.

Bill se souvient avoir demandé : « Mais où trouver d'autres alcooliques ? ».

– Ils en ont toujours une multitude à l'hôpital municipal d'Akron, a répondu Bob. Je vais leur téléphoner et m'informer de la situation ». Il a téléphoné à Mme Hall, l'infirmière responsable des admissions, qui était de ses amies, et lui a expliqué que lui et un homme de New York avaient un « remède » contre l'alcoolisme et qu'ils avaient besoin de quelqu'un afin de l'expérimenter.

Comme Bill le racontera plus tard, « l'infirmière connaissait le Dr Bob depuis longtemps ». Elle lui avait immédiatement demandé s'il avait testé la nouvelle méthode sur lui-même. « Oui, répondit le Dr Bob, un peu pris de court, bien sûr que je l'ai fait ».

Mme Hall avait un client, « tout un numéro ». C'était un avocat qui avait séjourné six fois à l'hôpital au cours des quatre mois précédents. Il perdait complètement la tête lorsqu'il buvait, et il venait justement de rudoyer deux infirmières. En ce moment, il était solidement attaché. Pendant l'entretien téléphonique, l'infirmière prononça ces mots familiers : « C'est un type bien, lorsqu'il est abstinent. »

Il s'agissait de Bill D. qui deviendra le troisième membre des AA, « l'homme dans le lit ». Effectivement, c'était un type bien lorsqu'il était abstinent. Les membres de la région d'Akron qui ont maintenant 30 ou 35 ans d'abstinence se souviennent de lui comme d'une personne parmi les plus attachantes qu'ils aient jamais connues.

« Je pensais que j'étais un type important parce que j'amenais Bill D. aux réunions, dit un membre d'Akron, qui avait remarqué que Bill, quoiqu'influent dans la région, n'était pas un homme ambitieux dans le Mouvement. Il n'était pas agressif, simplement un bon AA. Si vous lui demandiez de l'aide, il vous aidait. Il vous conseillait. Il n'a jamais conduit de voiture mais il allait chaque jour à une réunion. Il se tenait debout avec ses pouces dans les poches de sa veste comme le colonel des restaurants Kentucky. Et il parlait tellement lentement que vous aviez envie de lui tirer les mots de la bouche. J'aimais être à ses côtés. Il vous donnait l'impression d'être un gars qui « Agis aisément », un « Monsieur Sérénité ».

Dr Bob et Bill n'ont pas tout de suite rendu visite à Bill D. Tout d'abord parce qu'il n'était pas en état de voir qui que ce soit. Ensuite, parce qu'ils pensaient qu'il était préférable d'avoir un premier entretien avec sa femme. Cette façon d'agir est devenu la méthode habituelle dans les premiers temps : discuter d'abord avec l'épouse, apprendre le plus de choses possible ; puis préparer l'approche. À noter également que l'alcoolique lui-même ne demandait pas d'aide. Il n'avait rien à dire dans cette affaire.

L'histoire complète de Bill D. se trouve dans le Gros Livre *(Alcooliques anonymes)*. Il y raconte son propre sentiment de désespoir et d'abattement avant la visite de Dr Bob et de Bill. Puis, il raconte comment il s'est identifié à Bill et à Bob, ensuite l'abandon de sa volonté à Dieu et son inventaire moral ; on lui a parlé ensuite du premier verre, du programme des 24 heures, et du fait que l'alcoolisme était une maladie incurable ; ce sont là les bases de notre programme qui demeurent toujours inchangées.

Bill D. se rappelait également qu'on lui avait demandé d'aller porter le message de rétablissement à quelqu'un d'autre. Il avait été particulièrement touché d'entendre Bill Wilson dire à Mme D. environ une semaine plus tard : « Henrietta, le Seigneur a été tellement bon pour moi en me guérissant de cette terrible maladie que je voudrais pouvoir en parler continuellement à tout le monde. »

Bill D. s'était dit qu'il avait sa réponse : « Bill Wilson était très, très reconnaissant envers Dieu pour sa libération de l'alcool et il le remerciait, et par gratitude, il voulait en parler aux autres ». Pour Bill D., cette simple phrase de notre cofondateur est devenue « une sorte de maxime dorée pour le programme des AA et pour moi ».

En 1977, se rappelant le passé, Henrietta D. a parlé de son mari comme « d'un grand alcoolique qui, comme les autres alcooliques, ne souhaitait pas se soûler ». Elle a vu ces événements sous un autre jour. Elle se souvient avoir dit à son pasteur « Vous ne l'atteignez pas. Je trouverai quelqu'un qui le pourra, même si je dois pour cela rencontrer tout le monde à Akron. » Et elle avait prié avec le pasteur d'une autre église pour que quelqu'un, que son mari puisse comprendre, vienne le voir à l'hôpital municipal où il avait été admis pour « une espèce de virus ».

Un jour ou deux plus tard, Mme Hall avait téléphoné à Henrietta D : « Il y a ici un docteur qui fait partie du personnel depuis 25 ans, et il pense avoir trouvé un moyen pour aider quelqu'un qui a un problème d'alcool. Il voudrait savoir si vous accepteriez de lui parler. »

Henrietta a accepté. « Je suis allée à l'hôpital, et Mme Hall m'a fait attendre dans une chambre. » Le Dr Bob est entré. Il était grand, avec une voix rude. « Quel genre d'oiseau se cache dans cet œuf lorsqu'il est abstinent ? », a-t-il demandé.

« J'ai dit que, lorsqu'il était abstinent, c'était le meilleur homme du monde. Mais, lorsqu'il buvait, c'était le pire !

– Oui, je sais, m'a-t-il répondu.

« Il était bourru, mais possédait un grand cœur, continua Henrietta. Il éprouvait de la sympathie pour les épouses car il savait ce qu'il avait fait subir à sa femme. J'ai toujours pensé que le Mouvement n'aurait pas atteint cette importance si le Dr Bob n'avait pas déclaré qu'il ne devait pas y avoir des réunions séparées parce que les maris et les femmes avaient déjà été suffisamment séparés. Des années plus tard, ils ont tenu des réunions fermées (réservées aux alcooliques), mais à l'époque, cela n'existait pas.

« Après m'avoir parlé un peu, il m'a dit : – Il y a un autre homme ici. Lui et moi pensons avoir trouvé la façon d'aider ceux qui ont un problème de boisson. »

« Je pensais qu'il voulait parler d'une sorte de cure coûteuse, et je lui ai dit : – Nous n'avons plus d'argent. Il s'est totalement envolé.

– Si vous avez cinquante dollars pour le mettre dans une chambre privée, m'a-t-il répondu, tout ce que nous ferons pour votre mari ne vous coûtera pas un cent.

– Oui, j'ai cette somme, ai-je dit au Dr Bob. C'était un autre miracle car, deux semaines auparavant, nous n'aurions pas eu d'argent du tout. Un homme, qui nous avait emprunté 150 $, avait appelé pendant que Bill était à l'hôpital et avait dit qu'il était prêt à rembourser. C'était une fortune pour nous, naturellement.

Je lui ai dit (au Dr Bob) : Vous êtes la réponse à une prière.

– Non, je ne suis pas une réponse à une prière, m'a-t-il répondu j'essaie moi-même de rester abstinent ». Puis il a appelé l'infirmière et lui a demandé de mettre mon mari dans une chambre privée.

« Lorsque je suis allée voir mon mari, il était très irrité à cause de la chambre privée, continue Henrietta. – Pourquoi as-tu fait cela ? demanda-t-il. Tu sais que nous n'avons pas d'argent pour la payer.

« Je lui ai répété alors ce que Dr Bob, m'avait dit ; ce qu'il ferait pour lui ne lui coûterait pas un cent.

« Je n'ai jamais entendu une chose pareille, a répondu mon Bill.

– Moi non plus, mais c'est ce qu'il m'a dit.

« Le Dr Bob est ensuite entré et il a parlé avec mon mari. Bill l'a beaucoup aimé. Plus tard, ce soir-là, il est revenu avec Bill Wilson, et ils lui ont parlé tous les deux. Bob a mis mon mari au régime choucroute et tomates. C'est tout ce qu'on lui a permis de manger durant tout son séjour. C'est une nourriture qu'il aimait et ça ne l'a pas dérangé.

« Il leur a fallu près de cinq jours pour lui faire admettre qu'il ne savait pas contrôler sa consommation de boisson et qu'il devait s'en remettre à Dieu. Bien sûr, il croyait en Dieu, mais il voulait être son propre maître. Ils l'ont *fait* se mettre à genoux à côté de son lit d'hôpital pour prier et dire qu'il allait confier sa vie à Dieu.

« Il est sorti de l'hôpital le 4 juillet 1935. Je ne l'oublierai jamais. J'étais dans une maison d'été près d'un lac, chez un de nos amis. Ils sont venus nous rejoindre, Dr Bob, Bill Wilson, Anne, et un autre jeune gars qu'ils essayaient de rendre abstinent, un certain Eddie R. (Eddie n'a pas réussi tout de suite, mais il y arrivera plus tard. Je me souviens l'avoir entendu parler. Une fois il disait qu'il y avait deux premiers chez les AA : le premier qui avait accepté le programme et le premier qui l'avait refusé.) Nous avons pique-niqué tous ensemble. Pour moi, *c'était* tout un pique-nique, je vous prie de le croire !

« La deuxième fois que Bob m'avait parlé à l'hôpital, il m'avait dit : Ma petite femme veut vous voir à la maison.

« Je suis allée voir une de mes amies qui avait une voiture et je lui ai dit : Je suis supposée aller voir sa femme, mais je n'irai pas !

– Tu vas y aller, a-t-elle dit. Je t'emmène.

« Lorsque Anne a ouvert la porte, je lui ai demandé : Êtes-vous Madame Smith ?

– Pour toi, c'est Anne, ma chérie m'a-t-elle répondu. Elle avait ainsi rompu la glace. Je pensais : Des gens si riches ! Je ne pouvais nous comparer à eux, car nous n'avions pas un sou. Mais j'ai découvert que c'était aussi leur cas. Je me souviens que c'était un dimanche et Bill Wilson était là. Il mangeait des pois à même la boîte, même pas réchauffés.

«Anne était si douce. Tout le monde l'aimait. Elle n'essayait jamais de vous faire sentir qu'elle était meilleure que les autres. La première fois que nous nous sommes parlé, elle m'a dit ceci : « Restons à l'arrière-plan toi et moi. »

«Elle parlait bien plus aux épouses que je ne le faisais car je n'ai jamais été très bavarde. Je n'ai jamais été de celles qui parlent de leurs problèmes. Je les gardais pour moi. Je me suis mise au travail et je faisais tout ce que je pouvais pour aider les autres, en leur racontant comment j'avais traversé la même épreuve. Je pensais que c'était *mon* mari qui était le pire, vous savez. Mais ces femmes croyaient la même chose.

«Anne poussait les autres épouses à parler aux nouvelles. Elle suggéra aussi que nous allions les voir chez elles. Je me souviens être allée chez une dame. Je ne l'avais jamais rencontrée mais je lui ai dit qui j'étais et que je voulais l'aider. Elle faisait la lessive et ne voulait pas être dérangée. Cela m'a enlevé l'envie d'aller faire d'autres visites. Elle n'avait pas compris ce que cela aurait pu signifier pour elle. »

Il est évident qu'Anne avait compris ce que vivait Henrietta D. «Elle m'appelait chaque matin et me demandait si j'avais eu un moment de calme. Nous étions supposées nous retirer avec un bloc-notes et un crayon et écrire tout ce qui nous passait par la tête. Plus tard dans la journée, nous pourrions peut-être comprendre ces pensées. Elle a dû m'appeler chaque matin durant une année : As-tu eu ton moment de tranquillité ? demandait-elle. En as-tu tiré quelque chose ? Elle était formidable ! »

Anne Smith n'a jamais cessé de faire preuve d'amour et d'intérêt pour les autres. Une autre femme, Peggy, a raconté que, l'année avant son décès, Anne l'appelait presque tous les matins. « Même lorsqu'ils sont partis voir Smitty au Texas, elle a appelé à l'aube. Tu m'as manqué hier soir (à la réunion régulière du groupe King School). Où étais-tu ? a-t-elle demandé. – Je savais que vous partiez pour le Texas, ai-je répondu. Je ne voulais tout simplement pas vivre des adieux ! Je n'imaginais pas que c'était la dernière fois que je lui parlais. »

Henrietta D. a rencontré également Lois Wilson. « Je ne me souviens pas combien de temps cela a pris avant qu'elle vienne, mais elle est venue. Je lui ai demandé. « Penses-tu que ton mari boira à nouveau un jour ? – Je *sais* que non, m'a-t-elle répondu.

« Cela signifiait tant pour moi, poursuit Henrietta. Elle *savait* qu'il ne le ferait pas. Elle ne se contentait pas de le *penser*. Elle m'a dit qu'elle avait su dès le début que Bill ne boirait plus jamais.

« J'ai eu cette certitude, moi aussi, dans un éclair. Je me suis réveillée au milieu de la nuit et c'était comme si toute la chambre était éclairée. Je n'ai rien vu, rien entendu, mais j'ai su que Bill ne boirait plus jamais. Et il ne l'a plus jamais fait.

« Oh, oui, mon Bill est devenu très enthousiaste. Il n'avait plus de temps libre pour ses propres affaires. Je lui ai dit : « Nous n'avons pas grand-chose, mais si tu consacres ton temps à ce travail, c'est tout ce qui m'importe. » Il adorait ça. Cela avait une telle importance pour lui. Il était toujours en route pour un endroit ou l'autre à Akron ou à l'extérieur de la ville, partout où on l'appelait. Il aimait les gens et les gens l'aimaient. »

Au début, Henrietta D. devait travailler les mercredis soirs, lorsque les réunions se tenaient chez T. Henry Williams. Mais elle raconte que, chez les AA, la coutume des rafraîchissements après la réunion débuta tout de suite « avec tout le monde parlant à tout le monde en buvant du café et en fumant... ».

« Vous dites que c'est la même chose aujourd'hui ? C'est vraiment bien.

« Le fait qu'Anne m'appelait chaque jour représentait tout pour moi. Je me souviendrai toujours de l'amitié, de la gentillesse et de l'intimité que nous ressentions tous. Plus tard, j'ai pu aller n'importe où aux États-Unis et trouver une amie AA.

« J'étais triste lorsque quelqu'un faisait une rechute. Nous priions tous pour lui. Je ne pense pas que personne ne remettait le programme en cause. Ça, c'était à cause de l'enthousiasme de

Dr Bob. Naturellement, Bill était là aussi pas mal souvent ! Ils étaient tous deux si convaincus.

« Vous savez, je ne me suis jamais demandé au début depuis combien de temps Dr Bob et Bill étaient abstinents. Si j'avais su que c'était seulement depuis si peu de temps, je n'aurais peut-être pas été aussi certaine que ça allait marcher pour mon Bill. » Lorsque Bill D. est sorti de l'hôpital, Dr Bob n'était abstinent que depuis trois semaines. « Je pensais qu'ils étaient abstinents depuis des années. Je pense que mon mari le croyait également.

« Nous étions tous dans le groupe Oxford, à l'époque. Je me souviens que, lorsqu'on m'a parlé pour la première fois des Alcooliques anonymes, j'ai pensé que c'était l'appellation la plus détestable que j'aie jamais entendue. Mais ce nom est resté.

« Nous étions tous membres. Un jour, Bill Wilson m'a dit : « Maintenant que ton mari a renoncé à ses péchés, pourquoi ne pas renoncer aux tiens ? »

« Je lui ai dit que je n'en avais pas ! – Je ne bois pas. Je ne fume pas. Je ne vais pas au cinéma, et je ne joue pas aux cartes le dimanche !

– Tout ça est bien, me dit-il, mais que fais-tu de l'apitoiement sur toi-même, de la peur et de l'anxiété ?

– Est-ce que ce sont des péchés ? ai-je demandé.

– Bien sûr !

– Dans ce cas, je suis remplie de péchés car je les commets tous », ai-je répondu.

« Dr Bob ne parlait pas autant. Je ne me souviens pas l'avoir vu animer une réunion. Il parlait aux gens en privé. Il avait le don d'obtenir des capitulations. Vous savez, au début, il a fallu que tous ces hommes capitulent. Chez T. Henry Williams, où ils se rencontraient, Bob les faisait monter à l'étage et leur faisait déclarer qu'ils s'abandonnaient à Dieu. »

Henrietta D. a été gardienne à la maison de correction d'Akron pendant vingt-deux ans.

« Lorsque j'ai découvert que mon mari pouvait renoncer à l'alcool, j'ai pensé pouvoir dire à ces filles comment faire, et qu'elles le feraient. Mais elles ne l'ont pas fait. Il y avait là beaucoup de femmes qui avaient des problèmes d'alcool.

« Nous avons eu une infirmière, raconte Henrietta. Elle était condamnée à passer six jours à la maison de correction et, après, six mois en prison. J'ai appelé le juge et je lui ai demandé s'il ne pouvait pas la laisser les six mois à la maison de correction parce que je connaissais quelqu'un qui, à mon avis, pourrait l'aider. Il lui a permis de rester.

« Après lui avoir expliqué le programme, je lui ai demandé si cela pouvait l'intéresser et elle a dit oui. J'ai donc fait venir une femme membre des AA qui est venue plusieurs fois, et l'infirmière a accepté le programme avec beaucoup de bonheur. C'était une fille très bien.

« Oui, j'essayais d'aider, affirme Henrietta, qui pourrait bien être la première à avoir fait entrer AA dans une prison. Je trouvais triste de rater beaucoup de choses parce que je travaillais. Mais j'étais toujours si heureuse de savoir que le Mouvement grandissait. Est-il vrai qu'il y a un million de AA aujourd'hui ? J'espère que ça sera bientôt deux millions ! »

VIII. Formation du premier groupe à Akron

Tandis que Bob et Bill se mettaient au travail auprès de Bill D., Lois attendait de plus en plus impatiemment le retour de Bill à New York, où il y avait aussi « plein d'ivrognes à aider ». Comme elle le dira plus tard : « Je n'arrêtais pas de le harceler. »

Finalement, Bill lui a écrit pour lui expliquer à quel point il était important pour lui de rester encore un peu. Non seulement il voulait à tout prix réussir la transaction d'affaire qui l'avait conduit à Akron, il sentait que Bob et lui étaient vraiment sur le point de découvrir une façon de travailler avec d'autres alcooliques.

Lois a été heureuse d'apprendre tout ce que faisait son mari auprès des alcooliques d'Akron. Pressée par Bill, invitée ensuite par Anne Smith, Lois profita de ses vacances d'été au magasin de Brooklyn où elle était décoratrice pour prendre l'autobus pour Akron.

« Dès le début, j'ai aimé Bob et Anne, raconte Lois. Leur accueil a été chaleureux et ils m'ont acceptée tout de suite.

« Bob et Bill étaient alors très occupés. Ils venaient juste de faire adhérer Bill D. au programme. Anne et moi avons passé beaucoup de temps ensemble. Nous nous fréquentions comme deux femmes d'alcooliques, même si nous ne parlions pas trop de nos problèmes ou de ce qui était en train de se passer. Anne était d'une grande sagesse et comprenait magnifiquement les gens. Non seulement les épouses et les familles venaient lui demander conseil, mais aussi beaucoup de membres des AA.»

Lois a décrit Bob comme un être très humain. «Il voulait pardessus tout aider les gens en difficulté. Et il était vraiment emballé et enthousiasmé par ce que lui et Bill avaient découvert.

«Nos familles sont devenues très intimes et nous avons pris l'habitude de nous visiter à tour de rôle. Bob et Anne venaient nous voir chaque année. Un moment, ils avaient même envisagé d'acheter une maison ici, à Bedford Hills.» (Une région rurale de l'État de New York où les Wilson ont emménagé en 1941).

En 1978, Lois entretenait encore une correspondance régulière avec Sue Windows. Et Smitty s'arrêta quelque temps chez les Wilson alors qu'il faisait du camping dans l'Est avec sa femme et son fils cadet.

À propos de la relation particulière que Bill avait avec Dr Bob, Lois disait ceci : «Bill avait des tas d'amis, mais peu étaient vraiment proches, si ce n'est Mark Whalon du Vermont, et Bob Smith. Il y avait Ebby, bien sûr, mais dans ce cas, c'était plutôt par gratitude, et aussi par nostalgie. (Ebby T., ami d'enfance et compagnon de beuverie de Bill, est tout d'abord devenu abstinent dans le Groupe Oxford et a transmis le message à Bill.)

«Bill se rendait compte également que Bob lui apportait des choses dont il avait besoin pour parfaire son travail. Il demandait toujours conseil à Bob, qui lui faisait parfois des suggestions mais généralement, leurs idées concordaient.»

Lois a rappelé combien Bob aimait les grosses et coûteuses limousines, et combien il aimait rouler vite. «Cela ennuyait Anne, mais pas moi. D'ailleurs, j'aime bien rouler vite, moi aussi», dit Lois, alors âgée de 86 ans (en 1978).

Avec Bill D., il y avait maintenant trois rétablissements, et ces trois alcooliques avaient le sentiment qu'il leur fallait transmettre le message ou périr. Il y a eu plusieurs échecs avant que Ernie G. ne devienne le quatrième membre, à la fin de juillet 1935.

Ernie est décrit comme une jeune tête brûlée de 30 ans. Engagé dans l'armée à 14 ans, il a ensuite travaillé comme cowboy, et

enfin comme ouvrier dans les puits de pétrole. De beuveries en ba-
garres, il avait roulé sa bosse dans tout le pays.

La vie d'Ernie à son retour à Akron se résume en emplois perdus et en un mariage raté. Ses parents étaient profondément religieux et ne savaient pas si leur fils voulait vraiment arrêter de boire.
Lui-même refusait tout contact avec l'Église.

Pourtant, Ernie a finalement accepté d'écouter Bob et ses deux
amis qui, ensemble, avaient trouvé le moyen de rester abstinents. Il
a été hospitalisé à l'hôpital municipal, où on a essayé de le sevrer,
« à raison de neuf centilitres de whiskey toutes les trois heures, en
plus de ce que j'avais caché », comme il le disait lui-même.

Parlant avec Bill Wilson en 1954, Ernie a raconté qu'il était à
l'hôpital depuis six jours lorsque trois hommes sont venus le voir
« et lui ont proposé d'essayer le programme. Je me souviens que
Doc a insisté sur le fait que c'était une maladie. Il le répétait à tous
ceux avec qui il travaillait. »

Le jeune homme a accepté d'essayer. « Je me suis dit que si le
programme avait fonctionné pour eux, il y avait peut-être une
chance qu'il marche pour moi aussi.

– Dans ce cas, ont-ils dit, nous aimerions que tu commences par
capituler.

– Qu'est-ce que vous voulez dire par capituler ?

–Eh bien ! tu dois dire une prière.

– Je ne suis pas bien prêt pour ce genre d'exercice, parce que ce
n'est pas dans mes habitudes », ai-je répliqué.

Ils ont pourtant accepté de l'aider. Ils disaient la prière et le faisaient répéter après eux. « Pour je ne sais quelle raison, poursuit
Ernie, je me suis senti tout à fait libéré après cette soi-disant capitulation. Cette méthode de la capitulation qu'on utilisait à l'époque a
duré encore quelques années. Je ne sais pas très bien quand on l'a
abandonnée. Mais même aujourd'hui, je crois encore que c'était
une bonne chose. »

Quand Ernie est sorti de l'hôpital, le Dr Bob et Bill
s'occupaient encore beaucoup d'Eddie R. « Eddie était bourré de

bicarbonate de soude, mélangée ou non à du whiskey, se rappelle Ernie. Ce qui ne changeait rien parce que, dans un cas comme dans l'autre, il pouvait devenir terriblement violent.

« Parfois, Anne m'appelait au travail parce que Eddie faisait du chahut. Quand j'arrivais, il était redevenu doux comme un agneau et paraissait ne pas vouloir faire de mal à une mouche. Mais, dès que je tournais les talons, il recommençait de plus belle.

« Cependant, j'étais abstinent, et ils voulaient passer le plus de temps possible avec moi. J'allais chez Doc ; où restait Bill Wilson. J'y ai passé pas mal de temps. Peu après, j'ai trouvé un boulot de vendeur de voitures. Je n'avais aucune envie de boire. Je me sentais libéré. »

C'est surtout Sue qui se souvient que Ernie venait les aider à calmer Eddie. Elle se rappelle également que c'est Ernie qui a connu la première rechute chez les AA. Après un an d'abstinence, il s'est remis à boire pendant sept mois.

Sue qui a épousé Ernie en 1941, c'est-à-dire cinq ans après cet événement a eu le cœur brisé quand il s'est enivré. Selon Bob, il n'avait jamais vraiment « accroché ». Après cette première rechute, d'autres ont suivi, et elles furent de plus en plus graves jusqu'à sa mort.

« Ils ne savaient pas très bien que faire de lui, dit Sue. À un certain moment, il voulait même être payé pour prendre la parole aux réunions. Je n'ai jamais su comment le prendre. » Le mariage s'est terminé par un divorce, et Sue a plus tard épousé son premier prétendant, Ray Windows.

Selon Sue, il ne faut pas oublier que pendant ses périodes d'abstinence, Ernie a aidé beaucoup de monde. Une fois, il est même resté abstinent pendant onze ans avant de connaître une autre rechute. »

Bob et Anne étaient fortement opposés au mariage de Sue, pas à cause de l'alcoolisme d'Ernie mais à cause de ses rechutes. Personne ne peut dire s'ils avaient raison ou non. Nous ne pouvons que constater les faits.

D'après Bill, Bob était toujours d'humeur égale, mais John R. a relaté un incident qui n'est certes pas caractéristique. John R.

fréquentait toujours le groupe King School à Akron chaque mercredi soir, presque quarante ans après avoir franchi la porte des AA pour la première fois en 1939. «Je me souviens d'un jour où il s'est vraiment fâché. Nous étions une douzaine à la réunion. Quelqu'un a mentionné le nom d'Ernie. Doc a bondi. Je ne me souviens pas exactement de quel nom il a traité Ernie, mais il l'a traité de *quelque chose*. «Non ! non et non ! Laisse ce gars-là en dehors de ça. » Jamais je n'oublierai cette scène. Peu après, Ernie et Sue se sont mariés. Doc n'aimait pas Ernie ! Et de même, Ernie n'aimait pas Doc ! »

Ernie se rappelait aussi l'arrivée du cinquième membre des AA, vers la fin d'août ou le début de septembre 1935. Il s'agissait de Phil S., qui a probablement rencontré Bill Wilson juste avant que celui-ci ne reparte pour New York.

Phil ne s'est toutefois arrêté de boire qu'au bout de quelques semaines. Pendant huit jours, il a suivi le traitement habituel à l'hôpital municipal, puis sous bonne garde, il s'est embarqué avec Ernie dans la Pierce Arrow de Doc, à la recherche de sa voiture qu'il avait égarée alors qu'il était ivre.

Phil s'est excusé un instant pour aller chercher un « milk shake ». Quand il est revenu un quart d'heure plus tard, Ernie a vu qu'il était complètement soûl. Quelques jours plus tard, il a été arrêté et condamné à trente jours de travail dans une maison de détention.

«Il était désolé que cela lui soit arrivé après avoir reçu tant d'affection et de conseils, a dit Ernie. Il était aussi quelque peu indigné parce qu'il n'était pas un de ces vagabonds qui traînent dans les rues, crasseux et les pieds nus.

«Bill D. est allé parler au juge qui a accepté de relâcher Phil, à la

Sue Windows, la fille de Dr Bob, se rappelle très bien la fin de son adolescence, au moment où les AA ont transformé sa vie familiale.

Je ne

condition qu'il s'en remette au Dr Bob le temps que celui-ci jugerait bon, qu'il suive la route que Doc lui indiquerait et qu'il se remette d'aplomb. S'il se soûlait dans les prochains trente jours, on le bouclerait à nouveau.

«Phil s'est empressé d'accepter le marché. Nous l'avons conduit à un centre de désintoxication, et nous l'avons mis sous clé.»

Après ces événements, Phil est resté abstinent, si l'on excepte une rechute deux ans plus tard. Ernie a donc été le premier jeune chez les AA et le premier «rechutant»; quant à Phil S. il a été le premier AA à avoir des ennuis avec la justice. Mais c'était une caractéristique des membres qui se joignaient au mouvement à cette époque: pratiquement tout ce qu'ils faisaient était une première.

Smitty se rappelle à quel point son père et Bill Wilson ont travaillé dur à cette époque, pour «mettre au point une petite causerie ou un plan qui intéresserait les autres ivrognes.»

Dr Bob a fait remarquer par la suite qu'à cette époque, les Douze Étapes n'existaient pas et que «le contenu de nos messages n'était pas très riche», mais ils étaient convaincus que la réponse à leurs problèmes se trouvait dans la Bible. «Pour certains des plus vieux d'entre nous, le sermon sur la montagne, le chapitre 13 de la première épître aux Corinthiens et les épîtres de Jacques constituaient des parties absolument essentielles.»

Ce fut pour les AA le début de la période qualifiée de «vol à l'aveuglette». Ils avaient la Bible. Ils avaient les préceptes du Groupe Oxford. Ils avaient également leurs propres intuitions. Ils pratiquaient et élaboraient tant bien que mal le programme des AA – Les Douze Étapes – sans trop savoir comment.

«Je ne suis pas l'auteur des Douze Étapes, disait Dr Bob. En fait, je n'ai rien à voir avec leur rédaction. Cependant, j'ai probablement eu quelque chose à voir avec leur élaboration, indirectement...

« Presque tous les soirs, (pendant les trois mois de l'été 1935 où Bill a séjourné à Akron) nous discutions jusqu'à deux ou trois heures du matin. Je peux difficilement concevoir qu'au cours de ces discussions nocturnes dans la cuisine, il ne s'est rien dit qui ait eu une influence sur le texte des Douze Étapes.

« Nous avions déjà en tête les principes fondamentaux des Étapes, mais pas encore sous une forme articulée et précise. Ces principes, nous les avions acquis par notre étude de la Bible. Nous *devions* les avoir. Depuis lors, l'expérience nous a appris le rôle capital des Étapes pour le maintien de l'abstinence. Quant à nous, *nous ne buvions pas*, donc, nous devions avoir acquis ces principes.

« À cette époque, nous étions tous fauchés, complètement à sec. Probablement qu'il était beaucoup plus facile de réussir sans le sou qu'avec chacun un gros compte en banque... Je vois là aujourd'hui un coup de la Providence. »

Au cours de l'été et de l'automne 1935, en plus d'Eddie, il y a eu également, un couple d'alcooliques qui n'a pas « accroché ». Ils méritent cependant de faire partie du folklore AA.

L'homme, que nous appellerons Victor, avait été maire d'Akron, et la dame que nous nommerons Lila a été la première femme à chercher de l'aide.

Ensemble, Victor et Lil se sont mis à rédiger la « treizième étape », bien avant que les douze autres n'aient été envisagées. De plus , on dit que tout cela a débuté dans le cabinet de Dr Bob - sur sa table d'examen - tandis qu'il jouait à son sacro-saint bridge du lundi soir au City Club.

Victor a décidé qu'il était temps pour lui de rentrer à la maison, mais Lil était soûle. Il a alors appelé Ernie et lui a expliqué la situation. Quand Ernie est arrivé, il a vu Lil prendre une poignée de pilules dans le cabinet de Dr Bob.

« Nous courrions autour de la table d'examen, a raconté Ernie, pendant qu'elle essayait de mettre les pilules dans sa bouche. Puis, elle s'est précipitée vers la fenêtre. Elle était déjà à moitié dehors quand je l'ai rattrapée. Elle était forte comme un cheval et m'a lancé un chapelet d'injures comme je n'en ai jamais entendu auparavant ni après.

« Quand Doc est arrivé, je l'avais un peu calmée. Nous l'avons amenée sur l'avenue Ardmore et mise dans une chambre au sous-sol. Elle y est restée deux ou trois jours, puis sa famille est venue la chercher. Ils n'ont pas été très gentils avec nous ; ils pensaient que nous ne l'avions pas traitée comme il fallait. Pourtant, nous savions que nous avions fait pour elle tout ce que nous pouvions mais elle-même refusait de s'aider. »

On dit que, longtemps après cet incident, Dr Bob se méfiait des femmes alcooliques, bien qu'il ait toujours essayé d'aider de son mieux quiconque venait le trouver. Bill Wilson, lors d'un entretien avec Sue Windows dans les années 1950, se rappelait à quel point ils avaient tous été scandalisés par cet épisode.

« En tant qu'ivrognes, je ne vois pas pourquoi nous l'avons été, dit-il. Mais nous sentions que le comportement de certains qui venaient nous voir au début pouvait nous désorganiser complètement. Je crois bien que Lil a été la toute première femme à qui nous avons eu affaires. »

Bill pensait que Lil n'avait jamais réussi à s'en sortir, mais Sue a dit qu'elle s'en était sortie après quelques années, qu'elle s'était mariée et avait eu des enfants. Par contre, elle ne devait pas son rétablissement au programme des AA. Cela aussi a été une leçon ; les AA ne sont pas la réponse pour tout le monde.

Ernie se souvenait également que Victor avait chez lui, à l'époque des « séries mondiales », dix bouteilles d'alcool à friction. C'était ce qui lui restait d'une provision qu'il avait constituée pour faire des massages à sa mère mourante.

D'après Ernie, Victor avait un jour demandé à des vagabonds s'ils en avaient jamais bu. « C'est meilleur que du champagne », lui avait dit l'un d'eux. Pas tout à fait convaincu, Victor leur en avait donné une bouteille et, posté derrière les persiennes, les avait regardés boire. Ils n'avaient pas l'air malade. En fait, ils étaient venus en redemander.

« D'accord, leur avait dit Victor en leur en donnant une autre. Mais c'est la dernière. Si c'est vraiment bon, c'est exactement ce que je cherche. » La provision a duré le temps de la finale entre les Tigers de Détroit et les Cubs de Chicago.

Ernie faisait remarquer que Victor et Eddie R. sont deux exemples de l'inefficacité du traitement «alcoolisé» (la désintoxication progressive), «qui a d'ailleurs été abandonné par la suite». Ce n'est pas étonnant. Il demandait de la part de tous les membres un effort de tous les instants.

Ernie se rappelait aussi une des premières visites non sollicitées, faite par les premiers membres à Akron. Ils étaient allés voir un homme avec qui ils avaient eu une longue conversation. Il était forcé d'écouter et n'avait que peu de choses à répondre, parce qu'il était étalé sur son lit.

«Un jour ou deux plus tard, nous y sommes retournés, dit Ernie, et sa mère a fermé la porte et refusé de nous laisser entrer parce qu'on avait rendu son fils nerveux. De toute façon, a-t-elle dit, il n'a pas de problème d'alcool.»

Il y en a eu d'autres. Un ivrogne dont on ignore le nom a un jour empoigné le volant pendant que Bob conduisait et a failli démolir la voiture. Pendant un certain temps, les membres se sont aussi occupés d'une serveuse autochtone.

Smitty se rappelle comment son père soignait les ivrognes avec un aldéhyde. «Ce médicament les assommait pendant trente-six heures. Il y en a eu un qui en a renversé dans la voiture et elle a empesté jusqu'au jour où elle a été vendue. Dans la famille, on avait surnommé la Pierce Arrow *l'Arche*. Papa était Noé, bien sûr.»

Bill a aussi écrit une lettre à Lois dans laquelle il parle d'un homme de Détroit qu'ils ont soigné ce même été 1935. «Il est près de la cinquantaine et c'est un cas typique. J'en ai rencontré beaucoup comme lui au Towns Hospital. Il n'est pas encore très atteint mais il sera foutu dans un an ou deux. Pauvre type. Il voulait garder toute son histoire très secrète, si bien que nous n'avons pas pu le faire parler.»

«Il ne se passait pratiquement pas une soirée, a raconté Bill, sans qu'il se tienne dans la maison de l'un ou l'autre une petite réunion d'hommes et de femmes heureux de s'en être sortis et pensant sans cesse à faire partager leur découverte à un nouveau.

S'ils essuyaient un échec, ils tâchaient d'inciter la famille du gars à un mode de vie spirituel qui la libérerait de bien des soucis et souffrances. (Si ces personnes n'étaient pas des précurseurs d'Al-Anon, elles en étaient la préfiguration).

« En plus de ces rencontres amicales ; poursuit Bill, nous avions l'habitude de réserver une soirée par semaine à une réunion où pouvaient se retrouver tous ceux qui s'intéressaient à un mode de vie spirituel. » Bien sûr, cette réunion était celle du mercredi soir chez T. Henry Williams.

Lors d'une conversation avec Bill, Ernie s'est souvenu que « à cette époque, chacun de nous avait un fauteuil confortable car nous n'étions pas nombreux. Clarace Williams ne devait jamais ajouter plus de deux chaises droites. Il y avait toi, Doc, Bill D., Phil S. et moi. Les quelques autres étaient des membres du groupe Oxford. En tout, nous étions treize ou quatorze. »

Les quelques autres du début devaient être T. Henry et Clarace, Henrietta Seiberling, Anne Smith et Henrietta D.

« L'escadron des alcooliques », comme certains l'ont appelé plus tard, s'est réuni chaque mercredi soir chez T. Henry, de 1935 à la fin de 1939. Ils ont ensuite déménagé chez le Dr Bob pendant quelques semaines, pour se retrouver à l'école King en janvier 1940.

Si, comme le croyait Dr Bob, les premiers membres ont dû pratiquer les Douze Étapes sans même les connaître, ils ont aussi constitué le premier groupe des Alcooliques anonymes, même s'ils ne s'en sont pas rendu compte.

Par contre, même à ce moment-là, il y avait des remous et une sorte de division entre les alcooliques et les autres membres du groupe Oxford. « L'idée des directives à laquelle les membres du groupe croyaient, dit Ernie, n'avait pas beaucoup de succès chez les alcooliques. On ne nous l'avait peut-être pas suffisamment expliquée. Dès le départ, je n'y ai pas cru. Cela me paraissait trop technique, trop détaillé. Par moment, je pensais qu'ils utilisaient une planchette de ouija. Moi et quelques autres alcoolos, on sentait bien qu'ils écrivaient eux-mêmes tout cela, que c'était leurs propres idées qu'ils nous transmettaient. Mais par le respect pour T. Henry, on ne rouspétait pas trop. D'autre part, nous les amenions en haut où ils se mettaient à genoux pour capituler, et cela me semblait une partie importante. »

La capitulation était plus qu'importante, elle était essentielle. Arrivé chez les AA en février 1937, Bob E. se rappelle ceci : « Après cinq à six jours à l'hôpital, quand vous aviez montré que vous étiez sérieux, ils vous demandaient de vous mettre à genoux près du lit, et de dire une prière à Dieu, en admettant que vous étiez impuissant devant l'alcool et que votre vie était incontrôlable. En plus, vous deviez affirmer votre croyance en une Puissance supérieure qui pouvait vous rendre la raison.

« Vous pouvez entrevoir là le début des Douze Étapes, ajoute-t-il. On appelait ça la capitulation. Ils l'exigeaient. Sinon, vous ne pouviez pas aller à une réunion. Si par hasard vous n'étiez pas passé par là à l'hôpital, vous deviez faire ça chez les Williams, dans une chambre en haut. »

Dorothy S.M. se souvenait des réunions de 1937 « quand les hommes disparaissaient à l'étage et nous, les femmes, nous étions nerveuses, et nous nous demandions ce qui se passait là-haut. Après environ une demi-heure, le nouveau descendait, tremblant, pâle, sérieux, grave. Tous ceux qui faisaient déjà partie de AA faisaient cercle autour de lui. Il était quelque peu réticent à parler de ce qui lui était arrivé, mais après un moment, il nous disait qu'il avait *réellement* capitulé.

« Je me demande souvent comment tous ceux qui viennent dans le mouvement maintenant pourraient survivre à une expérience pareille, à une réunion de prière à l'ancienne. Les nouveaux venus capitulaient en présence de tous les autres, raconte Dorothy, qui était alors mariée à Clarence S., un membre AA. Elle-même est devenue membre plus tard. Elle est décédée en 1971 : Après la capitulation, une bonne partie des autres Étapes – l'inventaire, l'admission des défauts, la réparation – était abordée en quelques jours.

Comme nous le savons, le Dr Bob s'était attaqué à ce qui est aujourd'hui la Neuvième Étape le jour même où il avait pris son dernier verre. Il s'était mis consciencieusement à réparer ses torts envers ses amis et connaissances. Plus de quarante ans plus tard, bon nombre de centres de traitement «modernes» axés sur les AA, encouragent les malades à passer d'abord par les cinq premières Étapes avant leur sortie, et cette méthode est assez semblable à celle du premier groupe de 1935.

Au début, on pensait également que l'hospitalisation était nécessaire. Le Dr Bob lui-même est l'une des rares exceptions. Même ceux qui étaient déjà passablement sevrés lorsqu'ils demandaient de l'aide étaient priés de réserver une chambre privée à l'hôpital municipal pour des périodes allant de cinq à huit jours. Cette façon de voir reposait en partie sur le fait que le Dr Bob était lui-même un médecin qui croyait au rôle de l'hôpital et qui était convaincu que l'alcoolisme est une maladie. Cette méthode avait aussi l'avantage de faire de l'alcoolique, seul dans sa chambre, un auditeur captif. La seule lecture autorisée était la Bible, et généralement, les seules visites qu'il recevait étaient celles d'alcooliques rétablis.

L'hospitalisation faisait partie du traitement à un tel point que Warren C., devenu membre AA à Cleveland en juillet 1939, se souvient que son admission dans le Mouvement a fait l'objet de beaucoup de discussions parce qu'il n'avait pas été hospitalisé.

Aussi, lorsque maintenant un membre déclare qu'il n'a pas mis rapidement les Étapes en pratique ou n'a pas été hospitalisé à son arrivée chez les AA, il parle d'une époque ancienne, mais pas de celle du tout début.

À quoi pouvait bien ressembler ce traitement à l'hôpital? Betty B., alors étudiante infirmière, nous donne un exemple qu'elle situe à l'été ou à l'automne de 1935.

«Je travaillais de 3 à 11 heures au chic étage des chambres privées. D'habitude, on n'assignait pas une étudiante à cet endroit... En passant devant l'ascenseur, la porte est ouverte et, à ma grande surprise, j'ai vu sortir le Dr Bob qui poussait devant lui un homme sale, hirsute, pas rasé et manifestement ivre. Je suis sûre que la surprise se lisait sur mon visage. On ne voyait jamais ce genre de malade à cet étage ; de toute évidence, il aurait dû se trouver deux étages plus bas, dans la salle publique.

« Pourtant, tout en maintenant ce pantin titubant par le collet, le Dr Bob m'a regardée par-dessus ses lunettes : – Écoutez-moi bien, femme ! Je veux que vous fassiez *exactement* ce que je vais vous dire. *Exactement* ! Oubliez tout ce qu'on vous a appris sur l'admission des malades. Je ne me soucie pas de ce que l'infirmière chef dira. Ne le déshabillez pas. Ne lui donnez pas de bain. Oubliez l'échantillon d'urine. Ne faites rien. Rien, comprenez-vous ? Peu importe qu'il mouille son lit. Peu importe qu'il vomisse partout. Ne le changez pas. Peu importe qu'il dorme par terre. Laissez-le là. Juste une chose : il va demander à boire. Je veux dire du whiskey. Dites-lui qu'il peut en avoir autant qu'il veut, à une condition : qu'il boive une once (3 cl) d'araldéhyde avant son whiskey. Compris ? Une once d'araldéhyde, puis une once de whiskey.

« Et surtout, femme, oubliez que vous êtes infirmière. Je vais mettre ces consignes par écrit, pour que vous n'ayez pas d'ennuis. Installez-le dans la chambre 306. Ils sont prévenus en bas. Je viendrai le voir demain matin. » Sur ces mots, il s'est éloigné dans le corridor, ses chaussettes extravagantes apparaissant comme d'habitude sous les revers de son pantalon bleu.

« Le malade s'est comporté exactement comme Dr Bob l'avait prédit. Très vite, il s'est mis à réclamer à boire. On lui a donné l'aldéhyde, puis le whiskey. Ensuite, il s'est roulé en boule sur le plancher, s'est mis à ronfler et à uriner.

« Trois heures plus tard, le même scénario s'est répété, et avant de terminer ma journée, je suis allée le voir. Il avait réussi à grimper dans son lit ; il a levé la main et m'a dit : « Je ne veux plus boire cette damnée saleté blanche ! »

« Et c'est ce qui est arrivé. On m'avait dit de ne pas entrer dans sa chambre à moins qu'il n'appelle. Mais tous les jours, je jetais un regard à l'intérieur. Il y avait toujours quelqu'un à son chevet ; parfois, ils étaient plusieurs, des femmes également. Un beau jour, il est entré dans la salle où j'étais en train de rincer des seringues. Ce n'était plus le même homme ! Il avait l'œil clair, il était rasé et il souriait. De plus, il était courtois et avait manifestement reçu une bonne éducation.

« Cependant, ce qui m'a frappé le plus chez cet homme, c'est qu'il parlait de son problème d'alcool. Il n'avait pas l'air malheureux, au contraire. Il savait, disait-il, qu'il irait beaucoup mieux. Il avait l'espoir ! Il m'a dit également qu'il était avocat et qu'il était né dans le Sud...

« Encore aujourd'hui, je n'en sais pas plus sur ce malade, mais je sais que j'ai eu le rare privilège de voir mon cher Dr Bob à l'œuvre, en train de transmettre le miraculeux message. » Trente-cinq ans plus tard, ce même message fut transmis à Betty elle-même.

En plus de l'hospitalisation et de la capitulation, il y a sans aucun doute eu d'autres conditions, même si Bob et Bill ne s'en souvenaient pas avec précision. Comme il s'agissait d'un programme expérimental, ils ne s'intéressaient qu'à ce qui marchait. Cette approche pragmatique, mentionnée par Williams James, impliquait que les méthodes soient changées ou modifiées en cours de route.

« Comme vous le voyez, à cette époque, nous marchions à tâtons, dit Dr Bob. Par exemple nous ne savions à peu près rien sur l'alcoolisme. »

Bob avait compris que l'esprit de service était essentiel à son propre rétablissement, mais il a vite découvert que le service devait être renforcé par des connaissances. Par exemple, il se rappelait avoir parlé pendant cinq ou six heures à un malade sur son lit d'hôpital. « Je n'ai jamais su comment il avait fait pour me supporter... Probablement que ses vêtements avaient été cachés !

« De toute façon, il me vint à l'esprit que je ne savais probablement pas de quoi je parlais. Nous sommes responsables de ce qui nous est confié, y compris notre temps. Pour ma part, je n'utilisais pas mon temps avec efficacité : je mettais six heures à dire à un homme ce que j'aurais pu lui expliquer en une heure - *si* j'avais su de quoi je parlais...

« ... Mes livres de médecine n'étaient pas vraiment documentés sur la question. Généralement, ils se contentaient de décrire un traitement bizarre pour le delirium tremens, dans les cas où le patient s'était rendu à cette extrémité. Pour les patients n'ayant pas atteint ce stade, on nous suggérait quelques comprimés de bromure de potassium et un bon sermon. »

À propos de son propre *traitement* choucroute-tomate-sirop, il ajoute : « Nous nous sommes finalement rendu compte que la diète n'avait pas grand-chose à voir avec une abstinence continue. »

À l'entendre, on pourrait croire qu'il avait renoncé sans se faire prier à cette diète très spéciale. Pourtant, Ernie se souvenait à quel point Bill et Bob étaient prêts à essayer n'importe quoi qui pouvait atténuer l'envie de boire et ainsi, la diète avait persisté un certain temps.

« Je vois encore Doc avec les tomates, la choucroute, une boîte de sirop de maïs, et une cuillère, dit-il à Bill Wilson. Les gars finissaient par avoir des haut-le-cœur. Finalement, il a renoncé à la choucroute, mais il a gardé les tomates et le sirop de maïs pendant des années. »

Sue et Smitty ont des souvenirs très précis de la façon dont les choses ont évolué après que leur père ait rencontré Bill, et qu'ils se soient mis tous les deux à aider d'autres alcooliques à devenir sobres.

« Avant qu'il arrête de boire, dit Sue, on peut dire que cela allait plutôt mal, mais après, tout est devenu merveilleux. Maman s'en faisait beaucoup moins pour papa, et je crois que lui aussi était bien plus content de lui. Nos finances se sont améliorées, et nous nous entendions mieux aussi. Toute la famille riait beaucoup, ce fut vraiment une période heureuse. Tout n'est pas resté aussi rose, parce que j'ai grandi, que j'ai eu des petits amis, mais quand j'y repense, c'était fantastique. »

Comme elle l'a raconté des années plus tard, Sue devait faire deux choses le mercredi soir, avant que ses parents ne reviennent de chez T. Henry. D'abord, elle devait préparer du café pour eux et pour ceux qui pourraient revenir avec eux. Ensuite, elle devait se débarrasser de Ray Windows, son copain d'école qui deviendra plus tard son deuxième mari.

« Chaque soir, on bavardait très tard. Cela me faisait du bien à moi aussi, parce que j'ai toujours été très timide. En une minute, quelqu'un qui nous était étranger devenait un familier qui venait tous les jours à la maison, ou même qui vivait chez nous. »

« Petit à petit, j'ai remarqué que papa restait abstinent, dit Smitty. Cela se passait en 1935, au plus profond de la Dépression, alors que tout le monde était fauché. Mais les gens avaient beaucoup de temps libre et apparemment, cela a été bénéfique.

« Dès que le groupe a été bien établi, il y a eu de plus en plus de monde autour de la table de la cuisine. On bavardait et il y avait les petites réunions du matin. Je me souviens que la consommation de café a grimpé jusqu'à neuf livres par semaine.

« Je me rappelle des tout premiers qui sont venus : Ernie G., qui devint mon beau-frère, Bill D., George D., Walter B., Henry P. qui, d'après ce que je sais, fait toujours partie des AA, et Tom L.

« En même temps, notre vie familiale était beaucoup plus heureuse, raconte Smitty, et papa a connu une certaine prospérité dans sa pratique, même s'il était loin d'être riche. Mais il retrouvait petit à petit la considération de ses confrères médecins.

« Il prenait son travail de médecin très au sérieux, même s'il gardait un merveilleux sens de l'humour et s'il plaisantait avec tout le monde. Mais quand il entrait à l'hôpital pour son boulot, il devenait sérieux comme un pape.

« Je n'ai pas eu la chance de bien le connaître lorsqu'il buvait mais après, il a vraiment repris goût à la vie et on a passé des moments formidables. Mes relations avec lui se sont radicalement transformées. »

«Pendant cette période, papa était en bonne santé. Il a toujours été extrêmement actif, plein de vigueur, et je ne connais personne à son âge qui a autant d'énergie que lui.

«Maman, bien sûr, était au septième ciel et tâchait de mettre les principes en pratique pour l'aider. Ils sont devenus un couple magnifique, pleins de considération et de dévouement l'un pour l'autre.

«Avec la croissance du mouvement, Bill et Lois sont devenus des habitués de la maison et nous aimions les recevoir. Papa, maman, Sue et moi sommes aussi allés chez eux, sur la rue Clinton à Brooklyn (New York).

«Papa me disait souvent que même si Bill et lui voyaient les choses sous des angles différents, ils ne se disputaient jamais. Leurs deux esprits semblaient s'être coordonnés pour engendrer un programme intelligent qu'ils ont pu offrir aux alcooliques.»

IX. Évolution du concept de la Douzième Étape

Quand Bill a quitté Akron à la fin d'août 1935, quatre membres, ou cinq avec Phil, pouvaient être considérés sur la voie de l'abstinence.

À New York, de l'automne au printemps, Bill a aidé Hank P. et Fitz M., entre autres, à devenir abstinents. Il a fait une brève visite à Akron en avril 1936 et il a écrit à Lois qu'il y avait passé la fin de semaine et était «très heureux de tout ce qui s'y passe. Bob, Anne et Henrietta (Seiberling) ont travaillé très fort avec ces hommes, et le succès est formidable. Nous avons eu de très joyeuses rencontres à tour de rôle chez Bob, chez Henrietta et chez les Williams.»

En septembre 1936, il a fait une autre visite. Son arrivée a été «l'occasion d'une réunion émouvante, écrivait-il. Anne, Bob et Henrietta ont fait de l'excellent travail. Il y avait plusieurs nouveaux visages depuis le printemps.»

En février 1937, le calcul a été refait. Il y avait sept membres de plus à Akron, soit douze au total. La moitié avaient déjà ou allaient rechuter, et au moins un n'accrocherait jamais vraiment. Pour la plupart, la rechute a cependant été l'élément décisif. (Si nous prenons le jour du dernier verre de Dr Bob comme date de fondation des AA, son séjour à Atlantic City ne peut, logiquement, être associé à une rechute, bien que lui-même le fasse.)

Jusqu'en février 1937, des douzaines d'autres ont été initiés au programme. Certains ont réussi un certain temps, puis ont abandonné. D'autres sont revenus. Certains sont morts. Quelques-uns, comme Lil, ont trouvé une autre voie.

Durant cette période, Dr Bob et les premiers membres utilisaient avec les nouveaux une méthode très rigide au début, mais qui est devenu de plus en plus souple et accessible au fil des mois et des années.

Il y avait d'abord l'interview avec l'épouse, qui a été maintenue jusqu'au début des années 1940. Un des premiers membres se souvient que Dr Bob avait demandé à sa femme : « Votre mari désire-t-il arrêter de boire ou est-il simplement inquiet ? Est-il au bout du rouleau ? »

Ensuite, le Dr Bob avait dit au mari : « Si vous êtes parfaitement certain de vouloir arrêter de boire pour de bon, si vous êtes sincère à ce sujet, si vous ne désirez pas simplement vous rétablir pour pouvoir vous remettre à boire un jour, nous pouvons vous aider ».

« À Cleveland ou à Akron, vous ne pouviez pas entrer chez les AA aussi facilement que de nos jours, raconte Clarence S. de Cleveland, un des membres de la première heure. Vous deviez être parrainé. D'abord, l'épouse téléphonait et j'allais la voir. Je lui racontais mon histoire. Je cherchais à apprendre différentes choses sur la nouvelle recrue et sur ses relations avec sa femme. Était-ce un buveur chronique ou cyclique ? Je savais ainsi comment l'aborder et comment le rejoindre. Je pouvais lui tendre une sorte de piège. J'avais une bonne longueur d'avance sur lui. »

« Nous ne savions rien d'un programme *d'attrait,* dit Warren C., en parlant des journées fiévreuses de Douzième Étape durant l'automne 1939, à Cleveland. Nous téléphonions à l'épouse ou nous allions la voir. Nous obtenions le plus de renseignements possibles sur son mari, son lieu de travail, son métier. On pouvait même aller jusqu'à parler à son patron, puisqu'il était aussi concerné par sa consommation d'alcool. Quand nous allions nous asseoir avec lui, nous savions toute son histoire.

« Dans la plupart des cas, quand nous leur parlions, ils voulaient faire quelque chose au sujet de l'alcool, poursuit Warren. Nous faisions preuve d'un grand enthousiasme à cette époque, d'un dévouement qui vendait le programme. Nous le transmettions tel que nous le ressentions. Quand nous avions terminé, la plupart désiraient au moins essayer.

« Mais pas tous, ajoutait-il. J'ai été mis à la porte de certaines des plus belles maisons de la ville. Quoi ? Moi, un alcoolique ? Sortez d'ici tout de suite ! »

Après ce questionnaire préliminaire, le nouveau était hospitalisé et « sorti du brouillard ». En y repensant, certains membres se rappelaient avoir été sevrés peu à peu à l'aide de whiskey. D'autres, qui étaient probablement trop dans le brouillard, ne se rappelaient pas grand-chose. Même si la santé de certains ne nécessitait pas de traitement particulier, on les hospitalisait quand même.

Quand le nouveau était suffisamment rétabli, tous les membres de la ville lui rendaient visite chaque jour. Ils étaient trois ou quatre au début, vingt ou plus quelques années plus tard. Ils partageaient leur expérience dans l'espoir que le nouveau s' « identifie ». Parallèlement, Dr Bob expliquait les aspects médicaux dans un langage clair et simple. On disait alors au nouveau que la décision ne dépendait que de lui.

S'il acceptait de poursuivre, on lui demandait d'admettre qu'il était impuissant devant l'alcool et de confier sa volonté à Dieu, en présence d'un ou de plusieurs membres. On insistait beaucoup sur cette démarche mais les premiers AA se souviennent que Bob leur présentait Dieu comme un Dieu d'amour qui s'intéressait à leur cas particulier.

Paul S. qui, après quelques difficultés, deviendra un des membres les plus actifs et les plus influents parmi les premiers membres des AA d'Akron, a rencontré Dr Bob pour la première fois en janvier 1936 et le considérait alors comme quelqu'un de bourru et de rébarbatif.

«J'avais l'impression qu'il devinait ce que je pensais et, plus tard, j'ai constaté que c'était le cas, racontait Paul dans une conversation avec Bill Wilson. Il ne m'a pas fait confiance pendant plusieurs mois. Il savait que je trichais avec lui.

«Le docteur Smith avait pris l'habitude de s'arrêter chez nous pour prendre un café après les heures de bureau les mardis et les jeudis, dit-il. Au début, il parlait toujours d'honnêteté et après plusieurs visites, il m'a dit d'arrêter de tricher avec moi-même. Par la suite, notre sujet de conversation a été la foi, la foi en Dieu.

«Nous avons souvent prié ensemble à cette époque et, tranquillement, nous avons commencé à lire les Écritures et à discuter de la façon de les appliquer dans nos vies.»

Juste un an après, en février 1937, Paul S. a essayé d'intéresser son frère au programme. «J'ai expliqué à ma sœur que je ne pouvais me permettre d'être vu avec de telles personnes, raconte Dick, le frère de Paul. Mais j'étais prêt à payer les frais de Paul, si cela pouvait l'empêcher de boire.»

J.D.H., qui est entré chez les AA en septembre 1936, se rappelle avoir été pris en charge par «les neuf ou dix qui m'avaient précédé». Il avait rencontré Dr Bob et entendu parler de ses idées saugrenues sur le problème de la boisson. Il était du Vermont et moi du Sud. À mes yeux, il avait cette attitude professionnelle typique des gens du Nord: bourrue et brusque. Plus tard, après qu'il m'a raconté son histoire, j'ai compris que c'était sa manière de s'exprimer.

«Il était très fort en argot. Il avait l'habitude de m'appeler *Abercrombie*. Pourquoi? Je n'en sais rien. Il me téléphonait et disait: Amène ta moitié en parlant de ma femme. Il avait un vocabulaire original mais merveilleux. C'était un homme bien élevé mais il utilisait un argot que vous n'entendiez pas chez les gens ordinaires.»

Pourtant, selon Smitty, si son père parlait souvent en argot, il ne jurait jamais, «même quand il se tapait sur le doigt avec un marteau. *Sapristi* est le mot le plus fort que je l'ai jamais entendu dire.»

Même si J.D. avait entendu parler de la «cure», c'est sa femme qui a cherché de l'aide pour lui. Cela se passait ainsi la plupart du temps à cette époque ; le mari n'était pas au courant ou n'avait rien à dire à ce sujet. Elle a appelé le Dr Bob chez lui. C'était un lundi et il jouait au bridge au club municipal. Ce sont donc Smitty et Bill Wilson, en visite à Akron, qui sont venus la chercher pour rencontrer Dr Bob.

«C'était la première fois de sa vie qu'elle sortait avec deux inconnus, sans savoir où ils allaient, raconte J.D. Mais elle était décidée à tout faire pour m'aider à résoudre mon problème de boisson. »

Le lendemain, sa femme lui donna à boire et lui fit accepter de rencontrer Dr Bob le mercredi. Mais il devait être complètement sobre à ce moment-là.

«Nous sommes allés voir le Dr Bob à son bureau et il m'a parlé de l'époque où il buvait, se souvient J.D. Puis nous sommes allés chez lui sur Ardmore. J'y ai rencontré Ernie, Joe D., Harold G. et Paul S. Ensuite, ils m'ont promené à travers la ville pratiquement toute la journée, sans même s'arrêter pour déjeuner. Ils me disaient de rester abstinent. Mais personne ne me disait *comment*. »

J.D., l'un des rares à ne pas avoir été hospitalisé, a été invité à la réunion qui se tenait à la maison de T. Henry ce soir-là. «J'y ai rencontré sept autres hommes qui avaient un problème de boisson, en plus de Dr Bob et de Bill Wilson. Tous ont raconté leur histoire et j'ai décidé que je pouvais avoir de l'espoir moi aussi.

«J'étais assis sous une lampe de bridge, face aux autres. Ma femme m'a dit que toute la soirée, j'affichais un sourire un peu idiot, à la Calvin Coolidge. Mais vous savez, j'étais gêné devant des inconnus. Après la réunion, Bill m'a parlé pendant environ une demi-heure et les autres se sont joints à la conversation. Ensuite, nous avons pris le café dans la cuisine.

«Le lendemain, j'ai téléphoné à quelques-uns de ces hommes et, le soir, deux d'entre eux sont venus à la maison. C'était un peu comme si nous vivions ensemble quand je suis arrivé dans le groupe, moi, Paul S. et Harold G. Nous nous déplacions d'une maison à l'autre pendant la journée et terminions au même endroit chaque soir, c'est-à-dire chez Bob Smith. »

J.D. n'avait pas la permission de faire ou de dire quoi que ce soit quand ils allaient voir des nouveaux. « J'écoutais et j'apprenais », se souvient-il.

Un jour, il a enfin reçu la permission de parler à une recrue, après que tous les autres l'aient rencontré. « Nous avions presque mis au point un scénario, se rappelle J.D. Et nous parlementions pour savoir lequel d'entre nous pouvait le mieux parler à un nouveau. Nous voulions que la bonne personne le touche au moment psychologique. Après cela, il fallait aborder la dimension spirituelle.

Doc parlait d'abord des aspects médicaux. Il associait la rechute à une récidive, comme, par exemple, un diabétique qui se gaverait de sucre. Il insistait aussi sur le fait qu'il s'agissait d'une maladie *mortelle,* et que le seul moyen pour un homme de s'en rétablir, ou plutôt de ne pas en mourir, était de ne pas prendre le premier verre. C'était la base de tout le reste. À tour de rôle, nous répétions tous la même chose. Nous en venions ensuite à la partie spirituelle. »

Un certain nombre de membres qui se sont joints au groupe, à partir de cette époque jusque dans les années 1940, se rappellent que Dr Bob utilisait l'analogie avec le sucre du diabétique pour expliquer l'alcoolisme au nouveau, tandis que d'autres se rappellent qu'il décrivait l'alcoolisme comme une allergie.

« Quand j'ai demandé à Dr Bob comment il avait développé sa théorie sur l'alcoolisme, raconte un membre, voici ce qu'il m'a répondu : « Si vous êtes allergique aux fraises, vous n'en mangez pas, n'est-ce pas ? Eh bien, pour un alcoolique c'est la même chose. Il est allergique à l'alcool. Son corps ne le supporte pas. C'est cela que j'essaie de transmettre à ces garçons – ils sont réellement en train de boire du poison parce que leur organisme ne le tolère pas. Il a ajouté : « Une fois que vous avez développé une sensibilité à une chose, vous ne pouvez absolument plus la supporter. »

«Nous discutions des nouveaux, note J.D., et aussi de la manière d'aider ceux qui étaient déjà dans le groupe et qui pourraient être sur le point de faire une rechute. Nous essayions de prévoir ces cas. Par exemple, Bob m'a dit un jour que nous devrions aller voir ce gars qui jurait beaucoup, qui avait manqué une réunion ou deux et qui était mûr pour une rechute.

«Nous discutions de la manière de recruter plus de membres et de la façon de les traiter. Nous parlions aussi des erreurs commises en racontant notre histoire. Nous n'hésitions pas à nous critiquer entre nous. Nous suggérions d'éviter certains mots et d'en employer d'autres pour rendre notre témoignage plus efficace. Cela faisait de nous une bande de psychologues amateurs et de discoureurs d'après-dîner.»

À cette époque, J.D. se souvient qu'il voyait le Dr Bob chaque jour de la semaine, soit à son bureau, soit chez lui. «J'y étais quatre ou cinq fois par semaine pendant la journée, et j'y allais encore le soir.

«Un matin, je suis allé chez eux, j'ai ouvert la porte et suis entré, raconte-t-il. Personne n'était encore debout. J'ai fait du café. Quelqu'un a crié: «Qui est en bas?», pensant peut-être qu'il s'agissait d'un soûlard qui avait passé la nuit là. Anne ne savait jamais qui elle trouverait sur le divan quand elle se levait le matin.

«C'était une femme douce et maternelle que vous ne pouviez vous empêcher d'aimer. Elle ne se préoccupait pas beaucoup de son apparence. Si elle voulait aller quelque part, elle y allait, qu'elle eut une nouvelle robe ou non. Elle attrapait un chapeau, même si elle le portait depuis cinq ou dix ans, le mettait et s'en allait ainsi. Je l'ai entendue dire qu'elle n'avait qu'une paire de bas.

«Il est une chose pour laquelle je lui suis reconnaissant, ajoute J.D. Dr Bob et elle avaient prévu d'aller passer deux jours dans le Vermont avant mon arrivée dans le groupe. Mais Anne s'éveilla au milieu de la nuit en disant qu'elle sentait qu'ils ne devaient pas y aller, que l'on aurait besoin d'eux ici.»

Dorothée S. M., (dont Clarence S. fut le premier mari), a raconté un événement similaire. Selon elle, Anne «croyait très fort en ses prémonitions. Quand elle avait décidé que quelque chose allait arriver ou que quelque chose était bien ainsi, rien ne pouvait la faire changer d'avis.»

«J'étais chez elle, et nous devions tous aller pique-niquer le dimanche. Samedi soir, Anne a annoncé avec fermeté qu'elle n'irait pas. Quelque chose lui disait qu'il n'était pas bien de partir. Et effectivement, vers les cinq heures du matin, il y a eu un coup de téléphone de Détroit au sujet d'une personne qu'on voulait nous confier.

«Nous avons donc attendu le petit Archie T. Il est resté chez les Smith pendant près d'un an parce qu'il était trop faible, trop diminué pour trouver un emploi. Plus tard, il a formé un groupe à Détroit. Voilà une occasion où l'intuition d'Anne a fonctionné à merveille.»

Voici ce qu'Archie a raconté des années plus tard : «On m'a sorti de la rue et Anne Smith m'a ramené à la vie. J'étais non seulement sans le sou et sans travail, mais aussi trop malade pour quitter la maison pendant la journée et chercher un boulot. L'amour d'Anne était si grand, sa patience envers moi tellement infinie et sa manière de me traiter tellement compréhensive que, dix mois plus tard, c'est un homme nouveau qui a quitté leur maison, imprégné peut-être de quelques parcelles de cet amour.

«Leur amour l'un pour l'autre et pour leurs deux enfants était tel qu'il imprégnait la maison. Si quelqu'un vivait avec eux et était réceptif, ce même amour s'insinuait en lui aussi. Durant les dix mois que j'ai vécu chez eux, le jeune Bob et Susie m'ont traité comme un membre de la famille. Aucun des deux enfants, au grand jamais, n'a fait ou dit quelque chose pour me faire sentir que je n'étais pas de la famille.

«Anne m'a laissé trouver ma voie sans intervenir ; elle m'a laissé démêler mes idées, sachant, grâce à sa sagesse peu commune, que je pourrais ainsi appliquer dans ma vie de tous les jours ce que j'avais appris.»

Pendant de nombreuses années, Archie a trouvé très difficile de parler de cette histoire à quiconque. Finalement, lors de son dixième anniversaire en 1948, de retour à Détroit, il a présenté Anne à mille cinq cents personnes et c'est là qu'il a senti qu'il devait raconter son histoire aux autres. L'anniversaire d'Archie a aussi été l'occasion du dernier discours important de Dr Bob, dont on trouve de nombreux extraits dans ce livre.

«Quand je suis arrivé à Akron, raconte Archie, j'étais dans un piteux état, complètement à bout, physiquement, mentalement et émotionnellement.»

«Il était tellement à plat qu'il ne restait pas grand-chose, confirme Smitty. Nous pensions qu'il était un peu simplet.»

Archie se souvient avoir pensé : «Comment vais-je m'en sortir et gagner ma vie ? Quelle opinion les Smith vont-ils avoir de moi si je reste assis là à ne rien faire ? Aurais-je le courage de faire comme si je rentrais à Détroit et ensuite, une fois loin d'eux, de me suicider ?

Je n'ai fait part à personne de mes idées noires ; j'ai toujours été renfermé. Pourtant, Anne a deviné mes pensées. À brûle-pourpoint, elle m'a dit : «Archie, Bob et moi voulons que tu saches que, tant que nous aurons une maison, elle sera aussi la tienne». Je ne sais pas ce que j'ai fait ou dit à ce moment-là mais ce que je sais, c'est que tout le poids de ma dépression et de mes craintes a disparu. Rarement, d'aussi simples paroles ont-elle procuré à quiconque un aussi grand réconfort.»

Bob E. se rappelle, lui aussi, avoir passé de longs moments avec Anne. «Elle avait une manière douce et paisible de vous mettre à l'aise. J'ai partagé nombre de mes problèmes avec elle. Elle lisait la Bible et nous en discutions.

«Elle essayait aussi de garder les choses simples. Je lui ai parlé de ma nervosité et de mon découragement. Elle m'a cité quelques phrases à répéter quand je me sentirais déprimé, troublé ou frustré. Je me souviens d'une : *Dieu est amour,* que je répétais sans cesse.»

Bob E. a rencontré Paul S. dans un restaurant au début de 1937. Paul était sorti de l'hôpital municipal depuis six mois à l'époque ; «Il portait un feutre mou et il fumait des Lucky Strikes, se souvient Bob.

«Si vous voulez savoir pourquoi je suis bien mis et en pleine forme, dit Paul, venez me voir à mon bureau demain et je vous raconterai.»

«Je nageais en plein mystère, raconte Bob E. Quand des gens sont venus me voir plus tard à l'hôpital, ils ne m'ont pas dit comment rester abstinent. Tout ce qu'ils m'ont raconté pendant sept jours, c'est comment ils buvaient.

«Je suis allé au bureau de Paul, et il m'a parlé du programme de cet escadron d'alcooliques dans le Groupe Oxford. Ensuite, il m'a emmené voir le Dr Bob, retenu à la maison par un rhume. Il était allongé sur un divan, enveloppé d'une couverture.

«Il m'a regardé. Je n'avais que 32 ans. Je tremblais tellement que je ne pouvais rien tenir. Je me souviens comment j'essayais de cacher mes mains. «Tu es vraiment jeune, a-t-il dit. Je ne sais pas si tu pourras y arriver. Je n'ai pas de temps et d'énergie à perdre, a-t-il ajouté, à moins que tu ne prennes cela au sérieux.»

«Ensuite, il m'a dit que je me trouvais face à trois alternatives si je n'arrêtais pas de boire : la mort, l'asile ou la prison. Il disait cela aussi brutalement à tous ceux à qui il parlait. Et il vous fallait alors décider sur-le-champ si vous étiez sérieux ou non.

« Dr Bob m'a dit qu'il ne faisait aucun doute que j'étais alcoolique et que j'avais besoin d'aide, sans ça je ne serais pas là. Selon lui, j'étais chimiquement différent de la moyenne des gens. J'étais allergique à l'alcool. Il n'a pas abordé le côté spirituel. Il m'a parlé du Mouvement et de ce qu'il a appelé plus tard, «une psychologie morale».

«Il m'a parlé pendant trois heures et m'a convaincu d'aller à l'hôpital et d'essayer. Je lui ai fait remarquer que je n'avais pas d'argent, mais il m'a rétorqué qu'on s'en occuperait. «Tu n'as qu'à y aller.» Apparemment, on faisait crédit. Plus tard, le groupe des AA a quitté l'hôpital municipal à cause de problèmes d'argent. Mais j'ai payé ma note quand j'ai eu du travail. Je me sentais moralement responsable.

«J'appréciais la visite de ces gens. Dr Bob venait au moins une fois par jour. Capituler a été la dernière chose que j'ai faite à l'hôpital et je pense que c'était un acte très important. Vous deviez vous agenouiller avec une autre personne, prier et partager à haute voix. Vous savez, dans les premières ébauches des Douze Étapes, il fallait s'agenouiller pour capituler. Mais les autres alcooliques ont convaincu Bill d'abandonner cette pratique.

Une fois sorti de l'hôpital, Bob E. a maintenu un contact quotidien avec d'autres membres. « Le mercredi était le jour officiel des réunions mais nous nous rencontrions chaque soir, raconte-t-il. Nous avions tous la frousse. Nous avions tout perdu et nous avions peur de boire. Rien n'avait marché jusque-là, et nous n'étions pas certains que cette fois-là serait la bonne.

« Nous commencions généralement la journée chez le docteur Smith. À cette époque, il essayait de retourner travailler à l'hôpital et il avait peu de patients. La cafetière était toujours prête et il y avait toujours quelqu'un chez lui.

« Doc était exactement comme nous. Plus tard, les pressions se sont accrues, et on a pu remarquer qu'il devenait plus renfermé. Mais à cette époque là, il était un des nôtres et parlait très librement avec nous. Quand il arrivait à l'hôpital, il disait : « Pousse-toi. Je suis aussi fatigué que toi. » Il allumait alors une cigarette et disait : « Voici encore un autre clou à mon cercueil. » Des clous de cercueil, c'est ainsi qu'il appelait les cigarettes.

« Dr Bob était un homme en vue à Akron. Tout le monde le connaissait. Quand il a arrêté de boire, les gens lui demandaient : – Qu'est-ce que ce club de non-buveurs d'alcool que vous avez fondé ? – C'est un mouvement chrétien » répondait-il, parce que nous commencions et finissions la réunion par une prière. La première rechute dont je me souviens est celle de Bill J. Il était vendeur et s'était rendu à Cincinnati. Il eu le réflexe d'appeler. Nous nous sommes tous cotisés et nous avons envoyé Harold G. Cela a dû nous coûter dix ou vingt dollars. C'était beaucoup d'argent à l'époque. Harold a trouvé Bill ivre à son hôtel.

« Mais l'argent n'était pas essentiel, dit Bob E. Je me souviens que je me plaignais de ne pas avoir de travail. Paul m'a dit : – En fait, tu as du travail. Ton boulot est de rester abstinent et de mettre le programme en pratique. C'est en soi un emploi à plein temps. »

Bill V.H., qui s'est joint au groupe en septembre 1937, se souvient de sa première impression de Dr Bob alors qu'il était à l'hôpital : « Je restais dans mon lit et j'appréciais sa conversation. Il venait tous les jours et me disait : De par moi-même, je ne suis rien. J'ai essayé d'acquérir une humilité semblable à la sienne et à celle d'Annie. Leur porte était toujours ouverte et il y avait toujours une grosse cafetière pleine dans leur petite cuisine. Et c'était vraiment du café fort, comme se le rappelleront tous ceux qui en ont profité. »

Une des épouses les plus difficiles à convaincre a été Annabelle G., probablement parce que son mari Wally avait ramené à la maison un membre des AA rencontré dans un bar. Il s'agissait de Paul S., qui avait franchi le pas au début de 1936. Paul lui a dit que si elle voulait que Wally arrête de boire, elle devait parler au docteur Smith.

Naturellement, elle était quelque peu sceptique. Puis, son propre médecin, qui avait un cabinet dans le même immeuble que Dr Bob, lui a dit : « Il y a un certain docteur Smith, quelques étages plus bas, qui semble avoir une méthode pour les gens qui boivent trop. » Ils sont allés le voir mais il n'était pas là.

Finalement, le pasteur J.C. Wright a envoyé une dame parler à Annabelle et ensuite, il prit rendez-vous pour elle avec Dr Bob. Cela se passait une année plus tard, à l'été 1937. « Je suis allée voir le docteur Smith, nous avons parlé pendant environ deux heures et même alors, je n'étais pas du tout convaincue, se souvient Annabelle. Pensez-vous qu'il y ait quelqu'espoir pour Wally ? lui ai-je demandé.

– Après tout ce que je vous ai raconté, a-t-il dit en frappant sur son bureau, vous avez encore des doutes ?

– Bien sûr que j'en ai, vous ne connaissez pas Wally !

– Seriez-vous convaincue si j'appelais 15 ou 20 personnes et s'ils arrivaient tous dans la demi-heure, des hommes qui ont tous le même problème que votre mari ? Cela vous convaincrait-il ?

– Non, cela ne me convaincrait pas, ai-je répondu.
– Bien ! Alors essayez de le faire venir ici samedi.
– Je veillerai à ce qu'il vienne.
– Je ne veux pas que ce soit vous qui veilliez à ce qu'il vienne.
Je veux qu'il vienne de lui-même et sans avoir pris d'alcool. Et
je veux qu'il *veuille* venir.»

«Plus tard, Dr Bob m'a appelée : – Voilà, le grand garçon est
venu me voir et je pense qu'il est intéressé. Mais ne soyez pas
surprise s'il rentre ivre. Je lui ai donné à réfléchir mais je pars en
vacances. Alors, s'il réfléchit et s'il désire de l'aide, on peut le
faire entrer à l'hôpital à mon retour.»

«Wally a continué à boire jusqu'au retour de Dr Bob, deux
semaines plus tard. Puis, il a été hospitalisé. Il semblait différent
quand il est sorti et j'ai pensé que cette fois ça y était peut-être.

«Entre-temps, Dr Bob avait appelé Maybelle L. (la femme
de Tom) et lui avait dit : «Occupe-toi de cette dame (Annabelle)
ou alors son mari sera soûl dans les deux heures qui suivront sa
sortie de l'hôpital.» Ça vous montre comment j'étais.

«Elle m'a appelée et m'a demandé d'aller la voir. J'étais en
train de faire des conserves de pêches et je ne pouvais m'interrompre. Elle m'a dit : – Qu'est-ce qui est le plus important, les
pêches ou votre mari ?

– Eh bien ! si vous voulez le savoir, ce sont les pêches, ai-je
répondu. Mais j'y suis allé quand même. Je n'étais là que depuis
quelques minutes quand Dr Bob et Anne sont arrivés.

«Je ne pouvais pas lâcher prise, poursuit Annabelle.
Maybelle m'a emmenée en haut et je me suis épanchée.

– Pourquoi ne pas l'abandonner entre les mains de Dieu ?
m'a-t-elle dit. Lâchez prise et laissez faire Dieu.

«Cette nuit-là, je ne pouvais pas dormir et tout à coup, j'ai
dit à haute voix : – D'accord, mon Dieu, je ne peux rien faire.
Peut-être que vous, vous pouvez. Vous pouvez prendre ma
place. J'ai senti une telle paix que je me suis endormie aussitôt.

«Ensuite, Anne Smith m'a prise sous sa protection. Elle me
parlait beaucoup et m'appelait chaque jour. J'ai constaté que

Wally était intéressé ; il était différent. J'ai décidé alors de découvrir par moi-même ce dont il s'agissait. J'ai commencé à étudier et, vous savez, cela m'a fait autant de bien qu'à Wally.

« Nous allions aux réunions et tous étaient accueillants. Ils s'appelaient par leur prénom, allaient de l'un à l'autre et s'occupaient des nouveaux. Les femmes se rassemblaient et nous discutions à cœur ouvert de tout ce que nous avions gardé si longtemps enfoui en nous. »

Annabelle se souvient que, parfois, les femmes avaient des discussions séparées chez les Henry, mais pas très souvent. Parfois, elles se retrouvaient chez les Smith.

En parlant de cette époque avec Bill Wilson, Annabelle note également qu'elle et Wally avaient beaucoup lu au sujet des réunions du Groupe Oxford qui se tenaient à l'hôtel Mayflower. Ce n'est que plus tard qu'ils ont compris que la réunion chez T. Henry était « une sorte de session clandestine du Groupe Oxford ».

– C'est exact, répliqua Bill, certains membres blâmaient vivement les William de s'entourer ainsi d'alcooliques. »

x. Problèmes financiers des cofondateurs

On commençait déjà à parler du «Club des abstinents» d'Akron dans des villes voisines comme Kent et Canton, et c'est probablement au début de 1937 que quelques candidats de Cleveland sont venus. Au début, ils arrivaient deux ou trois à la fois. (En 1939, ils remplissaient deux voitures.)

Bob E. se souvient qu'au même moment où lui-même était débutant, en 1937, Jane S. parcourait une cinquantaine de kilomètres pour se rendre à la réunion qui se tenait chez T. Henry. Vive, délurée et dotée d'un bon sens de l'humour, Jane est considérée comme la première femme de la région à avoir acquis une certaine période d'abstinence, c'est-à-dire quelques mois.

Les anciens nous ont raconté pendant longtemps l'épisode où son mari l'a laissé seule afin qu'elle surveille la pose de papier mural dans une chambre. L'ennui, c'est qu'elle s'est mise à boire avec le tapissier. À chaque rouleau qu'il commençait à placer, un des deux s'accrochait dedans. Quand son mari est revenu à la maison ce soir-là, Jane et le tapissier étaient ivres morts, entourés de bouteilles vides (ainsi que son mari le lui a raconté plus tard) et complètement enchevêtrés dans des lambeaux de papier encollés.

En novembre de cette année-là, Bill Wilson a effectué un voyage d'affaires qui lui a permis de s'arrêter à Akron. Bob E. se souvient l'avoir rencontré alors pour la première fois. « Tu venais juste d'acheter un nouveau costume, dira-t-il plus tard à Bill. Je ne sais pas ce que tu portais avant, mais ce devait être un peu n'importe quoi car Doc en a fait tout un plat. Je ne me rappelle pas si tu avais ou non emporté ton violon mais si tu ne l'avais pas, tu t'étais arrangé pour t'en procurer un. »

Dans ses mémoires, Bill rappelle le jour où il était assis dans le salon de Doc, comptant avec lui les cas de rétablissements. Un bon groupe de cas très graves, pour ne pas dire désespérés, « s'étaient maintenus abstinents depuis quelques années, se disaient-ils. Au total, nous estimions que plus de quarante alcooliques ne buvaient absolument plus. »

Dr Bob et Bill se sont rendu compte qu'une « réaction en chaîne » avait commencé. « Nous pouvions supposer qu'elle ferait le tour du monde... Nous pleurions de joie, dit Bill. Bob, Anne et moi baissions la tête en signe de gratitude silencieuse. »

Jusqu'alors, les candidats d'autres villes devaient venir voir les cofondateurs. La question était donc de savoir si chaque alcoolique devait se rendre à New York ou à Akron pour devenir abstinents. Était-il possible pour l'association de croître « rapidement et solidement » ?

C'est à cette époque que Bill a commencé à penser à la création d'une chaîne d'hôpitaux à but lucratif, à des collectes de fonds, à la rémunération de missionnaires et à la rédaction d'un livre sur leurs expériences qui porterait le message du rétablissement dans d'autres villes et d'autres pays.

En toute loyauté, le docteur Bob s'est rangé du côté de Bill quant à la nécessité d'un livre. Par contre, il s'est montré « très sceptique » sur la nécessité d'hôpitaux, de missionnaires rémunérés et de collectes de fonds. Il craignait que ces complexités nuisent à l'esprit de service des AA qui devait être libre de toute attache. C'est lui qui a suggéré d'en parler avec d'autres membres d'Akron. « Malgré ses doutes, Dr Bob m'a fortement appuyé, surtout sur la question du livre », écrivait Bill.

Une solide minorité de membres croyaient qu'ils perdraient la confiance des alcooliques, qui considéreraient le mouvement comme une escroquerie si jamais ils s'engageaient dans la gestion d'hôpitaux. Ces membres étaient convaincus que le fondement du programme était un service gratuit, sans frais ni obligations. Ils pensaient également qu'il fallait éviter la publicité. Un membre a fait humblement remarquer que les douze apôtres n'avaient pas eu besoin d'un livre.

Ce fut un long et âpre débat. Mais à eux deux, Bill et Bob ont persuadé une faible majorité des dix-huit AA réunis chez T. Henry d'accepter l'ensemble de leurs propositions.

Bill est rentré chez lui et les membres new-yorkais ont accueilli ses idées avec un peu plus d'enthousiasme. Il a commencé à essayer de réunir les millions nécessaires.

Plus tard, bien sûr, Bill a exprimé sa gratitude à cette « forte minorité » d'Akron. « L'expérience a clairement démontré qu'ils avaient eu raison de prétendre que nos grands projets financiers et l'embauche de missionnaires rémunérés auraient pu causer notre perte. Par ailleurs, si l'opinion des ultra-conservateurs avait prévalu et que nous n'ayons rien entrepris, le Mouvement des AA aurait pu continuer à végéter. »

Bill a vu dans cette réunion à Akron la première expression tangible de la conscience du groupe AA – « l'autorité ultime » – avec laquelle ni lui, ni personne d'autre n'était alors pleinement familiarisé. Il mentionnait cet incident afin d'illustrer pourquoi on avait toujours besoin d'une forte minorité et concluait que la réponse se trouvait habituellement dans le juste milieu, entre les organisateurs et les conservateurs.

Bien des questions sur la structure et la politique des AA devaient être soulevées par la suite. Où se situait le Dʳ Bob ? Il n'était certainement pas un super organisateur mais on ne pouvait pas non plus le classer parmi les ultra-conservateurs.

Quand on pense au Dʳ Bob et à sa conception de l'évolution de la structure des AA, la comparaison avec Bill est inévitable. Par rapport à Bill, il *était* conservateur, mais c'était le cas de bien d'autres membres. Quand il s'agissait de l'organisation des AA, Bill voyait bien plus loin que la plupart des membres et il a fallu plusieurs années à la majorité d'entre eux pour saisir sa pensée. Par contre, si Bill était un visionnaire plus avancé que la plupart, Dr Bob était peut-être plus en contact avec la réalité, avec le moment présent. Les deux hommes s'équilibraient mutuellement, comme l'ont dit la plupart de ceux qui les ont connus.

Lorsque Bill lui faisait part d'une approche radicalement nouvelle, Bob avait l'habitude de faire d'abord preuve de prudence et de prévoyance, d'exercer une «censure» tranquille. Bob fit très souvent des suggestions. Très souvent, Bill a modifié ses idées en fonction des remarques de Bob. Ils cherchaient à se rapprocher plutôt qu'à s'écarter l'un de l'autre – une tendance que nous considérons comme normale chez les AA. Il y avait, entre ces deux hommes, une volonté de s'accorder et d'agir de concert lorsqu'il s'agissait de faire ce qu'il y avait de mieux pour le Mouvement qu'ils chérissaient tous deux.

Ils avaient chacun une personnalité complexe, mais ils étaient capables d'exprimer simplement des idées profondes et il y a probablement de multiples raisons insoupçonnées qui expliquent une telle aptitude. L'affection y était certainement pour quelque chose. La loyauté jouait également un rôle, surtout en ce qui concerne Bob. On a dit que ce dernier trouvait difficile de refuser quoi que ce soit à Bill, son parrain. Chacun souhaitait être d'accord avec l'autre et manifestait donc de la souplesse. Il y avait aussi beaucoup de sens pratique dans leur attitude. En tant que «co-fondateurs», ils étaient tous deux suffisamment perspicaces pour savoir qu'ils devaient s'accorder avant de pouvoir réaliser quoi que ce soit au sein du Mouvement.

En dehors des questions reliées à la structure des AA, disons aussi que Dr Bob n'était pas tellement conservateur lorsqu'il s'agissait du programme des AA. D'abord, l'idée que des alcooliques puissent s'aider mutuellement paraissait révolutionnaire à l'époque. Ensuite, Bill et lui ont modifié progressivement l'approche très rigide du début. Enfin, le Dʳ Bob a continué, au fil des ans, à rechercher de nouvelles idées et il expérimenta de nouvelles façons de transmettre le message.

Dès 1938, par exemple, Bill mentionnait dans un rapport à la Fondation alcoolique (le conseil d'administration des AA, constitué en 1938 et appelé de nos jours le Conseil des Services généraux) que Dʳ Bob avait pris des dispositions pour retirer plusieurs patients alcooliques de l'asile de l'État à Massilon, en Ohio. « À une exception près, ils se portent tous bien », disait-il. Deux ans plus tard le Dʳ Bob donnait dans une lettre des nouvelles » des garçons de l'hôpital d'État de Toledo (asile d'aliénés), dont l'établissement semble nous avoir adoptés récemment ». Bob a continué son travail dans les hôpitaux au moins jusqu'au début des années 40, peut-être jusqu'à ce que cette activité fut prise en charge par un groupe.

Si nous regardons l'homme que fut le Dʳ Bob, il est probable que bien des gens aient cru que son apparence conservatrice traduisait sa nature profonde. Cependant, la rébellion qu'il a manifesté contre l'autorité dans sa jeunesse ne laisse pas supposer chez lui un conservatisme né. Adulte, il emmena Smitty et Sue à différents types d'offices religieux afin qu'ils puissent se forger leurs propres opinions. Il est ironique de voir que, même s'il était médecin, il associait l'Église de la Science chrétienne à cette expérience. Bob était médecin et chirurgien ; pourtant, il a emmené Smitty, qui souffrait d'une allergie, chez un homéopathe qui a traité la maladie en lui donnant de minuscules doses de la substance qui avait causé l'allergie au départ. Il ne rejetait pas non plus la possibilité de guérison spirituelle.

Plus tard, il a manifesté la même ouverture d'esprit face à la nécessité de se changer lui-même, de corriger des défauts qu'il croyait avoir développés parce qu'il était enfant unique. Il s'agissait entre autres de l'impatience vis-à-vis de lui-même et des autres – quand il voulait quelque chose, c'était tout de suite – et d'un penchant à être intolérant et à ne penser qu'à lui-même. Il suffit de voir le nombre de services qu'il a rendu au Mouvement des AA et aux membres pour se rendre compte de sa transformation dans ces domaines.

« À force de s'occuper de tous ces alcooliques, dit Smitty, il a entendu quantité de points de vue différents. Il a appris à s'adapter. »

Bien que Dr Bob ne se soit jamais intéressé à la politique, Smitty note que l'évocation d'un célèbre homme public provoquait un cri de douleur et d'outrage chez son père. Après tout, Dr Bob était du Vermont. Et, comme on le disait alors après les élections de 1936, « comme va le Maine, ainsi va le Vermont ».

Ses amis ont vu Dr Bob devenir de plus en plus doux et bienveillant avec les années. Le Dr Bob de la fin des années 1940 n'était plus le même homme qui avait rencontré Bill Wilson en 1935. C'était un homme en évolution qui a progressé pendant le reste de sa vie grâce au programme de rétablissement qu'il avait tant contribué à développer.

Si quelqu'un doute encore du caractère non conformiste et de la nature non conservatrice de Dr Bob, voici l'histoire d'un pionnier AA qui a rendu visite à Clarence S. Il a pensé s'être fourvoyé dans un repaire de hippies ; Clarence faisait fonctionner le phonographe, Bill W. jouait du violon, étendu par terre, et Bob battait la cadence sur l'air du *Japanese Sandman* qu'il adorait. Dr Bob a dit un jour que tout ce qu'il aurait voulu, c'était « d'avoir les cheveux bouclés, de faire de la danse à claquettes et de jouer du piano ».

Ce n'est guère là le portrait d'une personnalité « rigide ». Il n'est donc pas surprenant qu'il ait si vite surmonté ses premiers doutes au sujet des nouveaux projets ambitieux de Bill. Après avoir approuvé l'idée d'un hôpital dirigé par le mouvement, Dr Bob et d'autres membres ont commencé à chercher une vieille maison qui puisse être convertie en hôpital pour ivrognes. Dick S. racontera plus tard qu'ils étaient persuadés « d'en découvrir une dans laquelle on pourrait inoculer aux nouveaux le germe AA. »

Bien que cette idée ne se soit jamais réalisée, elle devait intriguer Dr Bob pendant de nombreuses années. Sa clientèle était encore très réduite et il consacrait déjà l'essentiel de son temps aux AA. Sa maison était hypothéquée et il était endetté. Un poste rémunéré dans un hôpital pour alcooliques lui aurait permis de sortir de cette situation financière difficile. Et cela aurait été correct puisqu'il avait reçu l'aval du groupe d'Akron.

« Je savais qu'un jour on en viendrait à parler d'argent », dit Elgie R. (la femme de John) se souvenant d'une conversation, à la fin des années 1930, au cours de laquelle Doc envisageait d'exiger des honoraires pour ses services aux alcooliques.

« Vous ne pouvez pas faire cela, ai-je dit.

– Pourquoi pas ?

– Ces gens ont été trompés de tous côtés. Si vous faites intervenir l'argent, cela ne marchera jamais. Ce programme est un don de Dieu et si vous en faites une question d'argent vous êtes fichus. »

« Quelqu'un, un jour, a voulu leur donner une maison ou quelque chose, se rappelle Elgie. Je ne pouvais concevoir cela et je me suis objectée. »

Il est rare que les tentations ne se présentent qu'une fois avant d'être vaincues et de disparaître. Comme l'attrait de l'alcool, il est probable que l'attrait de l'argent refera surface bien des fois au fil des années. Il n'y a pourtant aucune preuve, officielle ou officieuse, que Dr Bob ait jamais demandé un cent pour son travail auprès des alcooliques. On a posé directement la question à tous les membres interviewés et chacun a répondu que les services de Dr Bob avaient été gratuits. Même l'examen physique, nécessaire à l'admission dans certains hôpitaux, était confié à un autre docteur de l'hôpital.

Tandis que Dr Bob explorait les possibilités de créer un hôpital à Akron, Bill Wilson et d'autres membres de New York essayaient de trouver les fonds dont ils auraient besoin. Ils envisageaient pour cela (entre autres) la création d'une fondation puisque, sans aide, leurs efforts demeuraient infructueux dans la plupart des cas. Bill a finalement pu voir John D. Rockefeller fils, qui a envoyé Frank Amos à Akron pour enquêter sur ce qui s'y passait.

M. Amos, qui devait bientôt devenir un des premiers administrateurs non alcooliques des AA, a effectué une étude approfondie
de ce qu'il appelait « le Groupe des soi-disant alcooliques d'Akron
en Ohio ». Il a pris contact avec le Dr Bob et a assisté à des réunions. Il a questionné des membres et des non-membres, notamment des associés professionnels de Dr Bob. Il a également vu la
maison vide que les AA voulaient transformer en hôpital.

Dans son rapport à M. Rockefeller en février 1938, M. Frank
Amos a dit qu'il avait procédé aux vérifications au sujet du docteur
Smith de la façon suivante :

« Le docteur G.A. Ferguson, un des plus éminents ophtalmolo-
gistes de l'Ohio, m'a dit que le docteur Smith était un chirurgien
brillant et habile. Il dit qu'à sa connaissance, il était le meilleur dans
son domaine. Il a cependant constaté que, pendant des années,
Smith s'était adonné de plus en plus à la boisson ; que lui, Ferguson,
de même que d'autres amis médecins, l'avaient à plusieurs reprises
reconduit ivre à la maison. Par conséquent, ses confrères et ses patients avaient perdu confiance en lui, uniquement à cause de son
ivrognerie.

« Il y a environ trois ans, m'a-t-il dit, Smith a cessé de boire et
depuis, il a regagné la confiance de tous. Aujourd'hui, il est redevenu le chirurgien habile et estimé de ses collègues qu'il était à ses
débuts.

« Ferguson connaît le travail entrepris par Smith auprès des alcooliques. Il dit qu'il n'en comprend pas tous les tenants et les
aboutissants, mais que cela marche. Il approuve cette œuvre et il a
une admiration sans borne pour Smith, tant sur le plan professionnel
que pour son œuvre.

« Il est allé jusqu'à dire que Smith devait consacrer gratuitement
tellement de temps à ce travail auprès des alcooliques qu'il lui était
très difficile d'exercer suffisamment sa profession pour s'assurer un
niveau de vie décent. Il pense qu'il est essentiel que Smith continue
ce travail, mais qu'il a besoin d'aide afin de mieux l'organiser personnellement et d'accroître sa pratique médicale. »

Le rapport d'Amos mentionnait ensuite que « le docteur
Howard S., généraliste de Cuyahoga Falls, âgé d'environ 35 ans,

était alcoolique et il a été guéri grâce à Smith, à ses amis et aux méthodes chrétiennes prescrites. S. a déclaré que Smith était à la pointe de sa profession, qu'il était la pierre angulaire d'un mouvement pour le rétablissement des alcooliques et qu'on devait faire quelque chose pour l'aider afin qu'il puisse récupérer un peu plus de clients payants tout en consacrant le plus clair de son temps au Mouvement. En ce moment, son travail auprès des alcooliques lui prend une dizaine d'heures par jour. S. pense que Smith devrait diriger un petit hôpital ».

Le rapport continuait avec l'avis du juge Benner, ancien juge à la Cour des successions et des tutelles et président depuis quarante ans du conseil d'administration de l'hôpital municipal d'Akron. On lui prêtait le mérite d'avoir hissé cet hôpital aux rangs des meilleurs du Midwest.

« Benner a dit que seuls les médecins très compétents étaient admis dans son équipe et que Smith était professionnellement des plus qualifiés. Il a ajouté qu'il savait tout des problèmes alcooliques de Smith, l'avait vu s'en sortir et l'appuyait entièrement dans son travail méritoire. Son conseil d'administration, disait-il, était fier d'accorder à Smith tous les privilèges nécessaires au traitement des alcooliques à l'hôpital municipal. Il ne prétendait pas comprendre la méthode mais quelle qu'elle soit, elle fonctionnait et il en était un partisan. »

Frank Amos parlait aussi de « l'admiration sans restriction » qu'éprouvait Henrietta Seiberling pour le docteur Smith et tout le groupe qui l'avait suivi, de même que des T. Henry Williams « qui avaient une si grande admiration pour le travail de Smith et de ses associés qu'ils les accueillaient deux fois par semaine dans leur maison pour des réunions sociales et religieuses. »

M. Amos ajoutait que le groupe des alcooliques comptait « une cinquantaine d'hommes et, je crois, deux anciennes alcooliques – tous considérés comme pratiquement incurables par les médecins – qui se sont réformés et sont demeurés abstinents depuis ».

En rencontrant nombre d'hommes, d'épouses et dans certains cas, de mères, M. Amos avait entendu divers témoignages «dont plusieurs relevaient presque du miracle». Il a cependant noté que les cas de rétablissement présentaient tous une remarquable similitude « dans la méthode utilisée et le système suivi ». Il a décrit le « programme » de la façon suivante :

1. Un alcoolique doit se rendre compte qu'il est alcoolique, incurable du point de vue médical, et qu'il ne doit plus jamais boire quoi que ce soit qui contienne de l'alcool.

2. Il doit se rendre compte qu'il ne peut plus trouver d'espoir en lui-même et s'en remettre totalement à Dieu.

3. Il doit, non seulement vouloir arrêter définitivement de boire, mais encore extirper de sa vie d'autres péchés tels que la haine, l'adultère, et d'autres encore qui vont souvent de pair avec l'alcoolisme. S'il n'est pas disposé à faire cela, Smith et ses associés refusent de travailler avec lui.

4. Il doit consacrer chaque matin un temps à la prière, un « moment de calme » pour prier et lire un extrait de la Bible ou toute autre œuvre religieuse. S'il n'est pas fidèle à cette pratique, il y a un grave danger de rechute.

5. Il doit accepter d'aider d'autres alcooliques à s'en sortir. Ce travail est une barrière de protection et il renforce sa propre volonté et ses convictions.

6. Il est important, mais pas essentiel, qu'il assiste souvent à des réunions avec d'autres alcooliques rétablis et qu'ils forment ensemble une association tant sociale que religieuse.

7. Il est important, mais non essentiel, qu'il assiste au moins une fois par semaine à un service religieux.

Tout ce qui précède, poursuit M. Amos, est observé fidèlement par le groupe d'Akron et il ne se passe pas de jour sans qu'une ou plusieurs nouvelles victimes ne se mettent à la tâche, sous la direction de Smith, unanimement reconnu comme leur leader. »

M. Amos insistait sur l'importance de Dr Bob dans le travail accompli à Akron et il affirmait que, bien qu'il y ait d'autres hommes compétents dans le groupe, tous acceptaient le leadership de Dr Bob.

« Certains viennent de Cleveland, dit-il, mais ils n'ont pas encore trouvé de chef de file dans cette ville. Les non-alcooliques, les pasteurs chrétiens, les membres du Groupe Oxford, les Scientistes chrétiens et d'autres encore ont essayé et ils ont échoué. Apparemment, dans la plupart des cas, il faut un ancien alcoolique pour amener un alcoolique à se rétablir, et l'idéal est un bon médecin d'excellente réputation qui a lui-même été un alcoolique et qui possède des qualités naturelles de chef.

M. Amos citait également ces paroles de Paul S. : « La plupart d'entre nous ont un emploi et gagnent bien leur vie. Je suis agent d'assurances et je peux me battre sur le plan professionnel. Mais Smith, en tant que médecin renommé et soucieux de déontologie, ne peut pas courir après les ambulances ou s'annoncer lui-même. Tout ce qu'il peut faire, c'est rencontrer régulièrement d'autres médecins pour maintenir ses contacts professionnels, puisqu'ils sont la source de la plupart de ses patients en chirurgie rectale.

« Actuellement, ses revenus sont si faibles qu'il ne peut se permettre une secrétaire, et il a même des difficultés à couvrir les dépenses de son ménage. Ou bien nous devons l'aider, ou bien il doit abandonner la plus grande part de son travail auprès des alcooliques. »

M. Amos ajoutait qu'aux yeux de Paul « il serait criminel » de perdre Smith comme leader à ce moment-ci. « Monsieur (T. Henry) Williams, avec qui j'ai discuté du même problème, en affirmant que je parlais au nom de quatre laïcs chrétiens intéressés, a exprimé pratiquement les mêmes idées que Paul S. ».

M. Amos proposait à M. Rockefeller de prendre des mesures confidentielles pour assurer une rémunération mensuelle au docteur Smith pendant au moins deux ans, jusqu'à ce que tout le projet soit bien amorcé et peut-être complètement autonome à tous

Toujours féru de voitures, Dʳ Bob avait dû choisir un modèle ancien dans les premières années, à l'époque où la plupart des AA étaient fauchés.

les points de vue.

«Le docteur Smith a une femme, poursuivait-il, une femme adorable et cultivée qui l'aide sans compter dans ce travail, un fils et une fille âgés de 18 ans et 20 ans. Sa modeste maison est hypothéquée et nécessite des réparations.

«Il a besoin d'une secrétaire compétente qui, non seulement répondrait au téléphone lorsqu'il n'est pas au bureau (ses heures de consultation sont de deux à quatre l'après-midi), mais qui comprendrait aussi son œuvre et pourrait régler une foule de tâches et de détails avec l'aide d'autres alcooliques rétablis qu'elle enverrait en visite chez les malades, etc., ce que Smith doit faire lui-même actuellement.

«Madame Smith est déjà très occupée par l'entretien de la maison, son action auprès des femmes d'alcooliques et à l'occasion, le soutien d'une femme alcoolique qui se présente. Smith dit que les hommes peuvent rarement travailler d'une façon satisfaisante auprès des femmes alcooliques. La différence de sexe rend la chose délicate. Lui-même peut être utile en tant que médecin, et il l'a été, mais sa femme et les autres épouses doivent assumer la plus grande part de ce travail dont le besoin se fait de plus en plus sentir.

«Une telle secrétaire coûterait environ 1 200 $ par année; Smith doit aussi avoir une bonne voiture – il roule actuellement dans une Oldsmobile d'un modèle quelque peu vétuste – pour pouvoir se déplacer rapidement et en toute sécurité. Il a besoin d'un cabinet mieux aménagé pour recevoir non seulement ses patients payants, mais aussi les ex-alcooliques qui viennent chaque jour lui demander des conseils et des directives. Tout bien compté, je pense qu'une somme de 5 000 $ par année pendant deux ans devrait être mise à sa disposition pour compenser sa perte de clientèle, payer une secrétaire et assumer les dépenses qu'il ne peut se permettre actuellement. Je propose que tout cela soit fait sur le champ.

En guise de post-scriptum, il ajoutait: «Pour des raisons que je peux expliquer verbalement, on ne doit pas compter beaucoup sur une aide financière locale pour le moment. Je crois que d'ici deux ans, la plus grande part, sinon la totalité des besoins financiers seront assurée. »

En tout, Frank Amos suggérait un don de 50 000 $ au Mouvement. Mais un des conseillers de M. Rockefeller, M. Albert Scott, président du conseil d'administration de l'Église du Riverside de New York, a émis le même point de vue que la minorité d'Akron, à savoir que l'argent, la possession de biens immobiliers et le professionnalisme pourraient « gâcher cette affaire ».

M. Rockefeller a donc refusé de donner 50 000 $, mais il a accepté de verser 5 000 $ pour les besoins personnels de Bill et de Dr Bob. De cette somme, 3 000 $ ont servi à lever l'hypothèque de Bob et le reste a été réparti également entre les deux cofondateurs, à raison de 30 $ par semaine.

Dans un autre rapport, rédigé plus tard dans l'année, M. Amos a fait état de la ferme conviction des dirigeants du mouvement « qu'il fallait à tout prix éviter de faire du Mouvement une entreprise commerciale ».

De plus, disait-il, ils croient « qu'une publicité hâtive serait catastrophique parce que les quelques collaborateurs actuels seraient submergés de demandes émanant de parents, d'amis et des alcooliques eux-mêmes. Par conséquent, tout le Mouvement serait sans doute paralysé.

« Les alcooliques qui sont demeurés relativement sains d'esprit et de corps et qui souhaitent sincèrement être rétablis de l'alcoolisme représentent le type même de personnes avec lesquelles ils ont le mieux réussi, ajoutait M. Amos. D'autre part, les alcooliques dont le cerveau est atteint, ou qui sont devenus psychopathes, posent des problèmes très difficiles et, jusqu'à présent, le pourcentage de rétablissement a été très faible dans leur cas. »

M. Amos faisait remarquer également que les membres ne voulaient aucune relation directe ou indirecte avec un mouvement ou un culte religieux ; ils insistaient sur le fait qu'ils n'entretenaient aucune relation avec une quelconque association religieuse orthodoxe, ni avec le Mouvement Oxford. (Amos veut vraisemblablement parler du Groupe Oxford ; le mouvement anglican, plus ancien, n'a joué aucun rôle dans l'histoire des AA). Ils soulignaient également qu'ils n'avaient nullement la prétention de jouer un quelconque rôle médical mais qu'ils coopéraient avec les médecins et les psychiatres.

Le rapport indique que, parmi les 110 membres qui suivaient alors le programme, 70 habitaient la région d'Akron-Cleveland, et que «à bien des égards, leurs réunions ont pris la forme de celles des premiers chrétiens, telles qu'elles sont décrites dans les Évangiles».

Il y a plusieurs points intéressants dans ce rapport :

1. Il prouve qu'à Akron, le Mouvement était séparé du Groupe Oxford dès 1938. On peut cependant penser qu'il s'agissait là plus d'une déclaration d'intention que d'un fait réel ; Frank Amos a pu juger souhaitable de présenter le groupe d'alcooliques comme indépendant pour lui obtenir des fonds de M. Rockefeller.

2. Les membres des AA de l'époque ne considéraient pas les réunions comme nécessaires au maintien de l'abstinence. Elles étaient seulement «souhaitables». Par contre, la prière du matin et «un moment de calme» étaient obligatoires.

3. Les membres estimaient que la difficulté d'œuvrer auprès des femmes venait surtout de problèmes de sexe. On jugeait plus sûr que des épouses non alcooliques s'occupent d'elles.

4. On peut considérer comme officielle la collaboration de l'hôpital municipal qui «accordait tous les privilèges» au Dr Bob ; il n'admettait donc pas furtivement les patients avec la seule complicité de l'infirmière chargée des admissions.

5. Certains membres craignaient la publicité parce qu'elle risquait d'entraîner trop vite trop de demandes.

(Notons que bien des termes qui, selon les AA actuels, peuvent prêter à confusion, étaient utilisés à l'époque, non seulement par des non-membres qui parlaient du mouvement mais parfois par les membres eux-mêmes. Par exemple : «guérison», «ex-alcooliques», «alcooliques réformés».)

XI. Premières réunions et controverses au sujet du Gros Livre

Semblables ou non à celles des premiers Chrétiens, les réunions à la maison de T. Henry, chaque mercredi soir, arrivaient à leur apogée ; elles regroupaient « l'escadron » des alcooliques, leurs femmes et d'autres membres de la famille, ainsi que de bons amis comme Henrietta Seiberling. Certains alcooliques, mais probablement pas tous, se considéraient à cette époque comme des membres du Groupe Oxford. D'autres pouvaient se voir comme baptistes, scientistes chrétiens ou catholiques romains.

Comme l'a décrit T. Henry, une réunion typique se déroulait comme suit en 1938-39 :

« D'abord, il y avait une réunion préparatoire le lundi qui regroupait ceux qui avaient un rôle à jouer dans le groupe et se sentaient responsables. Nous pensions à ceux qui viendraient et à la façon dont nous pouvions les toucher. Il y avait, par exemple, de nouvelles personnes sortant de l'hôpital. Nous nous demandions quelle histoire susciterait le plus d'intérêt et qui serait le meilleur pour diriger la réunion. Assis ensemble, nous cherchions des idées et des directives pour la réunion.

« Nous demandions aux gens de bien vouloir participer et témoigner en pensant au nouveau. Généralement, celui ou celle qui dirigeait la réunion du mercredi prenait comme sujet un extrait de *The Upper Room*, (la publication méthodiste mentionnée précédemment), ou un autre texte. Parfois, il choisissait un thème connu : *Faire tout mon possible* ou *Mon but ultime*. Il y avait également un moment calme. Ensuite, différentes personnes racontaient quelque chose tirée de leur propre expérience.

« Après la réunion, poursuit T. Henry, nous amenions parfois le nouveau à l'étage et un groupe de membres lui demandaient de confier sa vie à Dieu, de commencer à mettre réellement en pratique les quatre absolus et d'aider ceux qui avaient besoin d'aide.

« Cela prenait la forme d'une prière collective. Plusieurs membres priaient ensemble et le nouveau faisait sa propre prière, demandant à Dieu de retirer l'alcool de sa vie ; il terminait en disant : « Merci mon Dieu de l'avoir retiré de ma vie. » Pendant la prière, il se déclarait généralement prêt à confier sa vie à Dieu. »

Clarence S. (de Cleveland) se rappelait que c'était ceux qui avaient « le plus capitulé » qui organisaient les réunions des mercredis soirs. Il y avait ceux qui avaient « juste capitulé » (d'habitude les alcooliques qui formaient une minorité) par rapport à ceux qui avaient « capitulé davantage » ou mieux encore, à ceux qui avaient « le plus capitulé » (généralement des non-alcooliques dans ces deux derniers cas). De toute façon, Clarence trouvait « surprenant » que la plupart de ceux qui avaient « capitulé davantage » et « le plus capitulé » inscrivaient sur un papier le nom de la même personne pour diriger la réunion.

Dans cette maison, l'hospitalité de T. Henry et Clarace Williams s'étendait à « l'escadron des alcooliques ».

«Le responsable ouvrait la réunion par une prière et lisait ensuite les Écritures, dit Clarence. Puis, il passait 20 à 30 minutes à donner son témoignage, c'est-à-dire à parler de sa vie passée. Ensuite, il demandait des témoignages parmi l'assemblée. Cela pouvait devenir très émouvant. Je pense qu'une des femmes était une « madame » et qu'une autre était une de ses prostituées, à les voir sangloter et regretter leur existence de pécheresse. »

Clarence se rappelait également un membre du groupe Oxford qui tenait sa pipe à la main en déclarant sur un ton dramatique : « Voilà mon pire péché ».

«Ah ouais? ai-je pensé, Eh bien, cette pipe ne t'amènera jamais vers le bas-fond. »

J.D.H. (le Sudiste, qui s'est joint au groupe d'Akron en 1936) se souvenait d'une femme qui «m'énervait avec son bavardage continuel. Un jour, je l'ai fait venir dans le bureau de T. Henry et je lui ai dit : « Pour une raison ou une autre, je ne vous aime pas. (À l'époque, vous étiez supposé «corriger» les gens.) Vous interrompez et parlez trop. J'en conçois beaucoup de ressentiment et je n'aime pas ça. J'ai peur de me remettre à boire à cause de cela ».

«Elle a ri et a dit quelque chose. Ensuite on s'est assis et on a eu un entretien agréable. Et j'ai oublié toute ma rancune. »

J.D., qui semblait avoir des problèmes avec « l'aspect spirituel » du programme des alcooliques, a raconté à Bill Wilson comment Ernie G. et Paul S. étaient venus un jour chez lui pour essayer de le lui expliquer ; Ernie s'exclama : «Jésus-Christ est assis là sur le bras de cette chaise, près de toi. Sapristi! Il ne demande qu'à t'aider si tu consens seulement à tendre la main. »

«Eh bien ! j'ai ri pendant quelques instants, reprend J.D. Puis j'ai pensé que ce gars avait peut-être raison. Et j'ai commencé après ça à réfléchir d'un point de vue spirituel. Vous savez à quel point Ernie parlait crûment. Mais lorsqu'il essayait de m'expliquer tout cela, je l'écoutais beaucoup mieux qu'un homme cultivé comme T. Henry. N'est-ce pas étrange ? »

Wally G. (qui est finalement devenu abstinent malgré les doutes qu'avait sa femme Annabelle au départ) signale que l'on parlait peu d'alcoolisme et de boisson dans les témoignages. « Ce sujet était réservé aux conversations que les alcooliques avaient entre eux. T. Henry pouvait accueillir des membres du Groupe Oxford de passage à Akron. Leur témoignage n'avait rien à voir avec l'alcool.

« Il est étonnant de voir comme nous parlions peu, même entre nous, de notre expérience de buveur, poursuit Wally. « D'habitude, nous gardions cela pour les rencontres avec les nouveaux à l'hôpital. Nous étions plus intéressés par notre vie de tous les jours que par nos souvenirs d'alcooliques. »

Wally note également que presque tout le monde dans la pièce apportait son témoignage. « Il faut dire que Dr Bob nous poussait à dire quelque chose le plus vite possible à la réunion, avec l'idée que si nous faisions une déclaration, il était probable que nous nous y conformerions.

« Après la réunion, qui se terminait par le Notre-Père, tous les hommes se rendaient à la cuisine pour le café et les femmes restaient ensemble pour parler. Généralement, la partie sociale de la soirée durait une heure ou une heure et demie. Mais, ce n'est que lorsque nous avons commencé à aller au Kessler's Donut Shop que cette heure en est devenue une réellement sociale. »

Bill V.H. (un des nouveaux à Akron en 1937) raconte que T. Henry et Clarace « faisaient tout leur possible pour nous mettre à l'aise ». Par contre, Bill n'insistait pas trop sur la capitulation, « parce que c'était plonger le nouveau dans la spiritualité. C'était trop difficile. Nous étions supposés faire part au nouveau de tous nos péchés en plus de l'alcool, et l'encourager à faire de même, mais en fait, peu le faisaient. »

En 1939, on insistait tellement moins sur la capitulation qu'Ernie G. le second (qui arriva plus tard, et non Ernie G. qui devint le beau-fils de Dr Bob) a participé à plusieurs réunions avant que lui et sa femme Ruth ne fassent la leur.

«Nous devions arriver tôt, raconte Ernie. Je suis monté dans une chambre avec deux membres que j'avais choisis, T. Henry et Tom L. Ils m'ont dit que si j'avais quelque chose sur le cœur, je devais le sortir. «Cela ne quittera jamais cette pièce.» J'ai dit que rien ne me préoccupait vraiment et ils ont répondu qu'il fallait prier. Tous les trois, nous nous sommes agenouillés et chacun a fait une courte prière. J'avais quelque chose à confesser, mais je n'étais pas prêt à leur raconter mes escapades ou tout autre chose de ce genre. Depuis que je fréquente les AA, je n'ai jamais eu, non jamais, une réunion où je me suis levé pour raconter mes aventures d'ivrogne. Et je pense que je ne le ferai jamais.»

«Je n'ai jamais manqué une réunion chez les Williams, raconte Bob E. Nous avions tous hâte au mercredi. C'était la grande soirée de la semaine.»

Il se rappelle que D' Bob et T. Henry "faisaient équipe" pour la réunion; T. Henry s'occupait des prières au début et à la fin. «Il y avait seulement une demi-douzaine de membres du Groupe Oxford, raconte-t-il. Nous (les alcooliques) étions plus nombreux. Parfois nous allions tenir notre réunion en bas, pendant que ceux du Groupe Oxford tenaient la leur dans le salon.»

«J'attendais les réunions à Akron avec plus d'impatience que mes rendez-vous de jeunesse, se souvient Dorothy S.M. qui était alors la femme de Clarence. Nous y sommes allés pendant un an et demi, en en manquant peut-être deux en raison de la mauvaise température. Chaque semaine, nous faisions la tournée pour ramasser les autres. Nous y allions à huit personnes dans deux voitures.»

Clarence S. est un de ceux qui venait de Cleveland au début de 1938 pour être «retapé» par le D' Bob. Sa femme, qui plus tard a été très proche d'Anne et de D' Bob, avait parlé à beaucoup de ministres du culte et de médecins avant que sa sœur Virginia de New York, qui était une patiente du beau-frère de Bill Wilson, le docteur Léonard V. Strong, ne lui parle de D' Bob. Incidemment, un de ces ministres du culte était Dilworth Lupton qui a beaucoup contribué plus tard à la croissance rapide des AA à Cleveland.

Voici ce qu'a raconté Dorothy à Bill W., en 1954 : « J'ai appelé le docteur Smith et je me rappelle encore ce que j'ai dit et à quel point sa voix était rude. J'en avais une peur bleue. J'ai dit : « Vous êtes bien le docteur Smith qui aide les alcooliques ? » Quand il m'a répondu oui, j'ai dit en pleurant que mon mari était un alcoolique.

« Il a voulu tout de suite savoir l'âge de Clarence. – Trente-quatre ans, ai-je dit. – Impossible ! a-t-il répondu. Il n'a pas assez souffert. Jamais quelqu'un d'aussi jeune n'a joint le groupe, et ne s'est rétabli. »

C'était peut-être une des tactiques de Dr Bob à ce moment-là : laisser entendre qu'un nouveau n'était pas prêt parce qu'il était trop jeune, parce que c'était une femme, ou parce qu'il n'avait pas assez souffert. Les nouveaux étaient donc forcés de « prouver » qu'ils étaient prêts et qu'ils voulaient le programme.

En apprenant l'âge de Clarence, Dr Bob a probablement pensé au premier Ernie G. qui n'avait pas encore trente-cinq ans, lui non plus, et qui n'était pas resté abstinent.

« Dr Bob était sur le point de raccrocher, poursuit Dorothy. Mais il a changé d'idée et a dit qu'il y avait un homme à Cleveland qui pourrait aider Clarence. Il m'a donné l'adresse de Lloyd T.

« Je suis allée voir Lloyd. Il m'a parlé, mais à cette époque-là, ils étaient tous très secrets. Il ne m'a pas dit quelle pouvait être la solution. Je ne savais pas que c'était relié au Groupe Oxford, ajoute Dorothy, qui se disait elle-même sceptique et amère à cette période. J'ai décidé que je ferais semblant de croire si Clarence s'y mettait ».

Elle a donc acheté à son mari un billet d'autobus pour Akron. Là, Clarence s'est fait admettre à l'hôpital où il est resté une semaine. Il se souvient de Paul S. qui venait manger son petit déjeuner, puis revenait manger son lunch. « Moi, je ne pouvais rien avaler », se rappelle Clarence.

« Doc Smith est venu ensuite prendre la relève. Il s'est assis sur le bord de mon lit et m'a dit : « Alors, que pensez-vous de tout ça ? » Il a fait une pause et m'a regardé d'un air dubitatif. « Je ne sais pas si vous êtes prêt. Vous êtes un peu jeune.» Je ne pesais que 67 kilos, je n'avais pas de boulot, pas de vêtements et pas d'argent. Je ne savais pas ce qu'il fallait de plus pour être prêt, se souvient Clarence. Pourtant, je devais le convaincre que je l'étais.

«Ensuite il m'a demandé: «Croyez-vous en Dieu, jeune homme?» (Il m'appelait toujours jeune homme. Quand il m'appelait Clarence, je savais que j'avais un problème.)

– Qu'est-ce que cela peut faire?

– Tout, dit-il.

– Oui, je pense que je crois.

– Il ne s'agit pas de penser! Ou vous croyez, ou vous ne croyez pas.

– Oui, je crois.

– C'est bien, a repris Bob. Maintenant nous savons où nous allons. Bon! sortez de votre lit et à genoux. Nous allons prier.

– Je ne sais pas prier.

– Vous ne le savez peut-être pas mais ça ne fait rien. Contentez-vous de répéter ce que je dis et cela suffira pour aujourd'hui.

– J'ai fait ce qu'il m'ordonnait de faire, dit Clarence, car il ne s'agissait pas d'une suggestion.»

(Dr Bob affirmait toujours sa foi, rappelle Clarence. Si quelqu'un lui posait une question au sujet du programme, sa réponse habituelle était: «Que dit-on dans la Bible?» Par exemple, si on lui demandait «Que veut dire *l'important d'abord*?» Dr Bob avait toujours la citation appropriée: «Cherchez d'abord le royaume de Dieu et sa vertu, et tout le reste vous sera donné par surcroît.»)

«En sortant de l'hôpital, se rappelle Dorothy, Clarence est allé directement à la réunion chez les Henry. Je ne l'avais pas vu tout ce temps-là. La mère de Lloyd m'a accompagnée.

«Même à cette époque, ils choisissaient une personne chargée de parler au nouveau. Le parrainage était à ses débuts, et ils vous parrainaient réellement. Nous avions toujours des visiteurs, et Lloyd n'a jamais cessé de venir nous voir.

«Monter l'allée, jusqu'à cette porte est une des choses les plus difficiles que j'ai jamais eues à faire. Je ne voulais pas rencontrer une bande d'ivrognes, et je ne voulais pas rencontrer leurs femmes.

«Je suis entrée et tous sont venus vers moi. Une des toutes premières a été Anne Smith. Quelqu'un me l'a présentée comme Madame Smith et elle a dit : – Appelez-moi Anne. – C'est ce que j'ai fait. Je pouvais à peine parler. La cuirasse que j'avais mis tant de peine à construire pendant toutes ces années semblait se briser.

«À cette époque, je pensais que Clarence était l'être le plus vil que je connaissais car il volait de l'argent dans ma bourse pour boire. Je crois que personne n'aurait pu dire quelque chose de décent à son sujet. Bill V.H. s'est approché et m'a dit : – Je voulais vous rencontrer. Nous pensons que Clarence est une personne vraiment merveilleuse, et nous voulions voir si vous êtes assez bonne pour lui – Eh bien, cela m'aida plus que vous ne pouvez l'imaginer. Moi, assez bonne pour cet ivrogne !

«Je n'oublierai jamais cette soirée. Il y avait là une cinquantaine de personnes. Le salon était rempli et c'était un grand salon. Je pense que Paul S. a parlé, parce qu'il m'a impressionnée par cette aura qu'il dégageait.

«Mais ce qui m'impressionna le plus, c'était la joie qui régnait là. Tout le monde semblait heureux et il y avait toutes ces femmes que je pensais ne vouloir jamais rencontrer. Je me disais : – Si au moins, je pouvais être comme elles. Si je pouvais seulement avoir des amies comme ça. Ma vie a commencé cette nuit-là. Je l'ai su exactement à cet instant et à cet endroit.

«Je me rappelle que Henrietta D. a parlé de la foi. Ses mots étaient comme un marteau qui abolissait toutes les craintes quand elle a dit : Dieu a un plan.

«Je n'ai jamais été autant enthousiasmée de toute ma vie. Je suis revenue à la maison et, pour la première fois depuis des années, je me suis mise à genoux en disant : Dieu, si vous avez un plan pour moi, c'est celui-là que je veux. Je ne veux aucun de mes propres plans.

«Une autre chose m'a bouleversée, poursuit Dorothy. Ils ont distribué des petits carnets d'adresses où figurait le nom de chacun. Très peu de gens avaient le téléphone à l'époque. Nous étions tous trop pauvres. Mais ceux qui avaient un numéro de téléphone l'avaient inscrit. Et quand ils disaient : *Venez nous voir n'importe quand*, ils le pensaient. J'en étais certaine.»

Comme l'ont démontré les appels quotidiens d'Anne à Henrietta D. «appels qui représentaient tout pour moi», le téléphone a joué un rôle important chez les AA, dès le début.

Alex M., qui s'est joint aux AA en 1939, se souvient que «Bob E. avait fabriqué des petits carnets d'adresses (comme l'avaient fait Elgie R. et d'autres ensuite), et chacun de nous en a reçu un. On nous disait : Mettez une pièce dans le téléphone et appelez avant de prendre un verre. S'il n'y a pas de réponse, appelez quelqu'un d'autre.»

John S., qui s'est joint aux AA en janvier 1940, pensait que son ami AA Wade était fou. «Il prenait le téléphone et disait : – Comment allez-vous ? – Très bien. – Comment va votre pigeon ? Et la conversation s'arrêtait là. Je pensais qu'il souffrait de la *téléphonite*, mais il ne faisait que garder le contact.

(Disons en passant que le mot «pigeon» pour désigner un nouveau membre ou un candidat possible, a probablement été inventé par Dr Bob lui-même. «Il utilisait ce mot», dit Smitty. Un membre se rappelle que Doc annonçait souvent à une réunion, «Il y a un *pigeon* dans telle ou telle pièce qui a besoin qu'on s'occupe de lui». Ou encore il pouvait parler d'un *cookie* en faisant référence à un patient.)

Des contacts par téléphone ou des rencontres étaient nécessaires. «Le seul problème venait du fait que les soirées du mercredi étaient trop éloignées l'une de l'autre, raconte Dorothy. Je voyais Clarence devenir nerveux. Je lui proposais alors d'aller voir Henrietta et Bill D. Et nous allions les voir. Ils pouvaient très bien être en train de dîner ou de faire quelque chose, mais ils se montraient accueillants. Nous savions que nous étions les bienvenus.

«Nous sentions que nous pouvions faire la même chose chez Bob et Anne. Vous vous rappelez à quel point ils étaient pauvres. Parfois, ils dînaient de pain et de lait. Eh bien, il y avait toujours un peu de pain et un peu de lait pour nous. Et Anne servait cela avec autant de grâce que s'il s'était agi d'un souper à la dinde.

«Vous connaissez cette phrase du Gros Livre qui dit que nous étions des rescapés d'un naufrage. C'était cela, vraiment. Nous avions cette intimité. C'était un groupe de pionniers et nous n'étions pas absolument certains que cela allait marcher et donc, nous ne pouvions jamais en faire trop. Il ne fallait rien tenir pour acquis. Quant à l'amitié, personne parmi nous n'avait d'amis auparavant. Nous les avions tous perdus. »

Alors qu'il n'y avait rien de régulièrement prévu pour le reste de la semaine, « nous planifiions toujours quelque chose pour le samedi soir, raconte T. Henry. Une soirée chez nous ou ailleurs, avec beaucoup de victuailles et de café. C'était ce qu'il fallait à ces couche-tard ».

«Annabelle et Wally G. ont organisé beaucoup de réunions, raconte Henrietta D., et maman G. faisait de même» (la mère d'Ernie premier). Henrietta avait tendance à minimiser ses propres efforts pour aider les autres. («Elle était toujours là et toujours disponible», a dit un autre membre.) «Et bien sûr, quand nous avions un peu plus d'argent nous-mêmes, nous organisions des soirées chez nous.

«Nous avions des repas chauds et aussi des piques-niques ; plus tard, nous avons organisé quelques danses, poursuit Henrietta. Chaque année, il y avait une soirée du Nouvel An au Y. Mais longtemps, nous n'avons eu que du café, du thé et des biscuits. C'était amusant. Nous étions tous heureux d'être ensemble. »

J.D.H. se rappelle que «pendant cette période, la mère d'Ernie avait l'habitude d'improviser une soirée toutes les deux semaines. Elle faisait des beignes et nous achetions tous quelque chose, même si nous étions cassés. Il n'était pas rare de voir 25 ou 30 personnes qui buvaient du café et mangeaient des pâtisseries.

«J'étais à ces soirées et il y avait des appels de personnes qui désiraient venir de Cleveland, poursuit-il. Deux hommes sautaient dans une voiture, filaient à Cleveland et les amenaient à Akron. »

«On s'asseyait et on parlait, raconte Mme M., la femme d'Alex, se rappelant les AA de la fin des années 1930. Nous avions beaucoup de plaisir. Oh, c'était le bon vieux temps. Et nous sommes suffisamment vieux pour être sentimentaux. Parfois, j'ai des regrets pour les membres actuels parce qu'ils n'ont pas ce que nous avions alors. Ils ont tant d'autres choses, qu'ils n'ont plus le *temps* d'avoir ce que nous avions.»

Les membres AA, puis les groupes d'Akron de cette époque, ont commencé à organiser régulièrement des soirées, notamment une soirée annuelle le jour de la fête des mères, pour célébrer la rencontre de Dr Bob et Bill Wilson. Ed B., un autre membre du début, rappelait que le bal de la veillée du Nouvel An devint une tradition. «Tout le monde se réunissait autour de Dr Bob à minuit, dit-il. Il prononçait quelques mots et tous récitaient le Notre-Père. Nous étions peu nombreux et nous nous tenions tous ensemble. Aujourd'hui, c'est devenu tellement grand que nous ne pourrions pas trouver un endroit assez vaste.»

On mettait également l'accent sur les contacts quotidiens. Ernie G. (le second) se déplaçait dans la ville pour ses affaires ; il s'arrêtait chez un AA pour prendre une tasse de café, faisait une autre visite d'affaires, puis s'arrêtait chez un autre membre pour prendre encore une tasse de café. Ensuite, il arrivait que quelqu'un invite le groupe pour la soirée. Plusieurs prenaient même le petit déjeuner ensemble chaque matin.

«Nous avions une très grande loyauté les uns envers les autres, raconte J. D. Nous nous réunissions les jours de paie pour être sûr que rien n'arrive. Quand j'ai fait une rechute après quatre mois, je me sentais comme si j'avais laissé tomber les plus merveilleux amis de la terre.»

J. D. a participé à une autre première des AA au cours de cette période. Le journal pour lequel il travaillait ferma ses portes en mai 1938 et il déménagea à Evansville, dans l'Indiana, presque aussi loin d'Akron que s'il avait déménagé à Philadelphie.

«Je quittais un groupe établi et je me retrouvais seul, dit-il. La question était de savoir si je pouvais rester abstinent par mes propres moyens. La seule chose à faire était de commencer un groupe. Cela m'a pris environ huit mois pour trouver une recrue.

«Je me suis renseigné auprès de quatre ou cinq pasteurs, mais ils n'ont pas pu m'aider. Je suis même allé voir des tenanciers de bar. Finalement un pasteur m'a parlé d'un gars qu'il croyait être un alcoolique. La femme de cet homme l'a amené chez moi en le tirant par les oreilles. J'étais prêt à le considérer comme un alcoolique mais plus tard j'ai découvert qu'il n'en était pas un.

« J'ai travaillé avec d'autres candidats. Puis j'ai entendu parler d'un médecin. À peu près à cette époque, le Gros Livre venait de sortir et je lui ai apporté afin qu'il le lise. Il a souri poliment. Il a lu à peu près la moitié du livre et m'a dit qu'il trouvait cela fort bien, mais qu'il n'avait pas de problème.

« Eh bien, le jour de l'Action de Grâces, en 1940, j'ai appris que le docteur était en prison et désirait me voir. J'étais là depuis plus de deux ans sans avoir pu aider quelqu'un. Mais le fait d'essayer me gardait abstinent. Maman G. m'écrivait régulièrement.

« Le docteur était assis dans sa cellule comme s'il était propriétaire de l'endroit. – Je pense qu'il pourrait y avoir quelque chose de vrai dans ce que vous m'avez raconté, dit-il. Je veux en savoir plus.

« Avec un ami, j'ai réuni 75 $ pour payer son voyage à Akron. Comme il était médecin, je voulais qu'il rencontre Dr Bob. Quand il est revenu à Evansville, il avait une liste longue d'un mètre de nouvelles recrues qu'il connaissait déjà.

« On a travaillé, nuit et jour pendant environ trois mois et on a recruté 12 ou 14 personnes. Tout a démarré avec ce petit groupe. Au bout de deux ans, nous comptions quatre groupes. »

En 1942, Bob H., qui devint par la suite directeur général du Bureau des Services généraux des AA à New York, était dans l'armée près de Evansville. Il se souvient avoir assisté à une réunion, bien qu'il ne se rappelle pas de J.D.

« J'ai reçu une lettre de Bobbie B. (qui travaillait au quartier général des AA à New York) dans laquelle elle m'annonçait qu'un groupe s'était formé à Evansville, dit Bob H. La réunion se tenait dans une école et on devait se coincer dans de petites chaises. Quelque temps auparavant, j'avais décidé que j'étais agnostique. Je me rappelle d'un gars qui a dit : *Frère J., pourrais-tu nous donner un témoignage ?* Cela m'a perturbé. »

Ce récit montre, non seulement qu'on ne mettait pas l'accent
sur les mêmes choses d'un endroit à un autre, mais aussi que les
groupes commençaient à adopter des coutumes qui leur donnaient
une couleur locale distincte. Des années plus tard, les AA de l'Est
devaient être également « perturbés » eux aussi quand les membres de Los Angeles se sont mis à répondre à l'appel des présen-
ces à une réunion par un puissant « Salut, Joe ! ».

Ed B. se rappelle que D*r* Bob, toujours excellent conteur, avait
un récit adapté à chaque occasion, notamment sur le sujet des
différences régionales. « Vous savez, poursuit Ed, vous allez dans
une autre région du pays et ils agissent d'une manière différente et
vous revenez en disant : Si je devais suivre leur manière d'être
AA, je ne pourrais jamais rester abstinent. Eh bien, c'est arrivé à
un membre d'Akron quand Bob vivait encore. Je me souviens que
D*r* Bob lui a raconté à ce moment-là l'histoire d'un Américain qui
mettait des fleurs sur la tombe d'un ami alors qu'un Chinois mettait de la nourriture sur cette tombe. L'Américain a trouvé cela
amusant. – Quand vous attendez-vous à ce que votre ami vienne
prendre cette nourriture ? a-t-il demandé. – Quand votre ami viendra sentir vos fleurs, a répondu le Chinois. Cette histoire montre
que nous avons tous notre manière de faire et que parfois, cette
manière a autant de sens qu'une autre. »

En 1938-39, le moment de recueillement du matin demeurait
une partie importante du programme de rétablissement, de même
que la lecture spirituelle dans laquelle les membres du début pui-
saient une bonne part de leur inspiration.

« Ici à Los Angeles, ils mettent maintenant l'accent sur les
réunions, dit Duke P., un pionnier de Toledo. C'est parce qu'ils
sont si nombreux. Quand j'ai commencé, on insistait sur le moment de recueillement du matin, la lecture quotidienne et les contacts journaliers. On me disait également que je devais faire chaque jour quelque chose pour mon alcoolisme. » Duke se rappelait
avoir fait une enquête auprès des « rechuteurs » au début des années 1940 et être arrivé à la conclusion qu'ils avaient tous arrêté
leur méditation matinale. « Aujourd'hui, après 38 ans, Katie et

moi avons toujours notre moment de quiétude et notre lecture du matin», poursuit-il.

Bien sûr, on insistait pour que la Bible soit le livre de lecture choisi. Beaucoup se souviennent que *Le sermon sur la montagne*, d'Emmet Fox était aussi très populaire. «C'était une lecture exi-gée de tous raconte Dorothy S.M. Dès que les gens à l'hôpital commençaient à voir clair, ils recevaient une copie du *Sermon sur la montagne.*

«Il y avait aussi un petit livre de cinq cents, *The Upper Room,* poursuit-elle. Les membres croyaient que nous pouvions dépenser cinq cents pour notre lecture spirituelle. Ils insistaient pour que nous lisions cela sans faute tous les matins. Il n'y avait pas de salle de bain bien équipée chez les AA où on n'en trouvait pas une co-pie. Et si le livre n'était pas ouvert à la bonne date, vous imaginiez immédiatement quelque chose de louche.»

Bob E. d'Akron se souvenait qu'un autre livre populaire à l'époque était *The Greatest Thing in the Word* de Drummond. Ce livre et *The Upper Room* étaient fournis aux membres par Ma-man G.

Malgré tous les livres qui circulaient à l'époque, il fallait de toute évidence une publication s'adressant directement à l'alcoo-lique. Parmi tous les projets envisagés par Bill et Dr Bob – les hôpitaux, les missionnaires à salaire, etc. – le plus avancé était le livre commencé en mai 1938.

Les deux premiers chapitres ont été terminés en juin. C'est alors que Bill a envoyé une lettre à Bob pour lui demander «Que penserais-tu de la formation d'un organisme charitable qu'on pourrait appeler, Alcooliques anonymes?»

Au départ, ce nom devait désigner uniquement les auteurs du livre: Cent Hommes, par les Alcooliques anonymes. Parmi les au-tres titres proposés il y avait, *Le moyen de s'en sortir, Le Paradis,* et *Que vienne l'aube.* Par contre, dès 1937, le nom Alcooliques anonymes servait déjà de façon limitée à désigner le mouvement.

Dans la même lettre, Bill suggérait qu'Anne écrive un chapitre sur elle-même. «Je crois, écrivait-il, qu'Anne devrait écrire le chapitre qui illustre le rôle de l'épouse. Soit par modestie, soit par désir de rester dans l'ombre, Anne ne l'a pas écrit.

Lois non plus, mais on ne lui a pas demandé. Quand elle a proposé de le faire, Bill a répondu : « Oh non. Il faut que ce soit dans le même style que le livre. »

Voici ce qu'a raconté récemment Lois : « Je me suis toujours sentie blessée et je ne sais toujours pas pourquoi Bill ne me l'a pas demandé, bien que je n'aie plus jamais soulevé cette question. »

Bill lui-même a écrit le chapitre intitulé « Aux conjointes » et Marie B., la femme d'un membre de Cleveland, a rédigé un témoignage personnel pour la section des histoires de la première édition.

Bob E. se souvient que Bill a commencé à envoyer les premières ébauches à Akron. « Nous ne les montrions pas à trop de gens, dit-il. Je fus un des rares à être choisi. » Il les regardait avec Dr Bob, dans le salon de ce dernier. « Nous prenions cela très sérieux et nous n'en revenions pas de voir que le livre commençait à prendre forme » dit-il.

Pourtant, d'après les souvenirs de Dorothy, Bill écrivait les chapitres, les faisait réviser par les membres de New York et les envoyait ensuite à Akron. « On les lisait pendant les réunions à Akron, dit-elle. Puis nous renvoyions nos commentaires et nos corrections. »

Il y a ici un désaccord, comme il y en a pour beaucoup d'autres choses qui sont arrivées dans ces premières années. « C'est comme si nous avions tous été témoins d'un accident, dit un membre. Cest le même accident mais chacun l'a vu sous un angle différent. » Il est possible que Dr Bob n'ait montré les premiers chapitres qu'à quelques membres, puis à un plus grand nombre au fur et à mesure que le livre a progressé. Il peut aussi les avoir fait lire d'abord aux « rares choisis », puis les avoir passés aux autres.

« Je n'oublierai jamais le jour où le cinquième chapitre est arrivé, se rappelle Dorothy. *Notre* cinquième chapitre. Je passais la nuit chez les Smith et Anne et moi avons lu ce chapitre jusqu'à quatre heures du matin. Et nous pensions : Maintenant ça y est. Ce livre va réellement nous amener du monde. »

Bill faisait sa part de son côté, mais il était difficile d'obtenir des histoires écrites à Akron. Ces récits étaient essentiels parce que la plupart des rétablissements avaient eu lieu dans cette ville.

Un des problèmes était que certains membres ne voulaient rien avoir à faire avec ce livre. À leurs yeux, il s'agissait d'une entreprise commerciale et c'était vrai, en partie. Le but était de faire connaître le Mouvement, mais aussi d'apporter des rentrées pour Bill et Doc, de même que des fonds pour l'établissement d'un bureau grâce auquel les alcooliques éloignés pourraient être rejoints et aidés dans leur rétablissement.

John et Elgie R. se souviennent d'un homme qui prétendait s'être enivré à cause du livre (réaction intéressante, ne serait-ce que parce que le but essentiel du livre était de rendre les gens abstinents). « Il était convaincu que Doc et Bill voulaient faire fortune, et il voulait sa part. Personne n'a fait attention à lui et il est devenu tellement furieux qu'il est allé s'enivrer.

« C'est un racket pur et simple, avait-il déclaré. Ces gars sont juste quelques Vermontois. Ils se connaissent. Quand Bill est arrivé au début à Akron, il savait qu'il allait rencontrer Bob. »

Dorothy S.M. se rappelle d'un ami qui voulait écrire son histoire et qui a dit ensuite que tout cela était une vaste supercherie. Il a retiré son histoire, puis l'a présentée à nouveau. « Ce n'est qu'un exemple, dit-elle, du sérieux de la contestation. À un certain moment, nous avons pensé que tout le groupe d'Akron allait se disloquer à cause du livre. »

Néanmoins, Bill Wilson a soutenu qu'Akron a mieux accueilli le livre et les Douze Étapes qui y étaient introduites que New York, où le manuscrit a suscité des « débats enflammés ». Dans ce cas, Bill a peut-être supposé que les choses se passaient plus mal chez lui.

« Il y avait tant de controverses et beaucoup d'insistance pour obtenir des témoignages par écrit, se rappelle Dorothy. Le temps pressait et pourtant, ces témoignages ne rentraient pas.

«À peu près à cette époque, Bob Smith est arrivé à la maison et nous a raconté qu'il avait trouvé dans les bas-fonds d'Akron un clochard qui avait été un fameux journaliste. Aujourd'hui, il vendait de la pommade pour les cheveux et mendiait.

«C'était Jim S., poursuit Dorothy. Bob l'a hospitalisé et a dit que si nous pouvions le remettre d'aplomb, il pourrait nous aider à écrire les histoires.

«Jim est devenu abstinent et il a aidé tous les membres d'Akron et de Cleveland à rédiger. Il insistait pour qu'ils se mettent à écrire et il ne les laissait pas tranquilles tant qu'ils ne s'exécutaient pas. Il a fait des corrections, tout en prenant bien soin de garder le ton juste».

Sue Windows se souvient de Jim : «Jim était vraiment un loup solitaire, grand et décharné, et il n'avait pas l'air en forme. «Il était descendu bien bas avant de se rétablir. Je suivais un cours commercial et comme j'avais besoin de pratique, j'ai tapé quelques histoires d'Akron. Le plus drôle est que j'ai lu le Gros Livre pour la première fois il y a trois ans (en 1975). Des gens ont commencé à me demander d'aller à des réunions et j'ai pensé qu'il valait mieux savoir de quoi je parlais. D'autres AA m'ont contactée dernièrement à cause de mon père. Ils voulaient en savoir plus sur les débuts. Je n'ai jamais pensé que ça deviendrait aussi important.»

Si les alcooliques d'Akron ont eu des problèmes avec le Gros Livre, les membres du Groupe Oxford en ont eu encore plus. Premièrement, ils avaient l'impression que le livre était commercial. De plus, ils étaient déçus qu'il ne soit pas fait mention du Groupe Oxford. Enfin, les Douze Étapes avaient remplacé les quatre absolus qui n'étaient pas mentionnés non plus.

Diverses raisons ont été données pour expliquer l'absence de référence au Groupe Oxford. L'une était que le mouvement des AA devait éviter de paraître affilié à quelque religion ou groupe spirituel. Comme l'a dit Bill plus tard au cours d'une conversation avec T. Henry, «Un grand nombre de catholiques venaient chez les AA à cette époque et nous ne pouvions pas leur donner (au

Groupe Oxford) le crédit qu'ils méritaient.» On mentionne également les différences dans la méthode et l'approche.

Il y avait encore une autre raison que l'on n'a jamais dite publiquement. Frank Buchman, fondateur et chef du Groupe Oxford, ne cherchait pas uniquement à influencer la politique et le monde des affaires au niveau international, mais il était considéré par certains comme un partisan d'Hitler à la suite d'une interview largement diffusée qu'il avait accordée en 1936.

La séparation entre les AA et le Groupe Oxford avait déjà eu lieu à New York à la fin de 1937, mais le manque d'intérêt des Groupes pour le livre a accru les frictions à Akron, où les AA et le G.O. étaient toujours très liés, en dépit de problèmes croissants.

Comme Bill l'a dit un jour : «À Akron, ils (les membres des AA locaux) constituaient un Groupe Oxford, ou du moins beaucoup le pensaient, jusqu'à la parution du livre en 1939. Non seulement le livre, mais également le mouvement s'appelait AA. Nous avions consciemment pris nos distances par rapport au Groupe Oxford, en fait depuis longtemps ici à New York ; même si les anciens de Cleveland ou d'Akron se rendaient compte qu'ils ne formaient plus un groupe Oxford, ils ont eu droit à cette appellation tant que les réunions ont eu lieu chez T. Henry Williams.»

XII. Rupture entre les AA de Cleveland et le Groupe Oxford

Sous certains aspects, on peut considérer les premiers mois de 1939 comme une période heureuse et facile pour les AA d'Akron et beaucoup s'en souviennent ainsi. Les luttes du début avaient cessé. Il y avait un livre et les membres, plus étroitement liés que bien des familles par l'amour et la camaraderie, savaient qu'ils pouvaient demeurer abstinents grâce au programme.

Il n'y avait qu'une seule réunion par semaine, le meilleur moment pour chacun. Les autres jours, on prenait le café et on discutait, on assistait à la soirée du samedi et il y avait toujours un ou deux ivrognes à aller voir à l'hôpital municipal. Le mouvement grandissait mais pas assez vite cependant pour susciter des inquiétudes.

En réalité, la situation n'était pas parfaite. Le Groupe Oxford posait un véritable problème.

«Au début, dit Bob E., nous n'étions que quelques-uns à mettre notre grain de sel aux réunions du Groupe Oxford. Notre nombre a augmenté, nous faisions plus de bruit et nous avons fini par prendre toute la place. Au lieu d'être l'escadron des alcooliques du Groupe Oxford, nous formions le groupe, nous avions des choses à dire et, en quelque sorte, nous dirigions tout.

« Mais il y avait des contraintes. Nous ne pouvions remettre les directives en question. Au début nous avions l'habitude de nous asseoir en cercle parce que nous étions peu nombreux. T. Henry et Clarace, Florence Main et Henrietta Seiberling prenaient les décisions. Ils étaient les chefs.

« La moitié du temps, ils nous imposaient le silence pour écouter les directives et cela rendait les ivrognes très nerveux. Nous ne pouvions le supporter. Nous étions tendus. À mesure que notre nombre et notre influence augmentaient, le silence a été presque aboli. Les non-alcooliques ont pu se rendre compte que nous n'adhérions pas à leurs principes fondamentaux.

« Nous avons été membres du Groupe Oxford jusqu'au moment où nous avons déménagé. Il y avait pas mal de discussions à propos de l'usure du tapis de T. Henry. Il y avait tant de membres qui arrivaient. Nous dérangions. Mais ce n'était pas le vrai problème, même si à la fin il fallait installer une trentaine de chaises pour tout le monde. En fait, nous avions besoin de plus d'espace. »

Cela explique bien sûr beaucoup de choses. La plupart des alcooliques acceptaient *certaines* parties du programme du Groupe Oxford et en rejetaient d'autres. L'insistance du groupe pour qu'un membre accepte le tout en bloc n'avait pas beaucoup de succès auprès des alcooliques.

Bill a souligné que l'habitude du Groupe Oxford de se surveiller entre eux (un membre juge de l'authenticité de la directive divine qu'un autre membre affirme avoir reçue) donnait aux alcooliques l'impression que les dirigeants se liguaient contre eux. Une des techniques mentionnée par Bill est celle qui consistait à donner aux membres l'impression d'être indésirables ou à les mettre mal à l'aise jusqu'à ce qu'ils se rallient à un point de vue particulier du groupe.

Comme l'écrit Bill, « les buveurs ne tolèrent aucune forme de pression, si ce n'est celle de l'alcool... Les alcooliques trouvaient insupportables l'évangélisation pressante du Groupe Oxford et ils refusaient le principe de la *direction de groupe* dans leur vie personnelle».

Si les alcooliques ne se sentaient pas à l'aise avec les membres du Groupe Oxford, ces derniers n'étaient pas non plus entièrement à l'aise avec les alcooliques.

Certains considéraient peut-être leur association avec des alcooliques comme une œuvre sociale puisque une grande partie des «directives» qu'ils recevaient et transmettaient semblaient destinées aux alcooliques plutôt qu'à eux-mêmes. Cette pratique s'appellera plus tard «faire l'inventaire de l'autre», et même les AA peuvent être experts dans ce domaine.

D'autres membres du Groupe Oxford trouvaient que la participation des AA nuisait à leur prestige et ils l'ont fait savoir à T. Henry, à Clarace et à Henrietta. Après tout, ils étaient censés s'occuper surtout des leaders de la communauté, et la plupart des alcooliques étaient loin de faire partie de l'élite. Certains ont même proposé de trier les alcooliques pour n'admettre que les plus acceptables socialement.

Des alcooliques d'Akron, qui se sont joints au mouvement en 1939, ont parlé plus ouvertement que Bob et Bill de ce problème. «Ils ne voulaient pas de nous» est probablement le commentaire le plus aimable au sujet de la majorité non alcoolique du Groupe Oxford, qui organisait ses propres réunions et ne se mêlait pas aux alcooliques. «Ils ne voulaient pas de paysans, dit John R. (le mari d'Elgie). Ils voulaient des gens riches, sauf T. Henry qui ne se souciait pas du tout de notre statut social. C'était un chic type.»

Comme nous l'avons déjà mentionné, Franck Buchman n'a jamais été à l'aise avec cette trop fameuse excroissance du Groupe Oxford. Comme d'autres dirigeants du Groupe Oxford, il considérait qu'une séparation était souhaitable pour un certain nombre d'autres raisons.

Tout d'abord, en tant que groupe, les AA avaient tendance à restreindre leur approche à d'autres alcooliques seulement ; c'est ce que nous appelons aujourd'hui «notre but premier». Par contre, Buchman pensait que l'alcoolisme n'était qu'un aspect des maux du monde, un symptôme peut-être.

En outre, les alcooliques insistaient de plus en plus sur l'anonymat en public, un principe en contradiction avec le programme de Buchman qui prévoyait la divulgation des «changements» de comportement d'une personne afin d'attirer de nouveaux membres.

De plus, le Groupe Oxford commençait à éprouver des difficultés au niveau local. Il y avait eu des controverses et des ruptures à Akron sur des questions sociales, religieuses et économiques. Lorsque le fils du roi du caoutchouc (dont le «changement» avait été largement publicisé) est retourné à la bouteille, beaucoup de chefs religieux se sont montrés plutôt condescendants vis-à-vis le Groupe Oxford. Ce dernier s'était également mêlé de résoudre ou d'arbitrer des questions d'éthique commerciale pour les grandes fabriques de caoutchouc. Les industriels de la ville ne voyaient pas cela d'un très bon œil. Après tout, changer les gens était une chose, mais changer les affaires en était une autre.

Henrietta Seiberling croyait que les AA ne devaient pas se mêler de recueillir de l'argent, que c'était un moyen dont se servirait le diable pour les détruire et elle défendait son point devant Bill et Dr Bob. Elle trouvait également que les AA n'insistaient pas assez sur l'importance de Dieu.

«Dans les premiers temps, dit-elle, Bill m'a dit ceci «Henrietta, je ne pense pas que nous devrions parler autant de religion ou de Dieu». – Nous ne cherchons pas à plaire aux alcooliques, a-t-elle répliqué. Ils se sont fait plaisir assez longtemps. Nous cherchons à plaire à Dieu. Si vous ne parlez ni de l'action de Dieu, ni de votre foi, ni de vos directives, vous feriez aussi bien de vous joindre au Club Rotary ou à un autre club du genre parce que Dieu est la seule source qui vous donnera de la force.» Il a fini par être de mon avis.»

Il est *possible* que Bill ait été d'accord, et beaucoup d'autres aussi. Cependant, bon nombre de AA n'avaient pas changé ou n'avaient pas capitulé à ce point. Ils faisaient de leur mieux pour comprendre la Première Étape et n'étaient pas tout à fait prêts à accepter les autres. En outre, leur concept d'une Puissance supérieure était différent de celui des membres du Groupe Oxford qui n'étaient pas prêts à accepter que des ampoules électriques ou des autobus de la 3ième Avenue soient des exemples de « Dieu tel que je Le conçois ». Des années plus tard, Henrietta a été déçue par les discours qu'elle a entendus lors d'une grande réunion : « C'était comme la description d'une séance chez leur psychiatre, dit-elle. Ils ne parlaient pas de spiritualité ou de l'action de Dieu dans leur vie. »

Cette attitude également témoigne d'une différence fondamentale entre les AA et les membres du Groupe Oxford. Les AA avaient de plus en plus tendance à permettre à leurs nouveaux membres d'accéder à leur rythme et à leur manière au concept d'une Puissance supérieure.

Compte tenu de tous ces facteurs ainsi que des commentaires de Bill et d'autres, Dr Bob était vraisemblablement conscient non seulement qu'une rupture était imminente, mais aussi qu'elle aurait déjà dû avoir lieu. Cependant, c'était un homme qui n'envisageait les changements qu'avec prudence. Il est possible qu'il ait voulu attendre que l'inévitable se produise.

Il y a autre chose aussi. L'un des traits de caractère les plus profonds de Dr Bob était sa loyauté, non seulement vis-à-vis de Bill, mais aussi d'Henrietta Seiberling, de T. Henry et de Clarace Williams. Tous les trois l'avaient beaucoup aidé avant qu'il ne cesse de boire ; de plus, face aux critiques des autres membres de leur Groupe Oxford, ils n'avaient jamais cessé de l'appuyer, lui et les premiers membres, tout au long des années

« Les changements » au sein des AA troublaient Henrietta Seiberling, dont la maison avait été le lieu de la première rencontre de Bob et Bill.

cruciales qui avaient suivi.

C'est pourquoi la première rupture qui a eu lieu en Ohio est survenue à Cleveland et non à Akron. Les causes immédiates ont été tout à fait distinctes des facteurs sous-jacents que nous venons de mentionner. En outre, certains membres l'ont considérée presque autant comme une rupture du groupe AA d'Akron que du Groupe Oxford.

Au début de 1939, Clarence S. était devenu un catalyseur pour les membres des AA de Cleveland. Lui et Dorothy amenaient chaque semaine des personnes aux réunions chez T. Henry. Beaucoup d'entre elles étaient catholiques. Clarence se rappelait leur avoir dit que les réunions du Groupe Oxford ne contrevenaient pas à leur religion. «Cependant, dit-il, les témoignages des membres aux réunions ressemblaient à des confessions publiques et c'était une pratique qui ne leur était pas permise. En outre, l'idée de recevoir des directives ne passait pas bien. Pour couronner le tout, le Groupe Oxford n'utilisait pas la bonne Bible. Par conséquent, j'étais la cible de critiques sur le chemin du retour.»

Dorothy (qui était sa femme à l'époque) a fait remarquer que la croissance du groupe de Cleveland était en soi une cause importante de séparation. «Nous parlions depuis assez longtemps de tenir des réunions à Cleveland, dit-elle. Je pense que nous étions une douzaine et c'était assez difficile d'amener tout ce monde à Akron. Nous pensions en outre que l'hospitalisation était une lourde charge pour Bob. Il commençait à avoir beaucoup de travail à Akron.»

Dorothy mentionne également le problème des membres catholiques, même si ces derniers n'étaient pas tous d'avis qu'il y avait un problème. Disons aussi que certains pasteurs protestants considéraient le Groupe Oxford d'un mauvais œil. Peu après que Clarence soit devenu abstinent, Dorothy a fait une autre visite au Révérend Dilworth Lupton, le pasteur unitarien renommé qui lui avait fait part jadis de son peu de succès auprès des alcooliques.

«Je lui ai dit que nous avions une solution et je lui ai parlé de Clarence et des réunions. Je lui ai proposé d'assister à l'une d'entre elles et j'ai ajouté que beaucoup d'autres femmes viendraient comme moi dans son bureau. Je voulais qu'il sache qu'il y avait vraiment un espoir.

«J'ai été déçue parce qu'il n'a pas voulu venir. Selon lui, tant que les AA feraient partie du Groupe Oxford, ils ne pouvaient réussir ; un mouvement aussi fantastique ne devait jamais se mêler à des organismes religieux. Comme il avait raison ! »

Il existe plusieurs versions de la façon dont la rupture s'est produite, sans parler de ses causes et de ses répercussions : qui avait raison et qui avait tort ; qui éprouvait du ressentiment et qui n'en éprouvait pas ; qui ne parlait pas avec qui et depuis combien de temps.

La plupart des membres mêlés à cette histoire sont morts maintenant, et ceux qui vivent encore étaient à l'époque trop nouveaux dans le mouvement pour connaître vraiment les causes sous-jacentes et les intrigues. Ils étaient simplement heureux d'être abstinents et n'étaient pas encore prêts à participer à ce qu'un groupe appellerait aujourd'hui une réunion d'affaires.

De toute façon, Clarence se souvient avoir parlé au Dr Bob du problème des membres catholiques face aux méthodes du Groupe Oxford.

Selon Clarence, Dr Bob lui aurait répondu, ceci :

«Nous n'excluons pas les catholiques, c'est leur Église qui les exclut. Nous ne pouvons rien faire.

– Mais oui, nous pouvons faire quelque chose.

– À quoi penses-tu ?

– À ouvrir un groupe sans passer par tout ce cirque qui choque les membres. Nous avons un livre maintenant, les Étapes, les absolus. Tout le monde peut vivre avec ce programme. Nous pouvons commencer nos propres réunions.

– Nous ne pouvons pas abandonner ces gens. Nous leur devons la vie.

–Et alors ? Je leur dois la vie, moi aussi, mais qu'adviendra-
t-il des autres ?

– Nous ne pouvons rien faire pour eux.

–Oh, si, nous pouvons faire quelque chose !

–Quoi donc ?

– Tu verras ! »

« À cette époque, souligne Clarence, Al G. (parfois connu
sous le nom d'Abby) se trouvait à l'hôpital municipal d'Akron
bourré d'aldéhyde et de toutes les autres choses que Doc leur
administrait. J'étais allé le voir avec Bill Wilson. Ensuite, Bill et
Dorothy, ma femme, l'avaient conduit à l'hôpital. Al était un
avocat spécialisé dans les brevets et il possédait une grande maison à Cleveland. J'ai donc demandé à sa femme si nous pouvions tenir nos réunions chez eux. Je ne l'ai pas demandé à Al. »

Dorothy se souvenait qu'il avait fallu quatre heures pour
amener Al à Akron parce qu'il voulait s'arrêter à chaque bar.
« Je le verrai toujours disparaître avec l'infirmière au bout du
couloir, dit-elle. Il s'est retourné, nous a fait un signe théâtral en
disant : – Si ça réussit, je n'oublierai jamais cette journée, ni
vous deux. »

« Abby était un homme instruit et il était intéressant de
constater que la personne à Akron qui l'impressionnait le plus
était un homme qui n'avait qu'une quatrième année. De toute
façon, quand il est sorti de l'hôpital, il a dit qu'il aimerait que les
réunions de Cleveland aient lieu chez lui. »

« J'ai annoncé au Groupe Oxford, dit Clarence, que c'était la
dernière fois que les alcooliques de Cleveland assistaient à une
de leurs réunions et que nous allions former un groupe à Cleveland uniquement pour les alcooliques et leur famille. J'ai dit
aussi que nous prenions le nom du livre, les Alcooliques anonymes.

« Cela a fait l'effet d'une bombe. « Clarence, tu ne peux pas
faire cela », dit quelqu'un. »

– C'est fait.

– Nous devons en parler.

– C'est trop tard », dis-je.

«La réunion était prévue pour la semaine suivante (le 11 mai 1939), poursuit Clarence. J'ai commis l'erreur de leur donner l'adresse. Ils ont envahi la maison et ont essayé d'interrompre la réunion. L'un d'eux était sur le point de me battre. Et tout cela dans l'esprit du plus pur amour chrétien ! Mais nous avons tenu bon. »

Les souvenirs de Dorothy sont un peu différents. «Nous n'avions pas de nom, dit-elle, mais nous avons dit à tout le monde que ce n'était absolument pas un Groupe Oxford. Uniquement des alcooliques.

«Anne et Bob sentaient bien sûr qu'ils devaient eux aussi se libérer de la domination du Groupe Oxford, ajoute-t-elle, mais ils pensaient que ce serait difficile à cause de leur loyauté envers T. Henry et Clarace ».

«En fait, à l'une de nos toutes premières réunions, tous les orthodoxes du Groupe Oxford étaient venus d'Akron. Ils étaient très amers et volubiles. Ils estimaient que nous étions extrêmement déloyaux envers eux en agissant de la sorte. Cela a été toute une histoire de quitter Akron ».

Al G. s'est souvenu de son admission à l'hôpital le 17 avril. Avant de sortir, Dr Bob était venu le voir et lui avait demandé s'il avait l'intention de mettre le programme en pratique. « Dr Bob a approché sa chaise et l'un de ses genoux touchait le mien ; il m'a dit : *Veux-tu prier avec moi pour ta réussite* ? C'était une très belle prière. Très souvent, dans mes efforts pour aider des nouveaux venus, je me suis senti un peu coupable de ne pas faire la même chose. »

Ce soir-là, Al est allé à la réunion chez T. Henry. «Il m'a fallu plusieurs réunions, dit-il, avant de comprendre qu'il n'y avait pas là que des alcooliques. » Même s'il était catholique, les réunions lui ont fait bonne impression.

«Nous sommes allés à Akron pendant plusieurs semaines, poursuit-il, avant de prendre la décision de créer le groupe de Cleveland. La première réunion a eu lieu ici, dans cette pièce, vers la mi-mai 1939. Certains alcooliques d'Akron et tous ceux de Cleveland y ont participé.

«Lors de nos premières réunions, nous avons beaucoup discuté du nom à donner au groupe. Différents noms furent proposés. Comme aucun ne paraissait convenir, nous avons commencé à nous désigner comme des Alcooliques anonymes.»

Quelles qu'aient été les discussions entre Dr Bob et Clarence avant la formation du groupe de Cleveland, Bob l'a soutenu sans réserve dès le départ, ainsi que beaucoup d'autres AA d'Akron.

Dans une lettre à Bill, Al écrivit: «Au début, Dr Bob a participé à toutes les réunions qui avaient lieu chez moi.»

Lorsqu'on a demandé à John R. si Dr Bob en voulait aux membres de Cleveland, il a répondu: «Eh bien mon Dieu! Doc, Anne, ma femme (Elgie) et moi, nous sommes allés à leurs réunions, à la toute première aussi.

«Je me souviens qu'un soir, nous sommes allés là-bas et en revenant, Doc, qui était resté un gamin, a quitté la grand-route pour prendre celle qui longeait la rivière. – Pourquoi prends-tu cette route, ai-je demandé? (Il neigeait vous savez.) Nous allons rester bloqués.

– Oh non! a-t-il répondu. Et il a emprunté la côte de Portage Path. Arrivés aux trois-quarts du chemin, nous avons dû faire marche arrière. Cela l'a simplement fait rire. Il pensait sûrement pouvoir passer. Ouais! Doc était un sacré bonhomme. Si ma mémoire est bonne, il devait avoir 60 ans et *c'était* vraiment un grand enfant. Parfaitement Monsieur!»

Il est malaisé de déterminer la position exacte adoptée par Dr Bob au sujet de la rupture de Cleveland. Certains observateurs le situent au centre. Selon eux, les AA de la région ne gardaient leur équilibre que grâce au solide bon sens de Dr Bob. C'est un miracle qu'il ait pu conserver son calme. Il était entouré de gens instables, abstinents depuis peu de temps.

Dr Bob a peut-être simplement tourné la page. On lui attribue cette phrase: «Il ne sert à rien de s'en faire. Tant que les gens auront confiance et croiront, il (le mouvement des AA) durera. »

La rupture de Cleveland a révélé une vérité importante pour l'avenir des AA : pour n'importe quelle raison, un groupe des AA *pouvait* se scinder en deux sans mettre nécessairement un des deux groupes en danger. Comme l'ont dit des membres anonymes à une certaine époque : « Tout ce qu'il faut pour créer un nouveau groupe AA, c'est du ressentiment et une cafetière. »

À cette époque, Clarence et Dorothy échangeaient une correspondance chaleureuse et active avec New York, c'est-à-dire avec Bill Wilson, Hank P. et Ruth Hock, la secrétaire non-alcoolique du bureau qui allait devenir le Bureau des Services Généraux des AA.

Le 4 juin 1939, quelques semaines après les premières réunions du groupe de Cleveland, Clarence écrivait ceci à Hank P. : « Bill J., moi-même, Clarace Williams et les autres, avons eu une grosse querelle il y a quelques semaines ; ils ont décidé de nous laisser tranquilles et de concentrer leurs activités ailleurs. Deux ou trois ivrognes nous ont quittés mais je pense qu'il devait en être ainsi.

« D'après ce que je comprends, note Clarence, la principale source de conflit vient de ce que les membres du Groupe Oxford veulent que l'on s'incline devant eux, et aussi parce que j'ai pris l'initiative de créer le groupe de Cleveland. Bill J. a amené Lloyd T., Charlie J. et Rollie H. ». Ces quatre amis faisaient évidemment partie du groupe de Cleveland. Rollie était un joueur de baseball, abstinent à l'époque depuis seulement quelques semaines ou quelques jours.

« Il n'y a rien ici présentement qui puisse inquiéter Bill, vous-même ou quiconque, poursuit Clarence, et nous espérons vraiment faire du bon travail. La plupart des membres (15 ou 16) sont extrêmement intéressés et ne ménagent pas leurs efforts.

« Voici quelle sera notre politique : ne pas trop insister sur l'aspect spirituel pendant les réunions. Discuter, *après* les réunions, de toute question d'affaires ou autre pouvant être soulevée. Toujours maintenir une bonne camaraderie.

« Les animateurs des réunions ont été choisis jusqu'à présent selon leur ancienneté dans le groupe. De la coopération est aussi nécessaire pour les visites à l'hôpital afin d'éviter d'être trop nombreux auprès d'un patient, mais plutôt un ou deux à la fois. Nous avons un hôpital parfaitement organisé et un médecin alcoolique de service. Doc Smith est venu la semaine dernière, il a discuté avec le directeur de l'hôpital et avec l'interne ; ils sont très sympathiques et enthousiastes. L'un de nos patients a déjà accroché et ce sera le cas de deux ou trois autres la semaine prochaine.

« Notre intention est de promouvoir l'hospitalisation chaque fois que c'est possible. En fait, nous essayons de faire en sorte que ce soit toujours possible. La personne qui déniche le nouveau patient assume la responsabilité de celui-ci, de ses visiteurs, de son argent etc. Une fois qu'il a retrouvé ses esprits, nous y allons doucement, nous lui donnons le livre et nous discutons beaucoup avec lui. Notre livre constitue sans aucun doute une aide formidable. Nous nous mettons également en rapport avec les membres de sa famille lorsqu'il est à l'hôpital, nous discutons avec eux et nous leur donnons le livre. L'expérience de New York et d'Akron nous guide et nous pensons avoir démarré sur le bon pied. Nous espérons que toi et Bill pourrez bientôt vous libérer pour rencontrer notre groupe et nous communiquer un peu de votre expérience et de votre sagesse. »

Bob et Anne sont allés à New York en juin. On lit dans le journal de Lois, en date du 23 juin, la note suivante : « Bob, Anne et le jeune Bob sont venus passer deux ou trois jours. » Il ne fait aucun doute que Bob et Bill ont parlé du problème de Cleveland entre autres choses mais Lois écrit uniquement ceci : « Sommes allés à Montclair (New Jersey) avec Bob et Anne Smith. Bonne réunion. Vingt-six membres présents. » À cette époque, bien sûr, des groupes avaient été créés dans l'Est, à l'extérieur de New York.

Dorothy se souvient que Warren C. s'est joint au groupe de Cleveland le mois suivant (juillet 1939). « Il était alors un de nos membres les plus actifs. Il était complètement fauché, mais il était fier et n'acceptait même pas cinq cents pour son ticket de tramway. Il attendait que son fils, qui travaillait comme caddy au golf, rentre et lui donne quelques dollars de ses pourboires. »

« Je n'avais pas de quoi payer mon hospitalisation, dit Warren, dont le fils a fêté son propre 25e anniversaire AA en 1977. J'ai été un cobaye, le premier de Cleveland à suivre le programme sans être hospitalisé. Certains ne voulaient pas que je suive le programme sans aller à l'hôpital mais (Clarence) S. m'a défendu.

« Après ma conversation chez moi avec Clarence, d'autres sont venus me parler. Ils ne vous admettaient pas à une réunion lorsque vous n'aviez rencontré qu'un seul membre, contrairement à ce que l'on fait maintenant. Ils pensaient qu'un nouveau devait être préparé à ce qu'il allait entendre et connaître les objectifs du programme.

« Ensuite, Clarence m'a demandé d'aller chaque soir, pendant trois mois, chez l'un des nouveaux membres ; j'ai donc pu bavarder avec neuf ou dix personnes. J'ai aussi dû lire le Gros Livre avant d'aller à ma première réunion. Par conséquent, je pense que j'avais une meilleure idée de ce qu'ils essayaient de faire.

« Lorsque je suis allé chez Al G., c'était un mélange d'anciens du Groupe Oxford et de nouveaux comme moi. En novembre 1939, le premier groupe entièrement AA a été créé à Cleveland, le groupe Borton, qui ne comptait aucun membre du Groupe Oxford.

« Une demi-douzaine d'entre nous ont continué d'aller à Akron en voiture, poursuit Warren.

« À cette époque, cinq ou six AA d'Akron venaient de temps à autre à Cleveland – Doc Smith, Paul et Dick S., Bill D. (le troisième membre) et d'autres encore. Nous nous épaulions mutuellement au début. »

Dr Bob mentionne ce soutien mutuel dans une lettre à Bill datée de septembre 1939. «J'ai participé, écrit-il, à une réunion de la bande de Cleveland, comme je le fais une ou deux fois par mois, et j'ai eu une excellente réunion. Je pense qu'ils sont environ 38 dans leur groupe maintenant, et je ne parle que des hommes. Nos propres réunions comptent 75 ou 80 participants chaque semaine, des hommes et des femmes.»

«Outre les réunions chez Al et à Akron, dit Warren C., une dizaine d'entre nous se rencontraient chaque soir. Nous nous racontions nos problèmes du jour et recevions le réconfort dont nous avions besoin pour le jour suivant.

«Bien sûr, dans cette partie du pays, Dr Bob était un homme important pour nous, poursuit Warren. Cela vient de ce que nous le connaissions bien pour le côtoyer souvent. Il nous accompagnait dans nos visites de Douzième Étape et il bavardait avec tous les patients qui étaient hospitalisés. Il avait une personnalité rayonnante. Je veux dire, en quelque sorte, qu'on l'adorait.»

XIII. Progression du mouvement dans le Midwest

Il semble que Dr Bob ne se soit pas impliqué beaucoup dans la rupture entre les AA et le Groupe Oxford d'Akron, pour d'autres raisons en plus de celles mentionnées précédemment.

Tout d'abord, cette séparation paraît s'être produite au moment où Dr Bob était dans une situation financière désespérée et on lui demandait de consacrer de plus en plus de temps au nombre croissant de nouveaux qui convergeaient vers Akron dans l'espoir d'être « retapés ».

Dorothy S.M. n'exagérait pas quand elle disait que les Smith dînaient de pain et de lait. Dr Bob était alors abstinent depuis près de quatre ans. D'autres membres, devenus abstinents après lui, travaillaient comme salariés. Mais pas lui.

Le 1er mars 1941, Jack Alexander écrivait dans son article du *Saturday Evening Post* : « Le docteur Armstrong (nom employé pour préserver l'anonymat de Dr Bob dans la presse) se débat encore aujourd'hui pour se refaire une clientèle. Les temps sont durs. Il est endetté à cause des contributions monétaires au Mouvement et du temps consacré gratuitement aux alcooliques. Étant un pivot du groupe, il lui est impossible de se soustraire aux nombreuses demandes qui affluent à son bureau. »

Au printemps 1939, Dr Bob allait avoir 60 ans, un âge où d'autres se préparent à prendre leur retraite et à jouir des fruits d'une vie de labeur. De toute évidence, sa situation commençait à l'inquiéter sérieusement.

Dans une lettre datée de mai 1939 et adressée à Frank Amos, il écrit que « certains dans le groupe sont dans une situation financière déplorable, et c'est également mon cas.

L'été passa. Dans une lettre adressée à Bill il écrit ceci : « Je ne peux plus continuer à vivre simplement d'espoir parce qu'après tout, il y a trois personnes qui dépendent de moi. Je tiens vraiment à contribuer à étendre le mouvement au niveau national, si cela est possible. »

« J'ai réussi à emprunter 1 200 dollars à maman pour me permettre de respirer un peu, mais cela ne peut pas se répéter. Je pense que l'incertitude est peut-être la chose qui m'angoisse le plus.

« J'ai fait quelques efforts pour contacter des gens mais les résultats seront lents à venir ... constamment de deux à sept personnes à l'hôpital. Je deviens très fatigué s'il y a trop de personnes sans arrêt. »

Bill, lui-même dans une piteuse situation financière, lui répondit en l'informant que les membres de New York travaillaient avec un organisme qui recueillait des fonds et qu'ils s'attendaient à des résultats. Entre temps, il était en relation avec la Fondation Guggenheim dans l'espoir d'obtenir une bourse pour Bob. Bill joignait la copie de la lettre qu'il avait écrite en sa faveur :

« Il y a à Akron (Ohio), un chirurgien, le docteur Robert H. Smith, qui a été responsable, au cours des quatre dernières années, du rétablissement d'au moins une centaine d'alcooliques chroniques, des cas considérés jusque-là comme désespérés par

À une époque de grandes difficultés et de magazines à cinq cents, un article de Jack Alexander répandit le message des AA dans tout le pays.

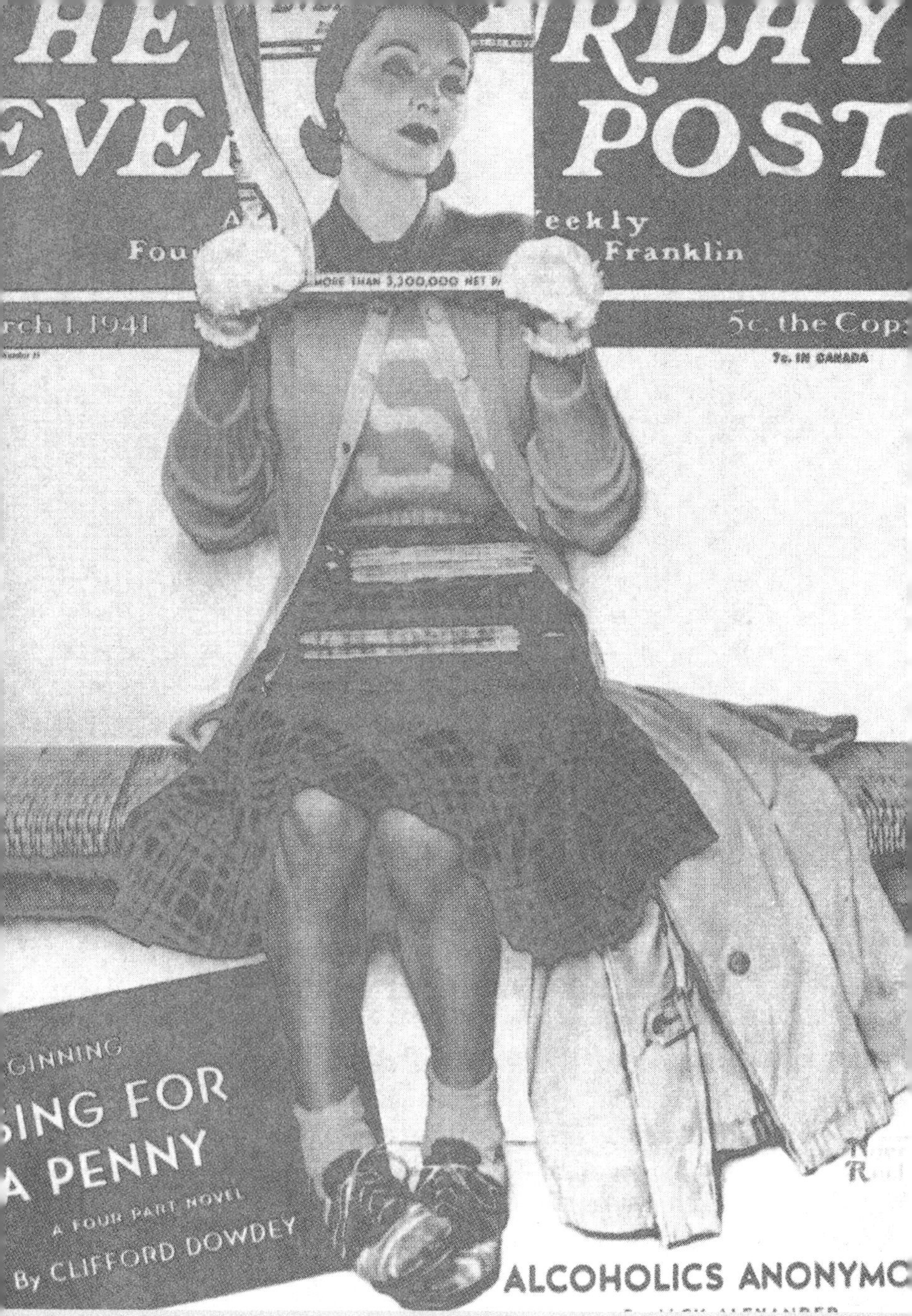
HE
RDAY
EVE
POST
A
eekly
Fou
Franklin
MORE THAN 3,300,000 NET PA
rch 1, 1941
5c. the Cop
7c. IN CANADA
GINNING
SING FOR
A PENNY
A FOUR PART NOVEL
By CLIFFORD DOWDEY
ALCOHOLICS ANONYMO

la profession médicale ...

« Depuis plus de quatre ans, sans réclamer un sou des malades, sans tapage, et presque sans fonds, le docteur Smith a continué son travail parmi les alcooliques, de la région Akron-Cleveland. Dans ce laboratoire humain, il a prouvé que tout alcoolique qui n'est pas trop atteint mentalement peut se rétablir s'il le désire. Parmi de tels cas, les possibilités de rétablissement sont soudainement passées de nulles à 50 pour cent. Indépendamment des implications sociales, ces résultats sont une réussite médicale de première importance. Bien que notre engagement à tous dans ce travail soit un facteur de notre rétablissement, le docteur Smith a une plus grande expérience et obtient de meilleurs résultats que quiconque.

« À cause de tout le travail bénévole qu'il accomplit auprès des alcooliques, le docteur est dans l'impossibilité de se refaire une clientèle en chirurgie. S'il continue à s'occuper des alcooliques au rythme actuel, il risque de perdre le reste de ses clients et probablement sa maison. Manifestement, il devrait continuer. Mais comment ? »

Bill poursuivait en répondant à sa propre question ; il proposait à ces messieurs de la fondation Guggenheim de verser 3 000 dollars à Bob pour lui permettre de continuer son travail pendant un an. Une partie de cette somme lui servirait à payer ses dépenses.

Plus tard, Bill devait recevoir de la Fondation Guggenheim une lettre disant que rien ne justifiait l'octroi d'une bourse Guggenheim à Dr Bob. Pour obtenir cette bourse, il fallait « faire la preuve d'aptitudes à mener des recherches originales, ou à effectuer un travail créatif en arts. »

Bill écrivit alors à un ami des AA employé par la Ford Motor Company, dans l'espoir qu'on puisse trouver pour Bob une place au sein du personnel de l'hôpital Ford. « Je pense qu'un jour, le Dr Bob sera reconnu comme le Louis Pasteur de l'alcoolisme. C'est étrange que nous ne puissions pas obtenir de fonds pour l'aider. »

De mai à décembre 1939, les problèmes d'hospitalisation et de traitement résultant de l'activité sans cesse croissante des AA accaparaient le Dr Bob, drainaient toute son énergie et lui apportaient de plus en plus de tension. Comme il l'avait écrit à Bill, il y avait constamment de deux à sept personnes à l'hôpital, comparativement à une ou deux quelques mois plus tôt.

Cette croissance pouvait être imputable à la publicité. À l'automne, un article parut dans le magazine *Liberty*. Ernie G. (le second) se rappelait qu'il était avec Dr Bob lorsqu'il sortit de presse. «Doc me dit : – Allons acheter le *Liberty*. Nous y sommes allés et nous sommes rentrés aussitôt pour le lire. Jamais de ma vie je n'ai vu quelqu'un d'aussi exalté.»

«Nous l'étions tous, ajoute sa femme Ruth. Surtout Anne. Elle a dit : Vous voyez, on dirait qu'on devient quelque peu respectables. Cet après-midi là, il y avait comme une ambiance spéciale, le sentiment unanime qu'une chose merveilleuse était survenue.»

«Il y a eu un tas de demandes d'information après cela, poursuit Ernie. J'ai lu quelque part que 300 ou 400 lettres nous sont parvenues le lendemain.»

Un nombre toujours croissant de demandes de renseignements résultaient aussi des critiques élogieuses du livre *Les Alcooliques anonymes* dans les journaux et les publications religieuses de tout le pays. À l'automne 1939, il s'en vendait chaque semaine 60 exemplaires.

À la même époque, Dr Bob a écrit, et *peut-être* signé un article sur les AA et le Gros Livre, paru en août 1939 dans le magazine *Faith*. Il en informa Ruth Hock (du bureau de New York) et raconta plus tard qu'il avait reçu, suite à cette publication, des demandes d'informations d'une douzaine de médecins.

«Je suis allée en courant acheter un exemplaire de *Faith,* lui a répondu Ruth. Quel choc ! Si je peux me permettre d'exprimer une opinion, je vous dis bravo ! C'est comme cela que j'aime voir exprimer les choses ; c'est honnête, direct, sans enjolivure.

«Avec un battage permanent, écrit-elle ensuite, comme la critique du *New York Times*, votre article dans *Faith*, les articles médicaux, etc., nous ferons des progrès constants et réguliers. J'en suis sûre!»

La possibilité que Dr Bob ait signé cet article signifie qu'il pourrait bien avoir été un des premiers à rompre l'anonymat en public, avant l'existence des Traditions des AA. Questionnée en 1978, Ruth se souvenait vaguement de l'article et pensait bien que Dr Bob l'avait signé.

Au même moment, le bureau de New York transmettait à Bob toutes les demandes de renseignements émanant d'autres médecins du pays, ainsi que celles de buveurs vivant dans la région d'Akron.

Il faut ajouter à tout cela les effets cumulatifs dûs au fait que de plus en plus de AA fervents transmettaient le message de rétablissement à ceux qui souffraient encore. Ce qui se passait à Cleveland se passait, dans une moindre mesure, dans d'autres villes du Midwest comme Toledo, Detroit et Chicago, de même que dans l'Est. Au début cependant, il n'existait pas d'ententes avec les hôpitaux de ces villes. Par conséquent, ceux qui étaient devenus abstinents à Akron s'en retournaient chez eux pour transmettre le message, et à leur tour, ils envoyaient leurs nouvelles recrues se faire «retaper» par le Dr Bob.

En soi, ces conséquences n'avaient rien d'explosif, mais elles étaient persistantes. En plus d'alourdir la tâche de Dr Bob, elles taxaient trop lourdement les services de l'hôpital municipal, qui était encore utilisé dans une certaine mesure jusqu'à la semaine de Pâques de 1941, selon Duke P.

Tout se serait probablement bien passé avec l'administration et le personnel de l'hôpital s'il n'y avait eu qu'un ou deux ivrognes à la fois, mais une douzaine en même temps, c'était trop. Il y a eu un changement d'administration et des médecins se sont plaints de ne pas avoir de lits pour des patients «vraiment malades.» Il y avait aussi le côté financier. Comme Bob E. l'expliquera des années plus tard «Nous devions tellement d'argent au City Hospital que nous étions incapables de le rembourser ». Mis ensemble, ces problèmes de lits et d'argent ont probablement été le facteur déterminant qui a ralenti la coopération entre Dr Bob et l'administration du City Hospital, qui avait duré quatre années. En d'autres mots, l'administration connaissait et approuvait le traitement de Dr Bob pour les alcooliques, à une époque où la plupart des hôpitaux les admettaient seulement pour d'autres motifs.

De toute façon, la situation n'était pas catastrophique parce que Dr Bob faisait déjà appel, pour le traitement des alcooliques, à d'autres hôpitaux et sanatoriums tels que Green Cross, Fair Oaks Villa et le People's Hospital (aujourd'hui, le Akron General Medical Center).

D'après John et Elgie R., c'est à peu près à cette époque que Wally et Annabelle G. ont commencé à loger régulièrement des ivrognes chez eux. C'était évidemment une extension des services qu'eux et d'autres membres fournissaient déjà d'instinct, à commencer par Anne et Lois.

« J'avais un oncle qui a été hospitalisé à cause de la boisson, rappelle Annabelle au cours d'une conversation avec Bill Wilson. Comme il était toujours en piteux état, je l'ai pris à la maison. J'ai essayé d'abord de lui refaire une santé. Chaque jour, nous prenions un moment de repos et je lui parlais, je lui faisais la lecture. Je l'ai gardé neuf semaines. Il est rentré chez lui totalement différent. »

C'était en 1938. Et « chez lui » était à 160 kilomètres de là, à Sandusky Ohio où l'oncle d'Annabelle aida ensuite « de 25 à 30 hommes ».

« Peu de temps après, poursuit Annabelle, Doc a ramené deux hommes de Chicago, Jack G. et Dick R. Après cela, ils se sont mis à défiler. C'était un va-et-vient constant. Il fallait leur donner le temps de récupérer avant de les présenter au groupe.

« Nous en avons eu à peu près 62 en deux ans. Ty M. est venu chez moi. (Kay, la femme de Ty, est celle qui a diffusé le Gros Livre à Los Angeles à l'automne 1939.) Je pense que les trois quarts ont réussi. Tom et Clarence se sont occupés de pas mal d'entre eux.

«Je voulais tellement aider ces gens. Je pouvais presque me mettre dans leur peau et comprendre ce qu'ils enduraient. J'en suis venue à connaître leur façon de réagir par leur expression, leur façon de marcher et leur attitude. Ce fut une expérience merveilleuse, qui m'a aidé plus qu'elle ne les a aidés eux-mêmes. Comme il leur fallait de bons repas, nous avons dû leur demander, après un certain temps, douze dollars par semaine. Mais nous ne couvrions jamais nos frais, surtout avec les comptes de téléphone. Quand je m'absentais, ils faisaient des appels interurbains.»

Bill Wilson se rappelait une période où quatre ivrognes séjournaient chez Wally et Annabelle. Ils tremblaient de tous leurs membres et ils étaient encore un peu perdus. «Le matin, dit-il, ils commençaient par lire des extraits de The Upper Room et par réciter des prières. Évidemment, Annabelle les chaperonnait et ne les quittait pas d'une semelle. Ils restaient généralement une semaine. Ils payaient quand ils le pouvaient. Et quand ils ne pouvaient pas, Annabelle les accueillait quand même.»

Bill s'étonnait que Wally et Annabelle aient pu aider tant de gens à devenir abstinents alors que Lois et Anne n'avaient pas eu le même succès. «Quelques personnes sont devenues abstinentes par la suite, disait-il, mais jamais pendant leur séjour chez nous. Et nous en avons reçu une bonne vingtaine.

«Chez les G., ça marchait et je ne sais pas pourquoi. Peut-être tiraient-ils les bons numéros. Il n'y avait sûrement pas de différence dans le traitement. À un moment, nous avons attribué leur réussite à la méditation matinale. En fait, j'ai toujours pensé que quelque chose s'était perdu chez les AA quand nous avons cessé d'insister sur la méditation matinale.» (Cependant, Bill et Lois ont, pour leur part, continué cette pratique jusqu'à la mort de Bill en 1971).

Il semble y avoir eu de subtiles différences dans l'approche des AA de New York et ceux d'Akron, mais il y avait aussi de la coopération; c'était déjà un seul Mouvement.

« Les gens lisaient le Gros Livre, puis écrivaient à New York, dit Elgie R. On leur conseillait alors de venir à Akron. Ils restaient une semaine chez Wally et ensuite, ils allaient parfois autre part ou louaient une chambre et ne restaient pas loin quelque temps, jusqu'à ce qu'ils sachent tout ce qu'ils voulaient savoir.

« Il n'y avait pas d'infirmière, juste Doc. Des membres venaient et leur parlaient ; certains les amenaient voir d'autres membres. C'était un système de personne à personne, et ça marchait.

« C'est alors que les choses ont commencé à se précipiter, poursuit Elgie. Les gens retournaient chez eux et il en venait d'autres, plus nombreux. Puis le mouvement a commencé à se répandre partout, parce qu'on disait : Maintenant, retourne chez toi et *fais* quelque chose. Ils repartaient et on n'entendait plus parler d'eux. Ils revenaient, peut-être cinq ans après. Ils n'avaient plus jamais pris un verre et se portaient bien. On ne savait jamais ce qui allait arriver. »

Le mouvement des AA a donc commencé à s'étendre progressivement vers d'autres villes du nord de l'Ohio et ailleurs dans le Midwest, où des membres se rencontraient par petits groupes de deux ou trois. La même chose se passait au même moment à New York et vers d'autres villes de la côte Est comme Washington, Boston, Baltimore et Philadelphie. Souvent, les deux centres des AA aidaient les gens à démarrer dans la même ville.

Parmi les tout premiers pionniers à retourner chez eux après leur passage à Akron, il y a eu Earl T. de Chicago. Earl se rappelait l'après-midi passé dans le bureau de Dr Bob : « Il m'a aidé avec beaucoup de prudence dans mon inventaire moral, en mentionnant de nombreux traits et défauts nuisibles. Cela fait, il m'a demandé si j'aimerais en être débarrassé.

« Sans beaucoup réfléchir, j'ai dit oui. Il m'a demandé de m'agenouiller avec lui au pied de son bureau et nous avons prié à haute voix pour que je sois débarrassé de ces défauts. »

Earl est retourné à Chicago en 1937. «Cela m'a pris un an avant de trouver quelqu'un avec qui travailler, raconte-t-il. Et deux ans sans le Gros Livre avant que nous soyons six. Tous les deux mois, je me rendais à Akron pour assister à une réunion afin de me maintenir abstinent et de travailler avec les autres.

«J'ai dit à Dr Bob que j'avais parlé à deux personnes et pensais qu'elles deviendraient abstinentes, mais rien ne semblait se passer. Ces gens me disaient : *Eh bien, c'est merveilleux. Si jamais j'en ai besoin, je vous ferai signe !* Le Dr Bob m'a dit qu'en temps voulu et quand je serais prêt, ça marcherait providentiellement. Et ça a marché.»

Earl a réussi à aider un homme à devenir abstinent. Puis, un autre alcoolique rétabli à Akron est retourné à Chicago en 1938. Un an plus tard, deux médecins ont commencé à orienter les malades alcooliques vers le petit groupe des AA.

Parmi ces alcooliques, il y avait deux femmes dont l'une, Sylvia K., était une séduisante divorcée avec une pension alimentaire de 700 dollars par mois. Plus tard, Dorothy S.M. a expliqué comment Sylvia avait connu les AA en 1939.

«Toute ma famille était emballée par les AA, dit Dorothy. Après que Clarence soit devenu abstinent, ma sœur Caroline, qui était infirmière et mariée à Hank P. (un AA de la région de New York, actif au bureau là-bas) est partie à Chicago avec une copie du Gros Livre et l'a remise à un médecin de ses connaissances. – J'ai justement la personne qu'il faut, une de mes patientes, a t-il dit, impressionné.»

Caroline a appelé Dorothy pour lui annoncer qu'elle venait à Akron avec une femme pour les AA. D'après Dorothy, Dr Bob a levé les bras au ciel : «Nous n'avons jamais eu de femme et nous ne travaillerons pas avec une femme.» Mais Caroline était déjà en route avec Sylvia K.

À son arrivée, Sylvia est restée deux semaines chez Dorothy et Clarence. «Dr Bob lui a parlé, raconte Dorothy, et il a appelé pour l'aider des membres masculins qui, après l'avoir vue, ne demandèrent pas mieux que de lui parler.»

Entre-temps, Sylvia s'est mise à prendre de petites pilules blanches. Elle disait que c'était de la saccharine. Personne ne comprenait pourquoi elle ne tenait pas sur ses jambes, au point qu'une infirmière a été appelée pour la soigner. Après avoir parlé à Bob, Sylvia a décidé de s'établir à Akron. Ce fut la consternation car sa présence risquait de disloquer tout le groupe. Mais quelqu'un lui a expliqué qu'il serait bien plus important qu'elle retourne à Chicago apporter son aide.

Ce discours a touché Sylvia et le groupe l'a mise dans le train en compagnie de son infirmière. Installée dans le wagon-restaurant, elle s'est soûlée. Elle s'est remise d'aplomb avant d'arriver à Chicago, où elle a pris contact avec Earl.

En septembre 1939, Earl a écrit à New York pour annoncer que les AA de Chicago formaient un groupe et tiendraient des réunions sur une base régulière. «Nous sommes huit, écrivait-il, et trois candidats vont bientôt aller à Akron. Sylvia est de retour à Evanston et veut nous aider dans notre travail. Je ne sais pas si elle est tirée d'affaire mais nous allons continuer à travailler avec elle.»

Quelques semaines plus tard, Earl écrivait à Bill que quatre médecins et un hôpital avaient manifesté le désir de travailler avec eux. «À l'heure actuelle, ajoutait-il, nous sommes dix dans le groupe – trois femmes et sept hommes – et il y a aussi cinq non-alcooliques. Actuellement, nous travaillons tous très fort auprès des huit nouveaux que nous avons actuellement. Plusieurs sont venus grâce à ton article du *Liberty.*»

Il est intéressant de noter que Chicago comptait trois femmes sur une douzaine de membres, on ne faisait mention d'aucune à Akron ou à Cleveland. Sylvia, ainsi qu'une autre femme arrivée en même temps que son mari, sont restées abstinentes par la suite.

Aidée de sa secrétaire non-alcoolique, Grace Cultice, Sylvia a instauré un service téléphonique chez elle. En 1941, au moment de la publication de l'article du *Saturday Evening Post*, elles ont loué un bureau dans le Loop, et Grace a envoyé bien des nouveaux chez les AA. Ce fut l'un des premiers centres de services organisés au niveau local. De nombreux groupes, dans un rayon de plusieurs centaines de kilomètres, sont nés grâce au travail du Bureau central de Chicago. Mentionnons Green Bay, Madison, Milwaukee dans le Wisconsin, et Minneapolis dans le Minnesota.

En 1938, en arrivant à Akron pour séjourner chez Dr Bob et Anne, Archie T. était certain de ne jamais retourner à Détroit où sa réputation était faite et sa solvabilité nulle. Six mois plus tard, il savait qu'il devait retourner dans cette ville où il avait laissé un tel gâchis, « pour faire face à la musique et transmettre le message des AA à tous ceux qui le désiraient ».

Il attribuait ce changement d'attitude à Anne Smith. Comme autre exemple de sa compréhension et de sa patience, il disait qu'elle attendait toujours que « je trouve les réponses par moi-même, puis que je suive le chemin que ces réponses m'indiquaient ».

Cette fois, ce chemin le ramenait à Détroit. Archie était encore malade, fragile et craintif. Il a fait amende honorable là où il le pouvait et gagné sa vie en travaillant pour une entreprise de nettoyage à sec, où il faisait les livraisons à la porte de service des notables de Grosse Pointe qui étaient autrefois ses amis. Avec l'aide de Sarah Klein, une non-alcoolique, il a organisé un groupe des AA dans un sous-sol.

En octobre 1939, Archie a réussi à se faire interviewer à la radio pendant six minutes, et il a parlé de son rétablissement chez les AA. Cette interview a été diffusée dans un certain nombre de villes du Midwest et elle a représenté une première dans cette région. L'année suivante, Dorothy écrivait : « L'assurance et la confiance d'Archie tiennent du miracle. »

Il y a eu aussi des actions directes sur le terrain. Au début de 1939, Jack D., un des « pigeons » New-Yorkais de Bill Wilson, qui était retourné à Cleveland après être devenu abstinent, est allé voir un de ses amis à Youngstown du nom de Norman Y.

L'abus d'alcool frelaté l'avait rendu totalement aveugle. Il avait aussi perdu sa femme, sa famille et son travail.

« Je vivais au sous-sol d'un immeuble à appartements, a raconté Norman en 1977, sur un matelas à même le sol. Je savais que j'étais alcoolique mais il a fallu deux heures à Jack pour me faire admettre que j'étais impuissant devant l'alcool. Après, il m'a dit : Disons une prière.

« À une certaine époque, il gagnait 150 000 dollars par an, poursuit Norman, et le voilà maintenant assis sur mon matelas, le bras autour de mon épaule. – Seigneur, nous sommes deux alcooliques, et nous désirons changer notre mode de vie. Nous ne voulons plus nous laisser embêter par cet alcool. Avec ton aide, nous savons que nous pourrons y arriver.

« Voilà comment je suis entré chez les AA. Il n'y avait pas de réunion dans les environs. Je suis resté abstinent et tout ce que je disais, c'était *merci* à chaque heure de la journée. Après huit semaines d'abstinence, quatre personnes – deux hom-mes et deux femmes – se sont rassemblées à Youngstown. Ils avaient été soignés dans les hôpitaux de Cleveland et de Pittsburgh. Ils ont parlé un peu du Groupe Oxford, un peu de Bill et de Dr Bob, et ils ont récité le Notre-Père.

« Ils avaient tous un boulot. Plus tard, un des deux hommes est venu me parler : – Laisse-moi te dire une bonne chose, vieux clochard aveugle. Tu n'as pas plus envie de rester abstinent que d'aller sur la lune. Ta seule raison de venir ici, c'est de faire la connaissance de ces gens et de leur quêter de l'argent. Je te conseille de te tenir loin d'ici.

« Voilà quelle a été ma première réunion AA. Je suis retourné sur mon matelas, je me suis couché et je me suis dit : Je vais me soûler et retourner tuer ce bâtard. Je tuerai sa femme, puis je le tuerai lui aussi. Ou plutôt non, je vais tuer tout ce beau monde des AA.

« Quelque chose en moi a dit : Vas-y, mais vas-y régulière-ment. Et n'accepte aucune aide matérielle de qui que ce soit ».

Il n'a jamais rien demandé, ni boulot, ni transport pour aller parler à des réunions, rien. En fait, en 1940, quand il a finalement trouvé un travail auprès d'autres aveugles, Norman s'est mis à économiser dix pour cent de son salaire pour payer ses déplacements, sa contribution aux réunions et d'autres dépenses pour les AA.

« En 1940, raconte Norman, je me suis rendu à une réunion à l'école King. C'était la première fois que je rencontrais Dr Bob. « Comment as-tu fait pour te rendre ici, m'a-t-il demandé ?

– Je suis venu en autobus.

– On ira te reconduire.

– Non, je retournerai comme je suis venu.

– Tu es trop indépendant. »

« Il était vraiment amical, mais si énergique », poursuit Norman qui, cinq ans plus tard, a retrouvé sa femme et sa famille. « Je ne pouvais pas le voir, et cela me rendait timide et renfermé. Nos personnalités ne se sont pas accordées du premier coup.

« Bill (Wilson) était doux, calme. Je me sentais en paix et serein en sa compagnie. Mais dans son for intérieur, c'était lui le promoteur. Bob lui disait : Ne le vends pas. Donne-le leur.

« Bob était merveilleux. Il avait les pieds sur terre. Je vais vous dire ceci. Plus tard, je lui ai raconté des histoires qui m'arrivaient au boulot et chaque fois, il éclatait de rire. Sa femme voulait m'adopter comme son propre enfant. Dr Bob restais assis à écouter et c'est elle qui entretenait la conversation. »

XIV. Les AA et l'hôpital St. Thomas

Ni Dr Bob, ni Sœur Ignatia n'ont jamais dit à quel moment ils ont envisagé de traiter des alcooliques à l'hôpital St. Thomas. Leurs conversations à ce sujet se sont étalées sur une très longue période mais Bob y songeait d'autant plus sérieusement que la situation se détériorait à l'hôpital municipal.

« Nous avons souvent discuté du problème de l'alcoolisme et des tragédies provoquées par l'excès de boisson », dit Sœur Ignatia, qui ajoutait qu'elle arrivait pas à comprendre pourquoi elle devait renvoyer un alcoolique au bord du délirium tremens et en accepter un autre au crâne défoncé. Tous deux étaient malades et avaient besoin d'aide.

Elle rappelait aussi que tout ce qu'ils pouvaient faire pour celui qui frôlait le délirium tremens était d'appeler la police afin de lui éviter un accident. En fait, elle pouvait nommer cinq hommes qui avaient eu de « terribles accidents » et qui, par la suite, s'étaient joints aux AA. Parmi eux, figuraient deux des tout premiers membres, Bill V.H. et Dick S.

« Je crois que le Docteur a dû s'en souvenir longtemps, raconte Sœur Ignatia. Un jour, un conducteur ivre a causé une collision entre trois ou quatre voitures. Certaines victimes de cet accident ont été admises à l'hôpital municipal et d'autres chez-

nous. Et je crois avoir dit au Docteur : « N'est-ce pas dommage qu'on ne puisse rien faire pour ces gens avant qu'ils ne se retrouvent dans un tel pétrin ? »

« Mais nous avons essayé de les aider, m'a-t-il répondu. Nous travaillons sur quelque chose, en ce moment. Nous ne sommes pas encore très avancés, mais nous essayons. » Je ne me souviens pas exactement de ce qu'il a dit mais c'était une sorte de combinaison de médecine et de spiritualité.

Puis un jour, à mon grand étonnement, Dr Bob m'a parlé de ses propres problèmes de boisson. Je pouvais à peine le croire car je ne l'avais jamais vu ivre. Il m'a parlé de son contact avec le Groupe Oxford et comment, après avoir assisté à plusieurs réunions, il s'était retrouvé avec la Bible dans une main et un verre dans l'autre. Il m'a raconté sa rencontre providentielle avec Bill et il a résumé le chemin parcouru entre 1935 et 1938. »

Sœur Ignatia se souvient avec encore plus de précision du jour où Dr Bob est arrivé à St. Thomas. Il venait d'un autre hôpital où on lui avait signifié en termes clairs d'aller « abriter ailleurs ses patients tremblotants », pour employer les mots de Sœur Ignatia. « Je n'avais jamais vu le Docteur déprimé avant ce jour mémorable, dit-elle. J'ai cru qu'il était malade mais j'ai vite compris la cause de son découragement.

« Dr Bob a exposé son problème mais j'avais peur d'admettre un alcoolique. Peu de temps auparavant, de ma propre initiative, j'en avais accueilli un. Je l'avais placé en médecine générale et je lui avais fait promettre de ne pas faire de bruit et de ne pas causer d'ennuis. Le lendemain matin, la surveillante de nuit m'a dit en termes sans équivoque que la prochaine fois que j'admettrais un cas de délirium tremens, je n'aurais qu'à rester debout toute la nuit et à courir après lui dans les couloirs.

« Naturellement, poursuit Sœur Ignatia, cette expérience

Jadis circonspecte avec les alcooliques, Sœur Ignatia a appris comment ils pouvaient être aidés et elle est devenue une grande amie des AA.

m'avait échaudée et quand le Docteur m'a demandé d'accueillir son malade, j'étais un peu nerveuse. Mais il m'assura qu'il veillerait à ce que son patient ne cause aucun problème et j'ai bien voulu essayer.

« Le lendemain, j'étais assez fière de moi car la surveillante de nuit ne s'était plainte de rien. Peu après, le Docteur est descendu me voir : – Ma Sœur, pourriez-vous transférer mon patient dans une chambre privée ? Quelques hommes viendront le visiter et ils voudraient lui parler en privé. »

« Docteur, ai-je répondu, nous n'avons pas de lit et encore moins de chambre privée, mais je vais voir ce que je peux faire. J'ai regardé s'il y avait des congés mais en fin de compte, j'ai pensé au local où nous arrangions les fleurs des malades. Je n'étais même pas certaine qu'un lit pourrait passer la porte mais grâce à Dieu, cela allait. Nous y avons placé le patient et il a été tout à fait satisfait car des hommes sont venus le voir, lui ont parlé, et il a oublié le reste.

« Ces hommes qui sont venus le voir nous ont étonnés, ajoute Sœur Ignatia. Je pensais qu'ils auraient probablement l'air..., en fait, je ne sais pas à quoi je m'attendais. Mais c'étaient des gens très bien. Je ne pouvais pas croire qu'ils étaient alcooliques. Plus tard, je le leur ai demandé et ils m'ont dit qu'ils étaient bien des alcooliques. Ils devaient être quatre ou cinq. Ils organisaient leurs visites de façon à ne pas être là tous en même temps.

« Je me fiais à ce que le Docteur me disait pour le type de traitement et la durée des séjours. »

Cela se passait en août 1939. Dr Bob ne put jamais se rappeler quelle était exactement la politique de St. Thomas à cette époque ; il ne se rappelait pas non plus s'être jamais renseigné à ce sujet. Mais à partir de ce moment et jusqu'à sa mort, quatre mille huit cents alcooliques ont été admis à St. Thomas et traités par lui.

La collaboration entre Dr Bob et Sœur Ignatia pour l'admission des ivrognes à St. Thomas a été de plus en plus étroite à partir de l'automne 1939. Cependant, une chose tracassait Sœur Ignatia : les Alcooliques anonymes paraissaient étroitement liés au Groupe Oxford.

« À l'époque, je craignais que nous puissions être impliqués dans une secte religieuse ou quelque chose du genre », rappelle Sœur Ignatia. Elle a demandé alors à un prêtre récemment ordonné, le Père Vincent Haas, de se renseigner sur les réunions pour elle.

Il y avait à peine quelques jours qu'ils s'étaient rencontrés lorsque la religieuse a demandé au prêtre de parler à un alcoolique dont la femme était enceinte. Il a fait son possible mais, après une heure, l'homme lui a demandé : « Vous est-il déjà arrivé d'être soûl pendant toute une semaine ?

– Non, répondit le jeune prêtre ; en fait, je ne bois pas.

– Alors, vous ne savez pas de quoi vous parlez, dit l'homme. Revenez quand vous aurez bu toute une semaine. »

Peu après, Sœur Ignatia a demandé au Père Haas s'il s'y connaissait en matière d'alcoolisme. « Je le voudrais bien », répondit-il. Elle le pria alors d'aller se renseigner chez les AA. « Elle-même, en tant que religieuse, ne pouvait pas sortir », dit-il.

Heureusement, le groupe avait alors déménagé à l'école King et le Père Haas fut favorablement impressionné. Il a dit à Sœur Ignatia que, si les AA continuaient dans cette voie, ils deviendraient un des grands mouvements de lutte contre l'alcoolisme.

Suite à ce rapport, Sœur Ignatia et Dr Bob ont mis au point « un programme bien défini pour traiter les patients alcooliques ». Ils ont obtenu l'approbation du doyen catholique d'Akron et de la Révérende Mère Clémentine, la directrice de St. Thomas.

« Il fut un temps où les alcooliques étaient pour nous un fameux problème, dira plus tard la Révérende Mère. « Nous ne craignions pas qu'ils sautent par la fenêtre, mais plutôt qu'il causent de sérieux ennuis. Aujourd'hui, grâce à ce traitement, les choses ont évolué. Manifestement, le docteur Smith sait comment traiter ces patients. »

Entretemps, Sœur Ignatia avait trouvé une autre tâche pour le Père Haas. « L'aumônier de l'hôpital ne voulait pas entendre les alcooliques en confession, dit-il, car il ne croyait pas qu'ils se repentaient sincèrement. Sœur Ignatia m'a déniché un endroit calme et retiré où je pouvais les écouter. Elle avait un amour immense pour Dieu et pour les gens. Pour beaucoup, elle fut une mère, une sœur et une amie. »

Sœur Ignatia a alors été chargée de mettre au point un projet permanent de traitement des alcooliques en milieu hospitalier, en coopération avec Dr Bob. Comme le groupe des AA d'Akron, le programme de St. Thomas devait par la suite servir de modèle pour bien d'autres hôpitaux du pays, sinon du monde entier.

« Au début, nous y sommes allés lentement et prudemment, dit Sœur Ignatia. Nous nous efforcions de donner à nos patients une chambre privée afin que les AA qui les visitaient puissent leur parler en toute tranquillité. Très vite, nous nous sommes rendus compte qu'ils s'en tiraient mieux avec d'autres patients dans des chambres de deux ou quatre lits. La thérapie de groupe aide chacun à s'oublier en aidant les autres. Le patient apprend qu'il y a plus de joie à donner qu'à recevoir, et que c'est un privilège de pouvoir aider les autres. Chacun est tellement occupé à aider les autres qu'il n'a plus le temps de penser à boire. »

Le nombre d'alcooliques admis en traitement augmentant d'année en année, on passa à une salle de huit lits. Une extrémité de la pièce était équipée d'une cuisine avec des chaises confortables, un sofa et une machine à café. Le couloir servait de salon où les malades pouvaient recevoir la visite de leurs parrains.

Les visites se sont transformées en discussions continuelles, de midi à dix heures du soir, entre les AA et les patients. Un membre qui avait été actif à St. Thomas dans les années 1940 se rappelait qu'il y avait en moyenne au moins quinze visiteurs par jour. Au bout de cinq jours de traitement, le futur membre des AA avait donc rencontré de soixante à cent visiteurs, parmi lesquels il pouvait certainement s'entendre avec quelques-uns.

Les malades ne pouvaient recevoir que la visite des AA et il n'y avait parmi eux aucun récidiviste. Cette dernière pratique évitait à un nouveau d'avoir un aperçu démoralisant du programme de la bouche de quelqu'un qui aurait essayé une fois et échoué. Le patient alcoolique bénéficiait d'autres avantages : examen physique, bonne diète, sommeil régulier et médecins disponibles en cas d'urgence.

« L'expérience nous avait montré que le programme échouait dans les établissements où la majorité des patients se composait de récidivistes, précise Sœur Ignatia, car cette situation crée une atmosphère de pessimisme et de découragement. »

La situation a cependant évolué. Voici ce que racontait un pionnier de la région d'Akron en 1977 : « À cette époque, il était d'usage d'être admis une fois seulement dans la salle réservée aux AA. Aujourd'hui, c'est une fois par semaine. En ce temps-là, si Sœur Ignatia vous surprenait un journal à la main, c'était ... disons qu'elle piquait une sainte colère. Et si vous vous plaigniez de n'avoir rien à lire, elle vous disait que vous n'étiez pas là pour lire mais pour vous soigner. »

Joe P. (le AA d'Akron qui avait été le condisciple de Bob au Collège de Dartmouth) a expliqué que tous les AA partageait ce point de vue au début des années 1940 : « Si vous aviez quelque chose sur le cœur, c'est de cela que vous parliez, et non de sport ou de politique.

« Nous étions un groupe de neuf personnes qui visitaient l'hôpital tous les jours, poursuit Joe. Nous pensions que si vous étiez hospitalisés, vous étiez plus malades que vous ne le seriez jamais et que vous vous deviez à vous-même d'aller mieux. En deuxième lieu, vous le deviez à ceux qui prenaient le temps de vous rendre visite, et la moindre des choses était d'écouter attentivement ce qu'ils avaient à vous dire.

« Dr Bob pensait que, si vous étiez sérieux, vous feriez l'effort d'utiliser tous les moyens disponibles. Et il était quelque peu ennuyé si vous n'y arriviez pas, poursuit Joe. Je crois que c'est lui qui a décidé qu'on ne pouvait être admis qu'une fois à la salle des AA. L'autre jour, j'ai rencontré un gars que j'ai conduit huit fois à l'hôpital, et il est toujours au même point. »

« Aujourd'hui, c'est différent, reconnaît Dan K., un autre AA d'Akron. Quand j'étais moi-même à St. Thomas, j'ai vu un homme pleurer. « Pourquoi pleure-t-il, ai-je demandé à l'infirmière.

– Il pleure à cause de Franklin.
– Quel Franklin ?
– Franklin Roosevelt. »

« Le Président était mort, et je n'en savais rien ! Ils nous ont apporté le *Plain Dealer* le jour de l'investiture de Harry Truman, afin que nous puissions prendre connaissance des manchettes. »

« À l'hôpital, poursuit Dan. Dr Bob expliquait les rudiments du programme. Il insistait toujours sur *Agir aisément* et *L'important d'abord*. Nous appelions la salle des AA le camp d'entraînement des Alcooliques anonymes.

« Bob disait qu'il existait un moyen facile et un moyen difficile. Le moyen difficile était de se contenter d'aller aux réunions. Le facile consistait à passer cinq jours à St. Thomas où vous entendiez plus de témoignages qu'ailleurs en six mois.

« C'est de partout que les gens venaient à St. Thomas, dit Dan. Un jour, on exposa une carte du monde. Elle était striée de lignes rouges qui partaient de différents pays et convergeaient vers St. Thomas. *Vous voulez dire que des alcooliques viennent du monde entier ?* demanda une femme. Je pense que nous en avons bien assez à Akron. Il ne nous en faut pas plus. »

Néanmoins, on raconte encore l'histoire du type qui arriva

Un grand nombre de rétablissements ont débuté dans la salle des alcooliques de St. Thomas, sous les soins de Dr Bob et de Sœur Ignatia.

en cure dans son avion privé. – S'il-vous-plaît, priez pour moi, demanda-t-il à Sœur Ignatia.

– Bien sûr, mais priez aussi pour vous-même, il n'y a rien que Dieu apprécie plus qu'une voix inconnue. »

Plus tard, on a fait communiquer la salle AA avec le jubé de la chapelle, où les patients pouvaient se rendre à tout moment, même en pyjama. « Qu'est-ce qui pourrait favoriser davantage la régénération spirituelle, mentale et morale d'une personne que cinq à sept jours dans un établissement où règne une ambiance spirituelle ? » disait Sœur Ignatia.

Naturellement, elle insistait plus que d'autres sur le spirituel. Par contre, elle était persuadée que Dr Bob partageait son point de vue. « Il y avait une chose qui irritait toujours le Docteur, dit-elle. Certains venaient lui dire, après avoir mis le programme en pratique un certain temps : « Je ne saisis pas bien le côté spirituel ». Il répondait invariablement : « Il n'y a pas de côté spirituel, c'est un programme spirituel. »

« Je sens bien que ces gens fuient Dieu, ajoute Sœur Ignatia. Je leur dis que nous sommes tous des enfants de Dieu. Il nous aime, sinon nous ne serions pas ici. Alors, pourquoi ne pas partir d'où nous sommes, pourquoi ne pas plier les genoux au lieu de lever le coude et pourquoi ne pas lui demander son aide ?... »

Tout en insistant sur la prière, Sœur Ignatia savait comment s'y prendre avec chacun. On raconte l'histoire de Morris, un membre juif dont le parrain était un policier irlandais. Morris ne se sentait pas tout à fait à l'aise à St. Thomas. « Lorsque les autres sont partis à la chapelle pour prier, raconte un membre d'Akron, Sœur Ignatia est allée le trouver. « Morris, pourquoi ne t'agenouillerais-tu pas simplement au pied de ton lit pour prier Dieu tel que toi *tu* Le conçois ? » Après cela, elle a été considérée comme une sainte par Morris et sa femme. »

De santé fragile, Sœur Ignatia a été très souffrante une bonne partie de sa vie, mais elle ne perdait jamais son sens de l'humour. Un jour, un ancien malade est venu la trouver : « Ma Sœur, je fête mes dix ans d'abstinence.

« C'est magnifique, répliqua-t-elle, mais n'oublie pas que si tu as encore besoin de nos services, nous aurons toujours un pyjama à ta taille. »

Chaque fois qu'un patient obtenait son congé, Sœur Ignatia lui remettait une médaille du Sacré-Cœur en lui demandant de la lui rapporter avant de prendre son premier verre. Parfois, elle lui donnait également une médaille de Saint Christophe, mais elle lui recommandait de ne pas rouler trop vite. « Saint Christophe descend de voiture au-delà de 80 à l'heure », prévenait-elle.

Sœur Ignatia a dit de Dr Bob qu'il était « la dignité professionnelle personnifiée. Il avait un bon sens de l'humour et un vocabulaire exceptionnel. Grâce à une petite phrase humoristique ou à un mot d'argot, il donnait à la conversation un caractère définitif qui ne laissait aucune place à la critique ou au commentaire. Il n'avait pas de temps à consacrer au bavardage inutile et il exprimait le fond de sa pensée le plus succinctement possible.

« Dr Bob s'intéressait à toutes les activités du service, ajoute Sœur Ignatia. Tous les jours, et gratuitement, il rendait visite aux malades, jusqu'à ce que sa santé décline.

« Au début, il rencontrait lui-même les patients, avant ou après leur admission. Après sa tournée du matin, il me disait parfois : *Ma sœur, il y a là-haut un mec qui ne veut pas du programme.* Je lui faisais alors un récit pathétique ; je parlais de sa femme, de ses jeunes enfants, de son boulot qu'il risquait de perdre s'il ne changeait pas radicalement. Le Docteur secouait la tête et répondait : *Ma sœur, c'est qu'il n'est pas prêt.* Il avait toujours raison.

« L'expérience m'a appris que forcer quelqu'un à accepter le programme était une perte de temps ». Beaucoup de ces patients m'inquiétaient. Ils arrivaient avec leurs plaintes, imaginaires ou non. Je n'aimais pas déranger le Docteur trop souvent. Alors, j'appelais Anne dont l'avis m'était précieux. Son calme, le ton apaisant de sa voix, sa compréhension si sympathique m'encourageaient. Elle trouvait toujours la réponse adéquate. Avec

toute sa diplomatie, elle présentait le problème au Docteur et me
téléphonait ensuite pour me donner un conseil.

«Je ne me suis pas rendue compte des difficultés de Dr Bob
mais plus tard, il m'a dit qu'il lui était arrivé d'entendre des médecins dire, alors qu'il se préparait pour une intervention, *Ici,
pour trouver un lit, il faut être ivrogne.* Il continuait à se préparer en faisant semblant de ne pas avoir entendu. Ce genre de remarques le faisait souffrir mais les choses ont bien changé plus
tard.

«J'étais moi-même confrontée à pas mal de difficultés.
J'entendais les remarques de médecins et même d'infirmières
qui disaient qu'à moins d'être alcoolique, il était bien difficile
d'obtenir un lit à l'hôpital. Dans ces cas-là je restais aveugle,
sourde et muette.»

Sœur Ignatia s'efforçait d'aider ceux dont elle s'occupait à
entreprendre leur inventaire de la Quatrième Étape et elle leur
disait comment se débarrasser de la colère et du ressentiment.
Elle croyait en la réparation dont parle la Neuvième Étape. Elle
trouvait que dans les années 1950, au moment où elle racontait
ses souvenirs, on y attachait moins d'importance qu'au début.
« Je me souviens de ces premiers hommes qui venaient me trouver après avoir réparé leurs torts. *C'est formidable. J'éprouve un
sentiment merveilleux. J'ai l'impression qu'ils sont mes meilleurs amis*, m'a dit l'un deux. »

Sœur Ignatia faisait toujours l'impossible pour réconcilier
les familles. «Lorsqu'il s'agissait du mari, je demandais à sa
femme de venir le voir la veille de sa sortie. «Je ne veux pas le
voir, j'en ai fini avec lui», me répondait-elle.

«Alors, je lui proposais de venir me rencontrer. Elle n'aurait
pas à voir son mari. Et je lui disais ceci : Vous avez parcouru un
bon bout de chemin avec cet homme. Cela ne vaut-il pas la
peine de lui accorder une autre chance avec ce programme ? Ici
nous n'avons pas seulement une méthode pour arrêter de boire.
Nous n'utiliserions pas un espace aussi précieux dans l'hôpital
juste pour rendre les gens abstinents. Ce qui nous encourage

tellement, c'est que bon nombre de ceux qui passent par ici partent avec un programme qui les met à l'abri des difficultés. Après tout ce que je viens de vous dire, ne pourriez-vous lui donner une nouvelle chance ? Si vous pouvez le faire, si vous pouvez tirer le rideau sur le passé et prendre un nouveau départ, je peux vous assurer que nous allons vous rendre l'homme que vous avez épousé jadis. Puis je terminais en disant : – Bien sûr, vous ne voulez pas le voir. – C'est peut-être lui qui ne veut pas me voir. – Eh bien ! je vais aller voir. Attendez-moi ici. Après tout, cela dépend de vous deux. Je ne veux pas intervenir dans votre ménage. »

« Puis, je coïnçais le mari dans un coin et je lui disais : – Vous savez qui est dans mon bureau ? Votre femme. Mais je suppose que vous ne voulez pas la voir ? – Cela me gêne de lui parler. – Bien, aimeriez-vous la voir ? Elle le voudra peut-être si je lui parle ? »

« Je parvenais donc à les réunir. J'entrais avec lui et, dès que la glace était rompue et qu'ils commençaient vraiment à se parler je prétextais un appel téléphonique ou autre chose et je les laissais seuls. »

À la mort d'Anne en 1949, Sœur Ignatia écrivit une lettre à Bob dans laquelle elle rappelait certaines expériences qu'ils avaient vécues tous ensemble.

La veille de Noël, Bob répondit par une note éloquente dans le style bref qui lui était propre : « Ma chère Sœur, ma plus grande chance est d'avoir bénéficié de l'amitié de quelqu'un d'aussi dévoué et authentique que vous. Vous avez tant de fois fait la preuve de votre amour, de votre loyauté et de votre gentillesse que je ne pourrai jamais assez vous remercier. Dans toute une vie, on ne peut rencontrer qu'une ou deux personnalités comme vous. Pour le rare privilège d'avoir pu vous connaître, je me sens humblement reconnaissant. Puisse Dieu vous bénir éternellement. Avec beaucoup d'amour, Dr Bob Smith. »

C'est à cette époque que Dr Bob a fait sa dernière visite à la salle des AA, peut-être le jour de Noël 1949. Ce jour-là, Sœur

Ignatia a joué de l'orgue pour lui et lui a montré les magnifiques nouveaux carillons qui prouvaient que les critiques, dix années auparavant, s'étaient muées en une totale coopération.

En 1952, Sœur Ignatia a été mutée de St. Thomas à l'hôpital St Vincent Charity de Cleveland pour y diriger la salle des alcooliques. Elle a suggéré qu'on donne à cette salle le nom de *Rosary Hall Solarium* (Salle du Rosaire). Au-dessus de la porte, les initiales R.H.S., gravées d'une jolie écriture, s'avèrent être *par hasard* les mêmes que celles de Robert Holbrook Smith.

Au cours de sa vie, Sœur Ignatia a participé au traitement de milliers d'alcooliques. Cela lui a permis non seulement d'acquérir une vaste connaissance du problème, mais aussi du langage qui s'y rattache, très voisin de celui de Dr Bob.

Dans un article d'un journal de Cleveland, on trouve le discours que Sœur Ignatia tenait aux nouveaux arrivants dans les années 1950 : « Les gars, certains d'entre vous ont sans doute commencé avec de l'excellent whiskey et, peut-être même en êtes-vous restés là. Mais je parie que pas mal d'entre vous sont passés ensuite au rhum de mauvaise qualité et au sherry, pour finir par l'alcool à friction et l'antigel. Certains ont sans doute passé des journées entières dans des bars, à moitié soûls, sans argent ni carte de crédit, priant le ciel qu'un *copain* finisse par entrer. »

Quand Sœur Ignatia mourut en avril 1966, elle fut décrite dans son éloge funèbre comme une charmante et radieuse petite femme, sans autre aspiration que d'être une petite Sœur de Charité, humble, effacée et anonyme.

« Elle n'avait aucune idée de ce qu'étaient la grandeur et la célébrité, a dit le prêtre. Plus elle essayait de dissimuler sa sainteté, plus celle-ci apparaissait évidente à tous. »

Bill l'a dit aussi à sa manière, lorsque Sœur Ignatia a demandé que son nom ne soit pas publié dans le second article écrit par Jack Alexander dans le *Saturday Evening Post*. « Pour être anonyme, ma Sœur, il faudrait que vous preniez un petit verre. »

La citation favorite de Sœur Ignatia était le divin paradoxe exposé par Saint Paul aux Corinthiens (I, 27) : « Ce qu'il y avait de fou dans le monde, Dieu l'a choisi pour confondre les sages, et ce qu'il y avait de faible dans le monde, Dieu l'a choisi pour confondre les forts ; ce qu'il y avait de vil, ce qui ne comptait pour rien, ce qui n'était pas, Dieu l'a choisi pour annuler ce qui était, afin que nulle chair ne se vante devant Dieu. »

xv. Croissance soudaine à Cleveland

Les membres des AA de Cleveland faisaient le maximum pour transmettre le message, mais, comme le disait Dorothy S.M. : « Ce n'était qu'essais et erreurs avec une part plus grande d'erreur. Nous ne supportions pas que quelqu'un continue de boire. Je me souviens d'un homme que nous avons pourchassé. Il restait abstinent quelque temps, se soûlait et disparaissait. Nous l'avons cherché dans tout l'Ohio, nous l'avons sorti de prison, et nous l'avons ramené de force.

« Je pensais que tant qu'il y aurait un membre des AA, personne à Cleveland – et nulle part ailleurs – ne devait être ivre. Je me suis donc mise à arpenter les rues pour montrer le livre des AA à différents libraires. Je suis allée à la bibliothèque publique pour tenter d'obtenir des commandes. Mais personne ne voulait m'écouter, on me regardait comme une illuminée. »

En octobre 1939, Dorothy a écrit ce qui suit à Ruth Hock, du bureau de New York : « Hier soir, Doc Smith m'a dit que Dieu avait un ou deux messagers à part moi et qu'il pouvait mettre le monde entier au lit ou accrocher le soleil dans le ciel sans moi. J'adore Doc pour ce genre de remarques. J'ai mis les freins, du moins mentalement. »

En parlant de Dr Bob, Ruth écrivait à Dorothy : « C'est curieux, même si je ne l'ai rencontré qu'une seule fois, je crois que c'est un des meilleurs amis que j'aie jamais eus. » Des années plus tard, Ruth (qui était alors mariée à un AA du sud de l'Ohio) rappelait que Dr Bob savait toujours manifester de la sympathie et de l'intérêt, qu'il avait un regard malicieux et qu'il aimait taquiner les jeunes.

« C'est vrai que ses yeux pétillaient de malice, confirme Smitty, le fils de Dr Bob. Les femmes trouvaient aussi qu'il avait énormément de magnétisme. Il était très courtois et très flatteur envers elles. Elles le savaient et elles aimaient ça. »

Un autre médecin parmi les alcooliques a reçu beaucoup d'attention des AA de Cleveland. Lorsque le premier groupe a été formé, Clarence a écrit à Hank P. que « les gars suivent le docteur à la trace et le surveillent avec des yeux d'aigles pour le garder dans le droit chemin tant que la période dangereuse ne sera pas passée ». Il faisait allusion au docteur Harry N., qui n'était abstinent que depuis quelques semaines et qui a ensuite consacré une grande partie de son temps à s'occuper des nouveaux membres hospitalisés.

Les AA pouvaient également obtenir des lits à l'hôpital Deaconess de Cleveland grâce aux efforts de Edna McD., épouse de l'un des membres. D'après Al G. (l'avocat chez qui se sont tenues les premières réunions de Cleveland), Edna était l'infirmière visiteuse du comté et son travail la mettait en contact avec l'administration de tous les hôpitaux du comté.

Elle croyait que le Dr Kitterer, qui était à la fois pasteur et administrateur de carrière du Deaconess, serait mieux en mesure de comprendre la nécessité pour les alcooliques d'avoir un programme spirituel comme celui des AA. Elle le trouvait sympathique.

Dans l'espoir d'obtenir des lits pour les alcooliques et un droit de visite pour les AA, Dr Bob et le docteur Harry N. « s'empressèrent d'aller le trouver, raconta Al. Le révérend Kitterer aimait bien l'idée, mais il devait obtenir l'accord du conseil d'administration. Il a fini par le convaincre, mais le corps médical était très critique. Nous avons fait admettre notre premier patient (un tenancier de bar) à la fin de mai 1939.

«Nous hospitalisions les gens sans prévoir comment nous allions payer les factures, ajoute Al. En 1940, nous devions quelque chose comme 1 200 ou 1 400 dollars. En fin de compte, nous avons recueilli des fonds et nous avons fini par payer cette dette en deux ou trois ans.»

Le docteur N. ne demandait rien pour ses services. Mais quelques années plus tard, un autre médecin, membre lui aussi, a pris la relève et les groupes ont décidé qu'une somme nominale de dix dollars serait ajoutée pour lui sur la facture de chaque malade. «Cette décision a provoqué les discussions habituelles sur le professionnalisme, dit Al. C'est un sujet qui a souvent et vigoureusement été débattu.

«En 1940, l'hôpital St. Vincent Charity, où devait être ouverte plus tard la Salle du Rosaire, a suivi l'exemple du Deaconess en admettant les malades dans des chambres privées. Par la suite, Sœur Victorine a ouvert une salle pour les AA.»

À part le travail avec les patients dans les hôpitaux, il y a eu également d'autres événements significatifs à Cleveland. En octobre 1939, Dorothy S. informait le bureau de New York qu'un comité de sept membres, cinq hommes et deux femmes, fonctionnait dans la région de Cleveland. Ce fut le premier comité central et aussi le premier exemple de rotation chez les AA. En effet, chaque mois, un homme et une femme étaient remplacés par celui et celle qui avaient le plus d'ancienneté après eux.

Bill Wilson a attribué à Al G., le premier président de ce comité, le mérite d'avoir mis sur pied le principe de rotation chez les AA, soit à l'automne 1939 ou au moment de la mise sur pied d'un comité central mieux structuré. «Jusqu'alors, disait Bill, toutes nos affaires étaient prises en charge par les très très anciens et nous supposions tout naturellement qu'il en serait toujours ainsi.» Mais Al était plus vieux que la plupart des autres membres et il devait s'occuper des affaires familiales. Il était donc tout disposé à passer la main.

« Nous nous rencontrions une fois par mois, a raconté plus tard Clarence, puis nous avons décidé d'ouvrir un bureau. Jusque-là, nous avions simplement une boîte postale et un téléphone. » Il ajoutait que le comité avait été mis sur pied pour coordonner les efforts déployés au niveau de l'hospitalisation et du parrainage.

« Cela marche vraiment, note Dorothy dans sa lettre au bureau de New York. Ils désignent des responsables, discutent des tendances et organisent des rencontre sociales : ils pensent à organiser un bal masqué pour l'Halloween. »

On peut se demander s'ils avaient le temps de danser, car Clarence préparait des choses importantes. On ne sait trop comment – les récits varient – il était entré en relation avec un journaliste du *Plain Dealer* de Cleveland et l'avait convaincu d'écrire une série d'articles sur les AA. Ces articles allaient paraître à la fin d'octobre 1939.

Warren C. (ce membre complètement fauché et très fier à son arrivée dans le groupe de Cleveland) a dit ceci à propos de Clarence : « Je pense que Clarence, plus que quiconque du moins ici, prévoyait les immenses possibilités de croissance des AA. Il ne demandait qu'à aller de l'avant. Moi aussi, d'ailleurs. Il voulait que le mouvement grandisse et que les AA forment un tout. Je crois que Doc le soutenait. Il voyait les possibilités d'appliquer le programme face à face, d'homme à homme.

Clarence a fait entrer un journaliste du *Plain Dealer* à une des réunions. Il s'est fait passer pour un alcoolique. Ce n'en était pas réellement un. C'était un écrivain. »

La version de Dorothy est différente. « Clarence a rencontré un reporter, dit-elle. Je suis sûre que c'était un alcoolique. Il est venu à une réunion chez Al G. »

Dans *Le Mouvement des AA devient adulte*, Bill décrit Elrick B. Davis comme « un écrivain fort compréhensif ».

Selon Clarence, *quelqu'un* a amené Davis aux réunions. « Je l'ai persuadé d'écrire une série d'articles sur les AA. Je lui ai dit qu'il pourrait se refaire un nom s'il menait ce travail à bien. Il était menacé d'enfermement et sa carrière était sur le déclin.»

Au lecteur de faire son choix. Vue sous un autre angle, cette divergence dans les témoignages pourrait expliquer pourquoi les AA sont d'avis qu'il revient à chaque personne de s'identifier en tant qu'alcoolique. Même les membres des AA ont parfois des divergences d'opinion.

Qu'il ait été alcoolique ou non, Davis a déclenché avec ses articles une vague de croissance sans précédent chez les AA de Cleveland. Selon Bill, cette série de cinq articles «a fait entrer les Alcooliques anonymes dans une nouvelle période : la production en masse de l'abstinence».

Comme s'il avait prévu ce raz-de-marée, Bill avait écrit ce qui suit à Dr Bob en septembre, après l'article sur les AA du magazine *Liberty* : «Nous grandissons à un rythme alarmant, même si je n'ai plus peur des gros chiffres.» Quelques semaines plus tard, il ajoutait : «Les pressions exercées par les nouveaux et les demandes de renseignement sont si fortes que nous avons dû adopter de plus en plus l'attitude du *c'est-à-prendre-ou-à-laisser*. Assez curieusement, cela produit de meilleurs résultats que lorsque nous essayons d'être tout pour tout le monde partout.»

Les articles du *Plain Dealer* nous fournissent la meilleure description que l'on puisse trouver des AA à cette époque. À l'exception de quelques différences dans les termes et les tournures de phrases, ils ne sont pas démodés quarante ans plus tard.

Par exemple, dans le premier article, Davis raconte que «chaque jeudi soir, de 40 à 50 membres se réunissent pour une soirée amicale. Presque chaque samedi, ces mêmes membres et leurs familles passent la soirée ensemble pour se remonter le moral.

«Les appels à l'aide, écrit-il, sont transmis à un banquier de Cleveland (probablement un caissier, Bill J.), qui dirige le mouvement au niveau local, ou encore à un joueur de baseball de la Ligue américaine (Rollie H.), responsable du recrutement pour le mouvement à Akron.

«Bien qu'une bonne partie de l'effectif d'Akron trouve du soutien dans les pratiques du Groupe Oxford, note encore Davis, il y a plusieurs catholiques et juifs à Cleveland.» Davis faisait valoir que les AA se différenciaient des religions parce que les membres pouvaient choisir leur propre conception de «Dieu tel que nous Le concevons».

À la même époque, Dorothy S., était retournée voir le Révérend Dilworth Lupton, une copie du Gros Livre sous le bras. «Je pressentais, dit-elle, qu'il serait intéressé, maintenant que nous étions détachés d'Akron et que nous n'avions plus de lien avec le Groupe Oxford. Je suis donc allée lui dire que nous n'étions plus un Groupe Oxford et je l'ai invité à venir à l'une de nos réunions.

«Il l'a lu (le Gros Livre), et a dit qu'il viendrait certainement. Il a tenu parole et il a été tellement impressionné qu'il m'a dit : «Dorothy, vous pouvez dire au *Plain Dealer* que je vais prêcher en faveur des AA.»

Cela nous faisait de la publicité. Il était un des ministres protestants particulièrement influents à Cleveland. Ce qu'il disait avait bonne presse.

Dans le *Plain Dealer* du 27 novembre 1939, on peut lire que le Révérend Lupton a intitulé son sermon : «M. X et les Alcooliques anonymes». M. X., c'était Clarence, et ce sermon, édité sous forme de brochure, a été distribué dans la région de Cleveland pendant des années.

Dans son sermon, Lupton mentionnait qu'il y avait chez les AA de la place pour toutes les croyances, grâce au concept d'une «Puissance supérieure à nous-mêmes». «Une telle attitude, ajoutait-il, démontre rien de moins que du génie.»

Clarence avait anticipé jusqu'à un certain point le résultat d'une telle publicité car il avait écrit à Ruth Hock, du bureau de New York, pour lui dire qu'il lui transmettrait toutes les demandes de renseignements afin qu'elle puisse «envoyer des lettres et des livres, comme vous l'avez fait lors de la parution de l'article du *Liberty*».

«Vous recevrez sans aucun doute des demandes directement, puisque votre adresse est mentionnée dans le premier article, ajoute Clarence. Après avoir répondu à ces demandes, envoyez-nous celles des personnes qui désirent un contact personnel. Envoyez-moi toutes les demandes de mon secteur, et envoyez à Doc Smith celles de la région d'Akron et il s'en occupera. Le *Plain Dealer* s'attend aussi à bon nombre de demandes d'information après ses cinq articles. Nous avons aussi en tête d'autres idées de publicité.»

Néanmoins, les résultats ont dépassé toutes les espérances. Le groupe de Cleveland était littéralement noyé sous un déluge d'appels et de demandes de renseignements.

«Le magazine m'a refilé des centaines de noms, dit Clarence. New York m'a aussi envoyé beaucoup de noms de personnes de la région. Tel un directeur des ventes, je les distribuais le lundi matin, en demandant aux membres de s'occuper du suivi et de me faire rapport le mercredi. Comme personne n'avait d'emploi à ce moment-là, ça fonctionnait bien.

«Pendant six à huit semaines, je n'ai pas dormi plus de trois à quatre heures par nuit. Je cherchais des ivrognes toute la journée et après, je répondais à la main à toutes les lettres venant de l'Iowa, de l'Indiana, du Nebraska et d'ailleurs. Il y en avait des centaines. Le groupe grossissait à vue d'œil. Des gens de Cleveland ont ouvert des groupes dans l'Indiana, le Kentucky, l'État de New York, la Californie, l'Illinois.»

«Lorsque ces articles ont atteint Cleveland, se rappelle Dorothy, les gens nous ont tout simplement assiégés. Pendant un mois, notre téléphone n'a pas cessé de sonner. Je restais assise près de l'appareil et je notais les demandes. Ruth (Hock) m'envoyait des listes de gens qui demandaient une aide immédiate. À New York, elle a même reçu des télégrammes. Il y en a un dont je me rappelle : «C'est un cas de vie ou de mort. Appelez-moi tout de suite.»

«Les gens demandaient qu'on aille les voir le jour même et nous n'avions que treize personnes qui pouvaient répondre aux demandes de Douzième Étape. Je dirais que ce premier mois-là, nous avons reçu près de 500 appels. Tous les jours, j'appelais chacun des treize membres et je lui donnais une longue liste de gens à aller voir. Tous les soirs, ils faisaient cinq, six ou huit visites. Je n'ai jamais su comment ils s'y prenaient, mais ils ont répondu à tous les appels.

«En l'espace de deux semaines environ, ajoute Dorothy, l'assistance à nos réunions est passée de 15 à 100. Ceux qui ne pouvaient pas m'atteindre parce que la ligne était occupée venaient frapper à la porte.»

Les articles du *Plain Dealer* ont considérablement aidé à l'implantation des AA dans bien des villes de l'Ohio. Le groupe d'Ashtabula, à quelque 70 kilomètres de Cleveland, constitue un exemple parmi bien d'autres.

Après avoir lu ces articles, un alcoolique d'Ashtabula a déclaré à sa femme : « Je m'en vais à Cleveland. Je vais essayer de voir à quoi ressemblent ces AA ». Voici son récit : « J'ai appelé le numéro indiqué, et ils m'ont dit de prendre tel train. Ils étaient cinq pour m'accueillir. Ils m'ont amené déjeuner mais je ne pouvais rien avaler. Eux, par contre, ont pris un énorme repas et ils m'ont parlé.

« Le train m'a ramené à Ashtabula à seize heures. Je suis revenu de la gare en passant devant tous les bars sans prendre un verre. Le lendemain, je suis retourné à Cleveland et je me suis fait admettre à l'hôpital. Ils venaient me voir jour et nuit. Ils avaient tous de l'argent en poche, ils étaient bien rasés, ils avaient des vêtements repassés. Et moi, je buvais chaque parole qu'ils prononçaient.

« Après, je revenais à Cleveland pour assister aux réunions. Tous ceux qui me connaissaient n'en revenaient pas et attendaient que je rechute. Mais ça n'est pas arrivé. Mon neveu a été la première personne que j'ai persuadée. Nous allions tous deux à Cleveland. Après un certain temps, nous nous sommes retrouvés à plusieurs et nous avons fondé un groupe à Ashtabula. C'était en 1940. »

« Nous n'avions alors d'autre publication que le livre, a raconté Dorothy S.M. à Bill Wilson. Vous nous envoyiez 10 à 15 exemplaires à la fois. C'était comme un commerce de gros. Certains pouvaient payer, la plupart ne le pouvaient pas. Je me souviens qu'une fois, Ruth nous en avait envoyé dix ; nous les avons distribués dans l'espoir que certains paieraient. Très peu ont pu le faire. »

L'expansion des AA, s'est accompagnée de difficultés de croissance, à Cleveland comme à Akron. Il est clair qu'à l'époque, Dr Bob et Clarence S. ont reçu leur part de critiques.

En date du 3 octobre 1940, on peut lire dans le journal de Lois Wilson : « Nous avons rencontré les William d'Akron. Il y a eu de la bisbille là-bas. »

Un peu plus tard le même mois Dorothy écrivait ceci à Ruth Hock et Hank P. : « Ici, les événements se précipitent et se gâtent. Je pense que je dois me tenir prête à ramasser à la petite cuillère Doc, Anne et Clarence quand ils rentreront tout déchiquetés.»

«La publicité faite autour de Doc (elle ne spécifie pas laquelle, peut-être celle de l'article du magazine *Faith*) a réellement mis les membres du Groupe Oxford en colère. On a répandu toutes sortes de calomnies et de ragots! Doc et Anne se sont réfugiés chez-nous samedi soir. Ils étaient tout secoués et paraissaient si vieux que j'en ai été bouleversée. Cela explique mes efforts désespérés pour que Bill vienne nous voir. Je crois que Bob a besoin de Bill pour le réconforter. Il avait l'air si défait et si épuisé. Je suis bien contente que Bill vienne.

«Le groupe d'Akron est mourant et le succès de nos réunions ici (à Cleveland) lui fait encaisser un dur contrecoup; la semaine dernière, nous étions plus de 80 (et crois-moi, Hank, ce n'est pas de gaieté de cœur que nous comptons les scalps). Cette semaine, nous nous attendons à être une centaine.

«Hier soir, quelques aigris ont cloué Clarence au pilori, et de manière peu élégante. Ils l'ont accusé d'acheter la publicité, de faire des profits sur le livre, de mentir et que sais-je encore. Ça fait mal, venant de gens qu'il a aidés. Mais comme tout cela l'aide à grandir!»

Dorothy nous fournit un des premiers exemples de l'optimisme des AA: pas de peine, pas de gain. Dorothy faisait également remarquer que les appels à l'aide allaient en augmentant, que de plus en plus de personnes à l'esprit civique s'intéressaient aux AA, et que les membres qui mettaient le programme en pratique travaillaient jour et nuit avec les nouveaux.

Voici comment Clarence décrivit cette période: «Lorsque l'article (le premier du *Plain Dealer*) est sorti, c'est comme si on avait remué un nid de guêpes. Ce n'était pas de la grande littérature mais l'effet a été terrible! Quelqu'un a dit: «Ce type est un reporter; il va mentionner nos noms dans le journal!»

– Non, lui ai-je répondu, c'est un des nôtres, c'est un ivrogne.

– Il est peut-être ivrogne, mais c'est aussi un journaliste.

«Ce que je disais ne faisait aucune différence, poursuit Clarence, ils étaient contre.»

Des années plus tard, Warren C. rappelait ces événements en ces termes : « Cette histoire a fait du grabuge quand elle a éclaté. Je veux dire qu'ils ont vraiment descendu Clarence. Et pourtant, c'est bien sûr le plus grand geste qui a été posé pour les AA.

« Les AA ont démarré dans la bagarre. Il ont grandi dans la bagarre. Nous étions furieux à propos de cette histoire du *Plain Dealer*. Nous pensions que Clarence allait se faire de l'argent et nous avons voté son expulsion du groupe. Il est parti avec d'autres et a créé un nouveau groupe. »

Le 10 novembre, Clarence écrivait à New York qu'à partir de cette semaine-là, il y aurait trois groupes à Cleveland « et au début de l'année prochaine, je m'attends à ce qu'il y en ait au moins deux autres. À l'heure actuelle, nous sommes une soixantaine de AA, pour la plupart actifs dans le mouvement, et il faut encore en ajouter entre 15 et 20 dont nous nous occupons de différentes façons. En se divisant en plus petits groupes, le nombre devrait encore s'accroître considérablement d'ici un ou deux mois ».

Tout en passant sous silence les problèmes qu'il rencontrait auprès des membres de Cleveland, Clarence notait que les membres Groupe Oxford « sont dans tous leurs états parce qu'ils ont tenté sans succès de se faire de la publicité.

« Je ne peux vous citer que huit cas de rechute depuis que notre groupe a commencé il y a six mois. Nous trouvons que la bonne réponse est de mettre les gars tout de suite à l'œuvre ; il faut les laisser se débrouiller et susciter leur enthousiasme.

« La publicité faite autour de nous a retenu l'intérêt des pasteurs, des médecins, du corps médical en général, des organismes de bienfaisance, des hommes d'affaires et des clubs de femmes. Je crois que c'est le moment idéal pour recevoir la visite de Bill. Nous l'attendons demain. »

Lorsque Clarence est parti en « emmenant ses amis », il a mis sur pied le groupe Borton, qui se réunissait sur les hauteurs de Cleveland, dans la maison de T.E. Borton, un riche non-alcoolique. (Ce n'est que bien des années plus tard que la Conférence des Services Généraux s'est prononcée contre la pratique qui consistait à donner à des groupes AA des noms de personnes, membres ou non du mouvement, vivantes ou mortes.)

Une semaine plus tard, Warren créait, dans le quartier ouest de Cleveland, un groupe baptisé plus tard le groupe «Orchard Grove». «J'allais aux deux réunions, raconte Warren. Dans l'est, nous étions passés d'une poignée à une quarantaine. Et dans l'ouest, grâce aux appels que nous avions lancés, nous étions vingt-deux.»

Le 16 novembre, Lois écrivait ceci dans son journal : «Nous sommes allés à une réunion à Cleveland en voiture. Formidable soirée. Clarence, Jack (peut-être Jack D. de New York, un des *pigeons* de Bill) et Bill ont pris la parole. Puis, Bill et moi avons couru à une autre réunion. Nous avons rencontré M. Lupton, un pasteur unitairien qui va faire un sermon le 26 novembre, et Elrick Davis, qui a écrit les articles du *Plain Dealer*.»

Quels qu'aient été ses sentiments à l'égard de la séparation, Bill ne manifestait aucun favoritisme. Il s'est rendu à *toutes* les réunions.

En décembre, voici ce que Clarence écrivait à Ruth : «On s'active ici, il n'y a pas de trêve en vue. Notre bande se compose de 90 membres répartis en trois groupes et il y a un tas de nouveaux dont nous nous occupons en ce moment. Les hommes et les femmes auront un hiver bien occupé.»

Il y a eu un autre événement important qui ne semble pas avoir été mentionné dans les premiers récits sur les AA. Le 12 décembre 1939, Clarence écrit à Ruth Hock que le *Matt Talbot Wagon Club* se compose maintenant de 88 membres et «accomplit un travail magnifique». Les *wagons* servaient à ramasser des vieux meubles que les membres réparaient et revendaient. Comme le souligne Clarence, «ils ont le feu sacré depuis les articles du *Liberty* et du *Plain Dealer.*

«Nous collaborons étroitement avec eux. Ils ne retirent aucun profit de l'hospitalisation ou de l'hébergement. Tous sont des gens de passage, des vagabonds ostracisés par la société. Il y en a neuf parmi eux qui travaillent maintenant. Ils se servent de notre méthode et suivent pratiquement le même programme lorsqu'il s'applique à leurs besoins et à leur mode d'organisation.»

Le *Wagon Club* n'était pas un groupe des AA, mais il y avait une sorte de coopération, puisque ses membres utilisaient le même programme et les mêmes méthodes. En tout cas, il a probablement représenté les premiers efforts par des AA en vue de rejoindre les alcooliques qui n'étaient pas mariés et issus de la classe moyenne comme les premiers membres alcooliques du Groupe Oxford.

«Nous avons largement dépassé la centaine maintenant, poursuit Clarence. Les trois groupes grossissent constamment et assez rapidement. Il sera bientôt temps d'en créer un nouveau. Nous connaissons un succès peu commun. Il y a seulement quatre gars qui ont rechuté au cours des deux derniers mois, en comptant les nouveaux. Mais actuellement, tout le monde va bien.»

«Nous, les pionniers de New York et d'Akron, écrira Bill plus tard, demeurions perplexes devant le phénomène d'un progrès si fulgurant. N'avions-nous pas peiné durant quatre longues années, ponctuées par d'innombrables échecs, avant de pouvoir réunir une centaine de membres abstinents. Et voilà qu'à Cleveland une vingtaine de membres, pratiquement sans expérience, se voyaient entourés de centaines d'adeptes à la suite des articles parus dans le *Plain Dealer*. Comment pourraient-ils tenir le coup ? Nous l'ignorions.

«Mais un peu plus tard, nous avions notre réponse. Cleveland comptait alors une trentaine de groupes et plusieurs centaines de membres. Ils avaient traversé les terrifiantes difficultés de la croissance et des problèmes épouvantables dans les groupes. Pourtant, ces querelles familiales n'arrivaient pas à éteindre la demande massive d'abstinence. En vérité, les résultats observés à Cleveland étaient excellents. Leur bilan était si merveilleux et le cheminement des AA était si lent dans le reste du pays que plusieurs membres de Cleveland ont cru que leur ville avait réellement été le berceau du mouvement des AA.

«Les pionniers de Cleveland avaient démontré trois points essentiels : la valeur du parrainage individuel ; l'efficacité du Gros Livre pour la formation des nouveaux et le fait remarquable que la transmission du message pouvait permettre au Mouvement d'atteindre son plein développement».

XVI. La rupture entre les AA d'Akron et le Groupe Oxford

Peu de choses ont été écrites sur la rupture entre les AA d'Akron et le Groupe Oxford. Bob lui-même ne s'est jamais beaucoup étendu sur la question, se souvenant qu'il faut « surveiller ce membre souvent fautif qu'est notre langue ». Personne ne se rappelle l'avoir jamais entendu commenter directement ce sujet, sauf pour dire qu'il commençait à y avoir trop de monde chez T. Henry.

Comme nous l'avons vu, cette séparation a été longue à venir et lorsqu'elle s'est produite, personne n'aurait pu dire avec certitude dans quelles circonstances exactement. Lorsque Bill a effectué une visite dans la région à la mi-novembre, c'était surtout pour aider Bob, bien qu'il ne reste aucune trace de leurs conversations. Aujourd'hui, certains membres d'Akron disent que c'est Bill qui aurait conseillé cette rupture à Bob. D'autres, au contraire, disent que Bill lui aurait recommandé de rester avec le Groupe Oxford.

Selon certains, Bob était quelque peu autoritaire pour les questions concernant le Mouvement. À l'opposé, Bill avait tendance à lancer des idées parmi les membres afin d'obtenir leur approbation. «Ce n'était pas dans sa nature, dit Lois, mais il s'efforçait d'agir ainsi.» D'autres ont fait remarquer que Bill pouvait se montrer très persuasif lorsqu'il jugeait qu'une question était importante pour le mouvement. Il se donnait alors beaucoup de mal pour faire partager son point de vue.

À cette époque, selon John et Elgie R., «Toutes les questions d'organisation se discutaient dans le plus grand secret. Bob et Anne allaient à New York parler avec Bill. Quand ils revenaient, la plupart des membres ne s'étaient aperçus de rien.

«Ils (Bill et Bob) ne tenaient pas à attirer trop l'attention sur cette affaire. Peut-être pensaient-ils qu'il valait mieux impliquer le moins de monde possible parce que cela allait faire du bruit pour rien. C'est le genre de choses qui prend du temps.

«Prenez le nom des AA, par exemple, dit John. Ici à Akron, les gens ne l'aimaient pas et ne l'acceptaient pas. Wally G. a dit: «Qu'est-ce que cette histoire de AA? Nous préférons l'appellation *Saint-Jacques.*» Mais Bob a toujours su qu'ils allaient choisir le nom AA.

– Bill et lui l'avaient ruminé assez longtemps, dit Elgie.

– Bien sûr! ajoute John, ils l'avaient décidé avant que nous ne le sachions. Wally, qui contestait ce nom, s'est vite rendu compte que ça ne servait à rien car ils l'avaient déjà choisi. Cela l'a beaucoup blessé. Mais c'était un brave type.»

– Doc et Bill allaient et venaient sans dire quoi que ce soit, dit Elgie. Ils se tenaient à l'écart et laissaient tout le monde se sauter à la gorge. Tout ce temps-là, les choses allaient dans une certaine direction et c'était final. Lorsqu'ils annonçaient leur décision, tous l'acceptaient et on n'en parlait plus. Mais entre temps, les autres AA s'étaient bagarrés ferme en pensant qu'ils avaient leur mot à dire eux aussi.»

Pages suivantes: Partenaires au départ. Dr Bob et Bill ont mué leurs liens au cours des années en une profonde affection.

Un ancien fait remarquer qu'à Akron, les membres considéraient Bill comme « l'homme au complet de flanelle grise », mais Elgie intervient pour dire ceci : « Je n'oublierai jamais la première fois que j'ai vu Bill Wilson. Il était assis derrière moi à une réunion. Je me suis retournée et comme il avait le pied levé, j'ai vu qu'il avait un trou dans sa semelle.

« Il était toujours pas mal silencieux. Il ne parlait jamais beaucoup dans les grandes réunions. Il avait tant de choses à faire, tant de gens à voir. Pour lui, le temps de rester assis, et de discuter était terminé. Il ne venait pas ici pour ça. Il avait déjà eu toutes ces discussions à New York et il supposait que Bob avait tout arrangé ici.

« Je croyais que Bob, Bill, Anne et Lois étaient très intimes, poursuit Elgie. En fait, ils ont eu de bons moments ensemble. »

– C'était une relation tout à fait idéale, reprend John. Je me souviens de ma première rencontre avec Bill et Lois. C'était chez Doc. Le lendemain, j'ai croisé Lois dans la rue. Elle m'a reconnu. J'ai murmuré : *Allons boire quelque chose.* Elle m'a regardé. *Du café*, ai-je ajouté. Elle a fait demi-tour et nous sommes allés prendre un café. J'ai appris à mieux la connaître. Et je la trouvais terriblement gentille. »

À cette époque, Bill était très bien vu dans la région d'Akron-Cleveland, respecté et écouté au moins autant que Dr Bob lui-même. Il n'y a qu'à lire les lettres que Clarence et d'autres anciens de la région lui adressaient, au début des années 1940, afin qu'il les conseille, leur rende visite et les soutienne moralement. Bill peut avoir eu des problèmes à New York mais à Akron et à Cleveland, il dominait comme un vieux sage. Quant à Bob, bien que plus ancien que les autres, il était à bien des égards traité comme un simple membre.

On ignore sans doute les conseils de Bill à Doc à propos du Groupe Oxford, mais Bob E. avait l'impression que les femmes avaient joué un grand rôle dans la rupture finale. Cela n'est pas impossible. Toutes les épouses se considéraient comme des membres des AA et savaient faire valoir leurs opinions. En outre, Anne avait une attitude très protectrice à l'égard de Dr Bob qui, de toute évidence, se faisait durement rabrouer à l'époque. N'oublions pas ce que Smitty disait : Sa mère qui était timide de nature, pouvait se montrer très combative lorsque quelqu'un menaçait sa famille ou les principes des AA.

« Henrietta (Seiberling) n'a pas aimé le livre, dit Bob E. (qui s'était joint au groupe d'Akron très tôt, en 1937). Elle et Anne s'étaient quelque peu brouillées à ce propos. Ensuite, Clarace Williams et Anne se sont brouillées pour une autre raison. On n'a jamais su laquelle.

« Il y eu quelques échanges animés au téléphone. C'était une querelle à trois entre Henrietta, Clarace et Anne. Comme c'est souvent le cas dans de telles situations, les femmes ont pris une décision, et Doc a pris le parti d'Anne. »

Vers le même temps, Bob est allé voir Bill à New York. Celui-ci lui écrivait dans une lettre datée de décembre 39 : « Merci pour ta visite et aussi pour les costumes. Je ne sais pas ce que j'aurais fait sans eux. » Pas un mot du sujet de leur *entretien* ! (Ils ne pouvaient pas prévoir qu'il y aurait des archives AA.)

C'est probablement à la suite de cette visite que Dr Bob est allé voir T. Henry Williams, qui a raconté cette entrevue à Bill dans une lettre qu'il lui a envoyé deux mois plus tard. Soulignant que « les gars ont tous plus de vingt et un ans », T. Henry poursuit en disant : « Je n'ai rien qui puisse les retenir ici. Bob est venu me voir ; il a fait valoir que les gars n'étaient pas satisfaits, qu'ils nous trouvaient inamicaux et qu'ils insistaient pour se réunir ailleurs. Il m'a instamment demandé de leur dire qu'ils étaient libres de partir. Pensez-vous que nous pourrions les mettre à la porte après tout ce que ces réunions ont représenté pour nous ? Notre porte est ouverte, nous aimons chacun de ces garçons et ils seront toujours les bienvenus. »

John et Elgie R. se souvenaient du jour où la décision avait été prise. « Il y avait une réunion ce soir-là, dit John, qui a toujours eu quelque chose d'aimable à dire sur chaque personne qu'il a mentionnée. Je n'ai jamais entendu deux hommes se parler comme ils l'ont fait (Dr Bob et T. Henry). Ils ont échangé des confidences et des compliments. Et tous les deux les méritaient.

« Ce fut un dur moment pour le groupe. Nous étions nombreux à aimer T. Henry, et nous ne savions pas si nous devions partir ou non. »

– À la dernière réunion, ils ont voté, poursuit Elgie. Ceux qui voulaient rester avec T. Henry, puis ceux qui voulaient partir avec Bob. C'est ainsi qu'ils se sont dit adieu. Mais ils en avaient discuté ensemble depuis au moins un mois. »

Parmi ceux qui sont restés, il y avait Lloyd T., qui avait été le parrain de Clarence et de Bill J. D'autres, comme Rollie H. le joueur de baseball, n'ont pas quitté immédiatement mais ont changé d'avis par la suite.

« Henrietta (Seiberling) a dit au Dr Bob que c'était la plus grosse erreur qu'il eût jamais commise », dit Elgie. Elle se souvenait l'avoir entendue dirc : « Comment avez-vous pu faire une chose pareille ? Vous le regretterez. »

« Bob et Anne sont sortis, poursuit Elgie. Il n'y avait rien à répondre. Je n'ai jamais très bien compris pourquoi elle s'était emportée de la sorte. » (Henrietta s'est jointe aux AA plus tard mais pendant longtemps, elle n'a pas été active à Akron. Peu après, elle a déménagé à New York, où elle est restée jusqu'à sa mort, en 1979.)

« Doc a dit : *Puisque nous n'avons plus d'endroit où aller, nous nous réunirons chez moi*, raconte Elgie. C'était en novembre ou en décembre parce que je me souviens de l'arbre de Noël dans leur salon. »

Le seul compte rendu que nous ayons de cette première réunion est un article publié dans *Grapevine* des années plus tard. On y lit que Bob en était l'animateur, qu'il a mis « son pied sur le barreau d'une chaise de la salle à manger, qu'il a déclaré être alcoolique et qu'il a commené à lire le Sermon sur la montagne. »

Le 2 janvier 1940, Bob écrivait à Bill : « J'ai brisé une fois pour toutes les fers qui nous retenaient au Groupe Oxford. (Ces mots montrent bien son état d'esprit à cette époque.) Pour le moment, nous nous réunissons chez moi. Mercredi, nous étions 74 dans ma petite maison, mais nous allons bientôt disposer d'une salle. »

« Nous avons assisté à deux réunions de Doc Smith depuis qu'il les organise chez lui ; elles sont très bien suivies et très inspirantes, écrivait Clarence S. trois jours plus tard.

« C'est Doc qui les dirigeait et je ne l'avais jamais entendu dans une telle forme. J'ai noté un immense progrès depuis qu'il a retiré son groupe de la maison des Williams. Il parle maintenant avec autorité, sans contrainte, et je crois qu'il a rajeuni de dix ans. »

« Je n'en suis pas certain, mais je crois que nous avons assisté à deux réunions chez lui, dit John R. Vous auriez dû voir sa maison ! Son salon était à peine plus grand que cette maisonnette dans laquelle nous vivons. Nous étions drôlement tassés ! »

La maison des Smith s'est vite révélée trop petite pour recevoir tant de monde Après quelques réunions, Wally G. se renseigna à l' cole King que fréquentait sa fille. Depuis, le groupe King School se réunit tous les mercredis soirs. On ne sait trop pourquoi mais le groupe fait remonter ses origines à la première rencontre de Bill et Bob, quatre ans et demi auparavant.

Le 14 mai 1940, Dr Bob écrivait à Bill, à propos de ce jour mémorable : « Cher Willie, je sais que tu es fort occupé, je ne m'attends donc pas à recevoir de longues lettres de toi mais j'aimerais avoir des nouvelles. Peut-être te rappelles-tu qu'il y a eu cinq ans dimanche dernier que je t'ai rencontré pour la première fois chez Henrietta. Je ne l'oublierai jamais, même si tu ne t'en souviens peut-être pas. Je ne cesserai jamais de t'être reconnaissant, et je suis très heureux d'avoir été capable de transmettre le message. »

XVII. « Comme disait Dr Bob... »

Au moment où le groupe d'Akron a commencé à se réunir à l'école King en 1940, il a développé un style bien précis qui a servi de modèle aux réunions tenues dans cette région. Les anciens se souviennent de ces premières réunions, qui se déroulaient pratiquement comme aujourd'hui, à quelques exceptions près.

Il n'y avait pas d'animateur attitré chargé de présenter le conférencier ou de secrétaire Jusqu'au milieu des années 1940, on estimait que des titres pompeux et des introductions flatteuses pouvaient monter à la tête d'un alcoolique. Le moment venu, le conférencier prenait place à l'avant de la salle, attendait que l'assistance se calme et se présentait lui-même. Il commençait par une prière de son choix et présentait son « thème » en cinq minutes. C'était habituellement un sujet précis – un passage de *The Upper Room* ou un verset de la Bible. Il demandait ensuite aux autres membres d'émettre de brefs commentaires.

Alex M. (qui s'était joint au groupe en 1939) se souvenait qu'on avait commencé à faire des collectes régulières à l'école King pour payer le loyer et les dépenses d'entretien. Auparavant, cela n'aurait servi à rien. «On n'avait pas le sou, dit-il. Une pièce de vingt-cinq cents aurait déjà été trop pour la plupart d'entre nous. » C'est la collecte pour couvrir les dépenses qui, par la suite, a été à l'origine de la coutume connue sous le nom de « pause du secrétaire » qui servait à remercier le conférencier et à faire les annonces. Aujourd'hui, dans les autres groupes d'Akron, le secrétaire lit une longue liste de réunions, d'anniversaires et de congrès dans les environs. Le groupe King School est l'un des rares groupes où cela ne se fait pas.

« Au début, la légèreté n'était pas de mise, dit Bob E. Nous avions tous le sens de l'humour mais, pour nous, se rétablir était une question de vie ou de mort. On n'applaudissait pas non plus ; applaudir aurait paru déplacé à ce genre de réunion. »

Norman Y. (le membre aveugle de Youngstown en Ohio) renchérit et souligne cette parole de Dr Bob : « Ne m'applaudissez pas. N'applaudissez aucun alcoolique. » Dr Bob faisait toujours signe aux membres de se rasseoir quand ils l'applaudissaient debout.

« Tout le monde le mettait sur un piédestal, comme je le fais d'ailleurs encore, déclara John S. de Coschocton en Ohio, en 1977. (John était membre depuis 1940.) Mais je peux vous assurer que lui-même ne s'est jamais mis sur aucun piédestal ! »

Selon le Père J.F. Gallagher, qui a travaillé avec Sœur Ignatia, « il est difficile de parler du docteur Smith sans tomber dans les superlatifs élogieux. Il s'en moquait de son vivant et maintenant qu'il est mort, je pense qu'il s'en moque encore.

« Il m'est souvent arrivé d'être assis près de lui à la table du conférencier et je le voyais s'agiter quand on le présentait de façon trop flatteuse. »

Plus d'un animateur a essayé de bien s'acquitter de sa tâche en présentant Dr Bob comme « le fondateur du plus grand, du plus merveilleux, du plus noble et du plus important mouvement de tous les temps ». À l'une de ces occasions, Dr Bob a murmuré : « Le conférencier prend certainement beaucoup de place et de temps. »

L'attitude de Dr Bob vis-à-vis des louanges et des ovations s'explique par sa recherche de l'humilité, une « qualité pour laquelle la plupart d'entre nous ne sommes pas exceptionnellement doués ».

Il affirmait que l'humilité n'était pas « de la fausse humilité à la Uriah Heep de Dickens. » (personnage de David Copperfield). Ce n'était pas non plus « être bonasses... je parle de notre attitude à tous et à chacun face à notre Père céleste.

« Le Christ a dit : *De moi-même, je ne suis rien. Mais je peux tout en celui qui me fortifie.* Si le Christ parlait de cette façon, ajoutait Dr Bob, imaginez-vous ce qu'il en est de vous et moi ? Qui a dit cela ? Vous ? Moi ? Non. En fait, comme nous avons toujours pensé exactement le contraire, nous avions plutôt tendance à dire : « Regardez ce que j'ai fait, les gars, pas mal du tout, pas vrai ». Nous n'avons aucune humilité, nous n'avons pas le sentiment d'avoir reçu quoi que ce soit par la grâce de notre Père céleste.

« Je crois que je n'ai aucun droit de m'enorgueillir d'avoir cessé de boire. J'y suis arrivé seulement par la grâce de Dieu. Je peux être très reconnaissant d'avoir eu ce privilège... Si ma force ne vient de lui, comment puis-je m'en féliciter ? »

Sur son bureau, Dr Bob avait une plaque qui définissait ainsi l'humilité : « L'humilité est une perpétuelle tranquillité du cœur. C'est n'avoir aucun problème. C'est ne jamais être fâché, vexé, irrité ou blessé ; c'est ne m'étonner de rien qui puisse m'arriver, c'est ne pas sentir les attaques des autres. C'est rester calme quand personne ne me louange, et si je suis blâmé ou méprisé, c'est trouver en moi un lieu béni où je puisse me retirer, refermer la porte, m'agenouiller devant mon Père en secret et être en paix, comme dans une mer profonde de calme, quand tout autour de moi semble trouble. »

La personnalité de Dr Bob a certainement eu une forte influence sur le style des réunions locales. Selon Bob E. d'Akron, une des grandes différences entre Akron et New York, et aussi entre Akron et Cleveland, était que « nous ne racontions pas, à cette époque, nos histoires de buveurs aux réunions. Ce n'était pas nécessaire. Notre parrain et Dr Bob en connaissaient les détails. En fait, nous ne pensions pas que cela regardait les autres. En outre, nous savions déjà comment boire. Ce que nous voulions apprendre, c'était comment devenir et rester abstinents.

« Bill voulait qu'un AA se qualifie comme membre ou raconte comment il était devenu alcoolique, poursuit Bob E. Cette idée a attiré du monde et a permis au mouvement de se développer.

« Quand cette manière de se qualifier a commencé, il nous a fallu un certain temps pour nous y habituer. Je me rappelle une réunion à l'école King lorsque des gens sont arrivés de Cleveland. Ils applaudissaient et faisaient beaucoup de bruit. Cela nous paraissait étrange et offensant. Petit à petit, nous nous sommes ouverts sous l'influence persuasive de Bill, mais nous n'aimions pas voir des conférenciers se laisser emporter par leur récit et donner à leur témoignage un ton trop sensationnel. »

Presque tous se rappellent que Dr Bob et Anne avaient leur place « habituelle », assez à l'arrière, sur le côté, avec Anne à l'extérieur près de l'allée. « En poussant la porte, je savais où Bill V.-H. était assis, où Wally G., Ethel M. et Dr Bob iraient s'asseoir, raconte un ancien. (Ethel et Rollo M., tous deux alcooliques, se sont joints aux AA en 1941). Ils avaient chacun leur place. Personne n'aurait eu l'idée de prendre leurs sièges. »

D'après Norman Y., les conférenciers n'étaient pas toujours choisis à l'avance. Il se rappelait qu'un jour, Dr Bob avait dit à quelqu'un : « Georges, c'est à ton tour cette semaine.

– Mais, je n'ai rien préparé, répliqua l'autre.

– Tu ne te préparais pas non plus à prendre une cuite, répondit Bob. Lève-toi et parle ».

D'après de nombreux anciens, Dr Bob faisait habituellement quelques commentaires à chaque réunion, non parce qu'il le décidait mais parce que l'animateur lui demandait : « C'était court mais bien à propos » se souvient l'un d'eux. John R. dit avoir entendu le dernier discours de Dr Bob à Cleveland et n'y avoir rien relevé qu'il n'ait déjà entendu souligner bien des fois à la réunion habituelle du groupe King School.

À l'exception de son discours de Détroit en 1948, Dr Bob était connu pour ses très brèves interventions. On a souvent entendu Anne et lui-même affirmer ceci : « Quand vous parlez plus de quinze minutes, vous vous répétez » ou encore : « Après quinze minutes aucune âme n'est plus sauvée. »

On raconte que Dr Bob, invité comme conférencier à une réunion à l'extérieur de la ville, s'était levé et avait dit que les meilleurs discours du monde avaient été brefs. Par exemple, le Sermon sur la montagne et le Discours de Gettysburg n'avaient pas duré plus de cinq minutes. « Gardant cela à l'esprit, dit-il, je me propose de faire un discours bref, moi aussi. En fait, je viens de le faire. »

Et il s'était assis.

« C'était un conférencier très calme, qui semblait plein de gratitude, dit Ed B., un ancien d'Akron. Parfois, il pointait le doigt ou étendait les bras mais il était avare de gestes. Aux réunions, il portait toujours costume et cravate. Quand il venait à une réunion, il était tout simplement un alcoolique comme les autres. Il n'était ni docteur, ni qui que ce soit d'autre. »

Dans ses commentaires, poursuit Ed, « il reprenait toujours une idée du conférencier. C'était une façon de l'encourager. Il parlait rarement de l'époque où il buvait ».

Ed a souligné également que Dr Bob avait pris la parole à de nombreuses réunions dans la région. « Quand nous avions un anniversaire, nous voulions avoir le Dr Bob et il ne refusait jamais. » Ed a eu l'impression que la répugnance de Dr Bob à parler lors de grandes réunions était due autant à sa timidité qu'à son souci de ne pas être considéré comme un homme important.

Les remarques de Dr Bob étaient généralement aimables, mais Dan K. (l'un de ses nombreux patients à l'hôpital St. Thomas) a souligné que s'il croyait que quelqu'un était malhonnête, il le lui disait sans détour. « Et si quelqu'un utilisait un langage grossier dans une réunion, Bob lui disait : – Tu as une bonne idée, mon garçon, mais elle serait encore plus efficace si tu la nettoyais un peu. »

« Autre chose encore, se rappelle Dan. Quand on m'a demandé de prendre la parole pour la première fois, je lui ai dit que je pensais qu'il fallait être un ancien pour parler. Il m'a répondu : « Dan, ton témoignage fera du bien à ces gens en complet deux-pièces. » Vous savez, nous avions beaucoup de gens riches et nous les appelions les gens en complet deux-pièces, à l'époque. »

Oscar W., un membre de Cleveland qui s'est joint aux AA à 29 ans, se rappelle qu'ayant pris la parole à sa première réunion, un des anciens lui avait dit : « Quand on est nouveau, on devrait prendre la ouate qu'on a dans les oreilles et se la mettre dans la bouche. Assieds-toi et écoute ! »

Sur ce, Bob s'était levé et avait dit à Oscar : « C'est juste, mon gars. Écoute ce qu'il dit. Mais regarde aussi comment il *agit.* »

« Après quelques mois chez les AA, continue Oscar, j'ai écrit une lettre de démission et je l'ai remise à Bob. Il l'a lue, sans rire. Puisqu'il m'a regardé et m'a dit : *Bien, tu fais les choses dans les règles.* Puis il m'a dit d'aller m'acheter une bouteille de whiskey à l'hôtel Mayflower, d'en prendre un verre ou deux et de reboucher la bouteille. *Si tu peux rester alors quelques jours sans en reprendre, tu n'as pas besoin de nous*, a-t-il ajouté. Il ne met ni assez de bouteilles, ni assez de jours, ai-je pensé, mais je ne le lui ai pas dit.

– Voici ce que nous allons faire, me dit Bob. Nous allons te garder de l'avoine dans la mangeoire et de la paille dans l'étable parce que je suis certain que tu vas revenir. »

– Il avait raison. Six mois plus tard, j'étais de retour.

« Quand l'article de Jack Alexander a paru (dans le *Saturday Evening Post),* en 1941, je m'occupais d'environ 17 nouveaux, raconte Oscar. Je les aidais pour le loyer, je leur apportais de la nourriture et du charbon et j'essayais de leur trouver du travail. Ils se sont tous soûlés.

« Je suis descendu à Akron et je me suis plaint à Bob. Il a répondu que je faisais cela pour moi-même et que c'était *eux* qui *me* rendaient service.

– Mais, c'est moi qui *les* aide !

– Non, ces gens t'ont montré ce qui se passerait si tu repre-
nais un verre. Ils t'ont rendu service. Et quand ils ne boivent pas,
ils te montrent comment fonctionne le programme. Dans les
deux cas, ils te rendent service. »

Voici, dans le même genre d'idée, une autre citation attri-
buée au Dr Bob par Ernie G. le second : «Il y a deux sortes de
gens qu'il faut surveiller chez les AA : ceux qui réussissent, et
ceux qui n'y arrivent pas. »

«Bob affirmait aussi qu'il faut aussi se parrainer soi-même,
se souvient Oscar. Prendre du recul de temps en temps, se regarder en face, savoir rire de soi, puis s'aider soi-même. »

«Il excellait à donner des conseils, qu'il s'agisse d'un sujet
personnel ou d'une affaire concernant le groupe. Il disait : Ren-
controns-nous, parlons-en et voyons si nous pouvons trouver une
solution ».

«Bill (Wilson) ne donnait jamais une réponse catégorique,
poursuit Oscar. Il écrivait une lettre de deux pages et il fallait la
lire deux fois pour comprendre ce qu'il voulait dire. Mais ce
n'était que des suggestions. Il ne donnait jamais d'ordre. Bob
agissait de même. Quelques-uns d'entre nous quittaient parfois
Cleveland, furieux à propos de quelque chose. Nous allions discuter avec Bob et quand nous revenions, tout allait bien. Nous
avions oublié pourquoi nous étions allés le voir. »

Il est malaisé de dresser l'inventaire des remarques dont D^r
Bob est supposé être l'auteur. Les a-t-il réellement prononcées ?
Ou bien les gens se rappellent-ils ce qu'ils veulent se rappeler ?
Ruth G., la femme d'Ernie le second, l'admet volontiers : «Je
suppose que je me souviens qu'il insistait sur l'aspect spirituel
parce que c'était cela que j'étais venue écouter. »

Joe P., qui s'est joint aux AA en 1942, note que «les paroles
de Dr Bob sont devenues très connues. Tous les animateurs de
réunion s'en servaient. D'autres répétaient continuellement des
paroles que je *sais* que Bob n'a pas dites. Parfois, des gens dé-

rent *Comme disait Dr Bob à ce sujet...* afin de donner du poids à ce qu'*ils* racontent. »

Il y a beaucoup de choses que Dr Bob a vraiment dites et il y en a bien d'autres qu'il aurait pu dire, car elles paraissent porter sa marque. Toutefois, à l'exception de *gardons ça simple*, il est difficile de départager ces citations. Différentes personnes ont des points de vue différents sur Dr Bob mais elles décrivent toutes le même homme : sérieux et plein d'humour, terre-à-terre et spirituel, ouvert et timide, amical et distant.

En ce qui concerne le programme des AA, c'est indirectement que Dr Bob a élaboré le thème de la simplicité. Dans l'article du *Grapevine* de septembre 1948, il écrivait :

« Telles qu'elles sont finalement rédigées et présentées, (les Douze Étapes) sont simples et leur signification est claire. Il est possible de les mettre en pratique à toute personne qui désire sincèrement acquérir l'abstinence et la maintenir. Les résultats en sont la preuve. Leur simplicité et leur mise en application sont telles qu'il n'a jamais été nécessaire de donner des interprétations spéciales, et encore moins de faire des réserves. Il devient de plus en plus clair que le degré de vie harmonieuse que nous atteignons est directement proportionnel à nos essais honnêtes de suivre de notre mieux les Étapes à la lettre guidés par Dieu. »

Ayant étudié douze ans le grec et neuf ans le latin à l'Académie de St. Johnsbury et à Dartmouth, Dr Bob avait un style d'écriture beaucoup plus solennel que l'était sa conversation. Son article dans *Grapevine* continue ainsi :

« De plus, il n'y a pas de mot de passe chez les AA. Nous ne sommes liés par aucune doctrine théologique. Aucun de nous ne pourra être rejeté ... dans les ténèbres. Car nous avons chacun nos idées au sein du mouvement, et des commandements AA sous la forme de « Tu ne dois pas » ne manqueraient pas de nous exaspérer. »

Cela veut dire « qu'il n'y a pas d'obligations chez les AA. »

Une autre idée exprimée simplement par Dr Bob est celle-ci : « C'est le premier qui est responsable de tout ». D'après John R., il n'arrêtait pas de répéter cette phrase.

La veuve d'un ancien se rappelle qu'il se levait aux réunions, « la Bible sous le bras », disant que les réponses s'y trouvaient si on voulait se donner la peine de les chercher, car les gens de l'Ancien Testament étaient semblables à ceux de notre siècle et avaient les mêmes problèmes.

S'il était encore de ce monde, Dr Bob dirait peut-être la même chose des premiers AA, qu'ils étaient semblables à ceux d'aujourd'hui et qu'ils avaient les mêmes problèmes.

Dr Bob a fait don ce cette Bible au groupe King School et elle trône toujours sur le podium, à chaque réunion. On peut y lire cette dédicace : « Le groupe King School, pour qui c'est affaire d'abstinence, espère que ce Livre ne cessera jamais d'être une source de sagesse, de reconnaissance, d'humilité, et de conseil, comme il l'a été pour ceux que le Maître a comblés ». Cette dédicace est signée Dr Bob Smith.

Un des anciens de Chicago a écrit que l'on utilisait souvent des expressions évasives du genre « le Gars d'en haut » pour ne pas effrayer ou heurter les agnostiques qui se joignaient au groupe. « Dr Bob a été, dit-il, le premier animateur que j'ai entendu faire simplement référence à Dieu, sans aucune ostentation. Il disait que le Sermon sur la montagne contenait la philosophie spirituelle sous-tendant le mouvement des AA. »

Ed B. se rappelle que Dr Bob racontait souvent des histoires aux réunions afin d'illustrer certaines idées, de la même façon que les paraboles sont utilisées dans la Bible.

« Il affirmait, se souvient Ed, que le fait de venir à une réunion faisait déjà partie du réveil spirituel, que celui-ci n'arrive pas nécessairement comme l'éclair. Pour illustrer cela avec humour il racontait l'histoire du policier qui éclaire de sa lampe de poche un couple faisant l'amour dans un parc. – Ça va, nous sommes mariés, dit l'homme. – Mes excuses, dit le policier. Je ne savais pas que c'était votre femme. – Moi non plus, avant que vous n'ayez allumé votre lampe, répondit l'homme. »

Ed avait une abondante collection des histoires de Dr Bob.

« À propos de ceux qui venaient chez les AA pour que leur femme leur fiche la paix, il raconta l'histoire d'un fermier qui amène un gars chez le docteur : Voilà docteur, j'ai tiré une volée de plombs sur mon gendre – Vous devriez avoir honte, de tirer sur votre gendre ! dit le docteur. – Mais, Docteur, ce n'était pas mon gendre *avant* que je le trouve au lit avec ma fille. »

« Puis, vous savez comment nous répétons souvent que Dieu ne nous oublie jamais ; Bob avait aussi une histoire à ce sujet-là. Un homme raconte à quelqu'un tous les ennuis qu'il a avec son fils et l'autre lui répond : Tu sais, Jim, si c'était mon fils, je le flanquerais à la porte. Et l'autre de répondre : – Si c'était ton fils, moi aussi, je le ficherais à la porte. » Il illustrait ainsi le fait que Dieu ne nous a jamais mis à la porte ! Nous sommes partis de notre plein gré.

« Enfin, à propos de recevoir des AA ce qu'on y donne, Doc raconte l'histoire du fermier qui demande à un gars s'il veut faire la moisson : – Vous payez combien ? demande le type. – Je te payerai ce que tu vaux, dit le fermier. – Oh non, merci. Je serais fou de travailler pour si peu ! rétorque le gars. »

D'après Ed, Bob expliquait la prière en racontant comment les chameaux d'une caravane s'agenouillent le soir afin d'être déchargés de leur fardeau. Le matin, ils s'agenouillent à nouveau et on les recharge. « C'est la même chose avec la prière, disait Dr Bob. Nous nous agenouillons le soir pour nous décharger et le matin, nous nous mettons à nouveau à genoux pour que Dieu nous donne juste la charge que nous pourrons porter toute la journée. »

« Je me rappelle une histoire qu'il répétait sans cesse, dit Ed. C'est celle du garçon qui s'était brûlé la main. Le docteur lui fait un pansement. Quand on l'enlève, la main est guérie. Le petit garçon dit : – Vous êtes merveilleux, docteur, vous pouvez guérir tout le monde, n'est-ce-pas ? – Non, je ne le peux pas, répond le docteur. Je ne fais que panser les blessures, c'est Dieu qui les guérit. »

Citons enfin cette autre histoire : « Une femme téléphone et demande : Vous êtes bien le Dr Bob qui aide les alcooliques ? Il répond que c'est lui. La femme lui demande alors de lui envoyer deux bouteilles de ces Alcooliques anonymes pour son mari qui est malade. – Vous ne croyez pas qu'une seule suffirait ? demande-t-il. – Oh non, répond-elle. Mon mari est à l'hô-pital. Il lui en faut deux. »

Voici ce que dit Jud O. qui s'est joint aux AA en 1939 : « Tout alcoolique qui venait dans les environs d'Akron essayait de voir Bob Smith. Il y avait un groupe qui venait en voiture de Youngstown tous les mercredis, beau temps mauvais temps. Ils assistaient à la réunion, prenaient un café et repartaient. Cela dura, comme pour des membres d'autres villes ou villages, jusqu'à ce qu'ils soient suffisamment organisés pour former leur propre groupe. »

Toutes ces histoires montrent bien que Dr Bob était toujours prêt à rencontrer un membre des AA et à lui parler, que ce soit chez lui, à son bureau ou à une réunion des AA. « Mais il pouvait être imprévisible, dit Ed B. J'avais un ami qui était venu expressément à Akron pour le voir. Je l'ai amené près de doc, qui était en train de discuter avec une personne ou deux. Doc s'est contenté de lui serrer la main et il s'est remis à discuter avec les autres. J'ai bien vu que mon ami était déçu. Mais, après la réunion, au café, Bob s'est assis à côté de lui, a passé son bras autour de son épaule et s'est mis à lui parler. Le gars n'a pas arrêté de s'en vanter pendant le trajet de retour à son hôtel. »

XVIII. Le rôle des épouses au début des AA

À Akron, après les réunions, les membres descendaient à la cafétéria de l'école King pour le café et les beignets. C'était là non pas le domaine d'un comité des rafraîchissements, mais bien celui des épouses. « On leur permettait, dit Oscar W., de laver la vaisselle, de préparer le café, d'organiser des pique-niques et de faire d'autres choses du même genre. »

Après la collation, quelques membres du groupe se rendaient habituellement au Kessler's Shop Donut, comme ils le faisaient après les réunions chez T. Henry Williams. Le café et les conversations se poursuivaient souvent tard dans la soirée. Depuis lors, cette « réunion après la réunion » fait sans doute partie intégrante des AA du monde entier, au même titre que la Prière de la Sérénité.

« Vous savez, dans les premiers temps, c'étaient les femmes qui devaient faire le travail, dit Mme M. (la femme d'Alex), parce que les hommes étaient censés rester à la réunion. Aujourd'hui, beaucoup d'hommes travaillent dans la cuisine.

« Et il y a des années, les femmes étaient assises d'un côté et les hommes de l'autre. C'est bien mieux maintenant, les femmes entrent, se mêlent au groupe et s'assoient parmi les hommes.

« Nous avions l'habitude de préparer des desserts élaborés et tout ce qu'il fallait, seulement pour faire plaisir à nos maris et assurer ainsi le succès des réunions. Nous leur cuisinions des gâteaux d'anniversaire (aux réunions de Ravenna en Ohio). Bien sûr, je ne les aurais pas laissés acheter un gâteau pour Alex. Je le faisais moi-même. Mais une fois par mois, ils achetaient un gâteau joliment décoré pour tous ceux qui célébraient leur anniversaire. »

Pratiquement tout le monde admet que l'heure des rafraîchissements constituait le moment de participation d'Anne à la réunion. « Elle allait de table en table pour se présenter, dit Dorothy O. (la femme de Jud). Elle disait aux nouvelles femmes que nous étions toutes dans le même bateau, que nous étions toutes amies et qu'elle ferait tout ce qu'elle pourrait pour les aider. »

« Anne s'est toujours occupée des nouveaux, dit Dan K. Elle vous repérait et après la réunion, elle allait à votre table et se présentait : « Je vous souhaite la bienvenue chez les Alcooliques anonymes, à vous et à votre charmante épouse. Nous espérons que vous continuerez à venir. » Elle les renseignait un peu sur le mouvement, puis passait à un autre nouveau. »

L'intérêt d'Anne pour les nouveaux était à la fois légendaire et phénoménal, et peut-être encore plus grand que celui de la plupart des membres des AA.

« Avant notre première fête de Nouvel An, raconte Dorothy S. à Bill Wilson, quelqu'un avait offert à Anne trois nouvelles robes. Je ne l'avais jamais vue sans cette robe noire qu'elle portait toujours.

« Pour Noël, mon frère m'avait offert une nouvelle robe, ma première robe neuve depuis des années. En discutant de la fête avec Anne, je lui ai demandé : Des trois nouvelles robes,

Devenu rapidement trop gros pour la maison des Smith, le premier groupe des AA a commencé à tenir ses réunions à l'école King.

laquelle vas-tu mettre ? »

– Tu sais, Dorothy, m'a répondu Anne, il y aura sûrement
des nouvelles qui n'auront rien à se mettre et je ne veux en porter aucune. » Et elle est venue à la fête dans sa vieille robe noire.

« Avec ses manières douces, Anne abattait énormément de
travail ; j'avais un peu peur d'elle, tout en l'aimant. Mais elle
pouvait me faire la leçon de telle façon que, lorsque je retournais
à Cleveland, je savais ce qu'elle voulait dire.

« J'étais si contente d'avoir des amis qu'après chaque réunion, je me précipitais vers eux et nous causions à en perdre ha-
leine. Un soir, Anne m'a fait signe de venir lui parler. « Dorothy,
les gens ont été terriblement bons pour toi, n'est-ce pas ? Tu as
eu beaucoup de chance, et tu t'es fait des tas d'amis ». J'étais
évidemment tout à fait d'accord. « Ne crois-tu pas que tu pourrais le transmettre un peu ? Il y a dans le coin là-bas une nouvelle à qui personne n'adresse la parole. »

« C'est une chose dont j'ai essayé de me souvenir pendant
toutes ces années. Anne pourrait ne m'avoir appris que cela ; j'ai
au moins compris que c'étaient les nouveaux qui comptaient. Il
faut vraiment faire quelque chose pour qu'ils se sentent attendus
et bienvenus et c'est ma façon d'essayer de remettre un peu ce
que j'ai reçu.

« Vous souvenez-vous qu'elle appelait toujours les gens par
leur prénom ? demande Dorothy à Bill Wilson. Elle ne les ou-
bliait jamais. Elle connaissait tous leurs enfants. Cela venait de
l'énorme intérêt personnel qu'elle portait à chacun. Même lorsqu'à la fin, elle était presque aveugle, elle allait vers eux, et
même si elle ne pouvait distinguer leurs visages, elle les reconnaissait à leur voix et pouvait se rappeler n'importe quel détail à
leur sujet.

« Elle avait l'habitude de recueillir des vêtements pour ceux
qui n'avaient rien à se mettre. J'avais un manteau d'été que je
devais porter comme manteau d'hiver. Anne a enlevé le col de
fourrure du vieux manteau de quelqu'un, nous l'avons cousu sur
le mien et ainsi, j'ai eu mon manteau d'hiver. L'été venu, nous

n'avons eu qu'à remplacer le col de fourrure par un col blanc. Elle faisait ce genre de choses pour tout le monde.

«Lois aussi, dit Dorothy à Bill. Je me souviens qu'elle et toi deviez venir à Akron. Le bruit avait circulé partout ; nous voulions absolument que tout le monde soit là pour vous accueillir. Lois s'asseyait et se mettait à raccommoder un de tes manteaux. Elle semblait toujours avoir du reprisage ou du raccommodage à faire afin que tu puisses à nouveau te présenter décemment devant le monde. »

Le rôle des femmes a été extrêmement important dans les premiers temps des AA. Il n'est pas exagéré de dire que le mouvement n'aurait pas existé sans elles.

Tout d'abord, c'étaient souvent les femmes qui cherchaient de l'aide pour leur mari, comme Anne lorsqu'elle est allée voir le Goupe Oxford. Ensuite, elles donnaient un coup de main lors des réunions, ouvraient leur maison aux alcooliques en voie de rétablissement, mettait la Douzième Étape en pratique et considéraient qu'elles faisaient partie des AA autant que leur mari. Elles sont peut-être restées à l'arrière-plan, comme Anne l'avait conseillé à Henrietta D. (épouse de Bill le troisième membre), mais elles ont eu une très forte influence.

«Les réunions étaient toujours ouvertes. On insistait sur ce point, rappelle Ernie G. le second. Doc ne croyait pas aux réunions fermées. Il me disait : *Tu amènes Ruth. Sinon, j'irai moi-même la chercher.* Il insistait beaucoup sur ce point. C'était une bonne chose parce que Ruth s'imaginait que j'étais le pire ivrogne du monde. Après quelques réunions, elle a découvert qu'il y avait des raisons d'espérer. »

«Je lui disais, dit Ruth, que je sentais la présence de Dieu à ces réunions plus que partout ailleurs auparavant. C'est ici notre place, disais-je. C'est ici que nous allons grandir ensemble. Voilà la décision que nous avons prise, et nous en avons fait l'œuvre de notre vie : construire nos existences sur les bases spirituelles des Alcooliques anonymes. »

« Les femmes appréciaient énormément le programme, dit la femme d'Alex M. Elles étaient prêtes à s'agenouiller pour embrasser le sol sur lequel marchaient leurs maris, simplement parce qu'ils se conduisaient bien. Aujourd'hui, elles ont de meilleurs perspectives puisque les maris se comportent comme ils auraient dû toujours le faire. C'était l'époque de la Dépression et il nous fallait les endurer, que nous le voulions ou non. Nous avions besoin de manger, et nos enfants également.

« Les femmes ont travaillé et ont peiné tant qu'elles ont pu pour que le groupe AA soit une réussite. Nous étions trois à la cuisine et nous l'avons tenue pendant quatre ou cinq ans, peut-être davantage, avant de recevoir de l'aide de quelqu'un d'autre. Mais il ne nous est jamais venu à l'esprit de demander à nos maris de faire quoi que ce soit. »

« Une autre fille et moi faisions tous les appels téléphoniques dit Dorothy O., la femme de Jud, pour nous assurer que des membres visiteraient les malades dans les hôpitaux. Ce n'était pas laissé au hasard. Ensuite, nous allions aux réunions et faisions notre part, là aussi. »

Elgie R. n'avait que vingt-six ans à l'époque mais elle était peut-être un peu plus indépendante et extravertie que les autres femmes, rappelait que lorsque son mari était sorti de l'hôpital, elle avait demandé à Dr Bob, « avec insistance, si je pouvais me rendre utile. »

« J'avais l'habitude de rester avec Anne lorsque Bob allait parler à des réunions. Elle n'avait pas toujours envie de l'accompagner et il lui arrivait de se sentir fatiguée. Je fabriquais également des carnets d'adresses. Nous n'avions pas de bureau et les membres utilisaient mon téléphone. Cela fonctionnait jour et nuit. Quelle cohue !

« À cette époque, les membres se retrouvaient tous les jours dans des situations fantastiques. Vous ne saviez jamais ce qui allait arriver, vous faisiez seulement de votre mieux. »

Citons un exemple. Un homme bourré de pilules habitait chez John et Elgie. Il n'arrêtait pas de se lever, d'aller à la porte et de dire (à personne) : « Bonjour, que voulez-vous ? » Puis il retournait se coucher. « J'avais une peur bleue, dit Elgie. J'ai demandé à Doc ce que nous devions faire s'il perdait complètement la tête. – Je ne sais pas, dit Doc. Attendons la suite des événements.

« Un jour, poursuit Elgie, je devais aller chez le médecin. J'ai emmené le type avec moi, je n'osais pas le laisser seul. Mon médecin était très intéressé par les AA mais quand je lui ai parlé de mon gaillard, il m'a dit : *Mon Dieu, une femme comme vous ne devrait pas avoir à faire ce genre de choses.* Cet homme est resté avec nous pendant dix jours, et il s'est remis. Autant que je sache, il est resté abstinent.

« Je suis restée très active jusqu'au jour où j'ai fait une déclaration à une réunion. Je ne sais plus à propos de quoi mais un AA s'est levé et m'a dit : – De quoi donc parles-tu ? Tu n'es pas alcoolique. Pourquoi ne t'occupes-tu pas de tes affaires ?

« Alors je me suis dit : Eh bien, c'est une bonne idée. Je crois que je vais le faire. Et voilà ! Je suis partie, tout simplement. Je trouvais qu'il y avait assez d'alcooliques pour prendre les choses en main. Ils n'avaient pas besoin de mon grain de sel. J'ai demandé à John si je l'aidais avec tout ce que je faisais. Quand il m'a répondu non, j'ai pensé que c'était un peu bête de continuer puisque mon but était de l'aider. »

La décision d'Elgie était individuelle, personnelle, mais elle reflétait un changement d'attitude graduel et général vis-à-vis des alcooliques en voie de rétablissement, de même qu'un changement d'attitude des alcooliques vis-à-vis eux-mêmes.

Au tout début à Akron, les alcooliques n'avaient pratiquement pas voix au chapitre. Les femmes les emmenaient aux réunions qui elles-mêmes étaient animées par des membres du Groupe Oxford. Les hommes rouspétaient un peu mais se laissaient faire. Quand les AA se sont détachés du Groupe Oxford, les femmes ont sans doute beaucoup contribué à cette rupture, comme nous venons de le voir.

Par la suite, surtout lorsque des hommes et femmes célibataires alcooliques ont commencé à adhérer au programme, il y a

eu des frictions avec les épouses. Cette situation a donné naissance aux « réunions fermées » réservées aux alcooliques, et aux
« réunions ouvertes » où les épouses non alcooliques n'avaient
pas droit de parole. Ultérieurement, on est parvenu à un certain
équilibre grâce à des solutions de compromis comme les « réunions de discussion ouvertes » auxquelles les épouses et d'autres
non-membres étaient invités à participer.

« Quand ils ont créé Al-Anon et Alateen, j'ai trouvé que
c'était une idée merveilleuse », dit Elgie.

C'est en 1951 que les groupes familiaux Al-Anon ont pris
leur forme actuelle mais dans les années précédentes, il y avait
eu des « groupes familiaux », composés de parents des membres
des AA. Rapidement, ils sont devenus une source d'aide pour les
femmes et les autres proches des alcooliques actifs, et aussi pour
des alcooliques devenus abstinents chez les AA. En 1957, on a
pu répondre aux besoins spécifiques des enfants adolescents des
alcooliques avec la création d'Alateen, une branche d'Al-Anon.
Ces deux associations appliquent le programme des AA, avec de
légères adaptations, mais elles sont entièrement indépendantes
des AA.

« Je me dis aujourd'hui, rapporte Elgie, quel soulagement
cela aurait été pour moi de m'inscrire à un programme qui
m'aurait tenue occupée. C'est pourquoi je participais tellement.
Je voulais me rendre utile. Ce n'était pas très populaire. Nous
n'étions que deux ou trois à faire ça.

« D' Bob disait que losqu'on arrive chez les AA avec un
mari ivrogne, on est à un point tel qu'on est aussi folle que lui.
Et cela demande un bon bout de temps avant de pouvoir considérer les choses normalement.

« Il disait aussi que l'homme ne peut rester abstinent si sa
femme n'est pas à ses côtés, et aussi que les familles ne se res-
souderont que si chacun y met du sien. C'est ainsi qu'il voyait
les choses. Rien de bien extravagant. De la psychologie pratique,
tout simplement. »

XIX. Chez les AA, on accueille davantage les minorités

Comme nous l'avons vu, les premiers membres des AA étaient, pour la plupart, des hommes blancs de classe moyenne. Certaines conditions étaient nécessaires pour faire partie du mouvement : foi en Dieu, capitulation et respect des préceptes du Groupe Oxford, en plus du désir (honnête, sincère, etc.) d'arrêter de boire.

On peut résumer ces conditions en disant qu'il fallait croire pour devenir membre. Le fait que certains AA inversaient ces deux conditions – comme le montrera plus tard la phrase : « Nous en sommes venus à croire » – a été au centre du conflit entre les AA et les membres du Groupe Oxford. Cette controverse s'est poursuivie au sein même des AA, entre ceux qui dictaient des règlements et ceux qui les enfreignaient.

Il a fallu une première fois que quelqu'un se présente à une réunion avec quelques verres derrière la cravate pour se faire expulser aussitôt par les « renifleurs ». Puis des membres ont dit : « Qu'il reste ! Peut-être en retirera-t-il quelque chose ». (Comme l'a expliqué un des premiers membres, les « renifleurs » étaient « les hommes qui, postés près de la porte, reniflaient tous ceux qui entraient ».)

Quand on s'est rendu compte que cet ivrogne, pour une raison mystérieuse, demeurait aussi abstinent que celui qui avait
été hospitalisé et à qui une dizaine de membres avaient rendu
visite, une autre règle a été abolie. Au bout du compte, les
pionniers AA ont manqué à tellement de règles, établies par eux-
mêmes, qu'il n'en est plus resté une seule !

Parallèlement, les premiers membres ont commencé à tendre
la main à ceux qui semblaient, ou qui se sentaient différents. En
1939, chez les AA, l'attitude qui prévalait est résumée dans
l'avant-propos du Gros Livre : « La seule condition pour devenir
membre est un désir sincère d'arrêter de boire. »

La plupart des AA voulaient simplement faire participer les
gens au programme plutôt que les tenir à l'écart. Cette volonté
pouvait nécessiter l'abandon de préjugés profondément enraci-
nés, et le franchissement de frontières sociales, religieuses, ra-
ciales et même nationales, dans le but de transmettre le message
de rétablissement à celui qui, n'importe où, pouvait avoir besoin
d'aide. L'acceptation de cette aide pouvait nécessiter exactement les mêmes efforts. On peut dire qu'une des grandes réussi-
tes du mouvement des AA, c'est que la plupart des membres ne
se sont pas contentés de soutenir cette idée du bout des lèvres.

Le livre *Les Douze Étapes et les Douze Traditions* rappelle,
dans le chapitre sur la Troisième Tradition, les craintes suscitées
par des alcooliques bizarres ou différents. Au cours de la deuxième année des AA, un homme s'est présenté dans un groupe en
disant qu'il était « victime d'une autre dépendance, encore plus
mal vue que l'alcoolisme ».

Le plus ancien du groupe s'est entretenu avec deux autres
membres. Ils ont évoqué « les ennuis que nous causerait cet
étrange alcoolique » et ils se sont demandé s'il était préférable
de « le sacrifier pour le bien-être du plus grand nombre ». Finalement, l'un d'entre eux a déclaré : « En fait, c'est notre réputation qui nous inquiète. » Et il a posé la question qui revenait
dans son esprit : « Que ferait le Maître ? » Ce n'était plus la peine
de répondre.

Des lettres de Bill écrites en 1938 et en 1939 situent cet événement à Akron, ce qui laisse supposer que « le plus ancien » était Dr Bob. Racontant à nouveau cette anecdote en 1969, Bill a confirmé cette supposition en mentionnant le nom de son ami.

Cependant, Dr Bob a fait preuve de moins d'assurance lorsqu'il a été confronté pour la première fois, au début du mouvement, à la minorité la plus embarrassante et, à certains égards, la plus indésirable : les femmes !

Nous avons déjà cité quelques exemples de son désarroi à l'idée de l'arrivée d'une femme dans le groupe d'Akron. « Il ne savait comment s'y prendre avec les femmes », dit Smitty. Selon d'autres, Dr Bob avait le sentiment que le programme ne fonctionnerait pas pour les femmes. Malgré cela, il a tenté d'en aider plusieurs.

Bill a rappelé « les situations explosives » à propos des « amours illicites » et de l'arrivée des femmes alcooliques aux réunions. « Des groupes entiers se sont soulevés et un certain nombre de membres ont recommencé à boire. Nous tremblions pour la réputation des AA et pour la survie du mouvement. »

Les femmes alcooliques faisaient face à une double norme, bien plus stricte dans les années trente que de nos jours. À cause de l'idée qu'une femme bien ne boit pas avec excès, il lui était difficile d'admettre son problème et aussi d'être acceptée chez les AA.

Les femmes qui se sont jointes au groupe d'Akron dans les premiers temps avaient une position sociale respectable, sinon impressionnante. Jane était l'épouse du vice-président d'une grande entreprise sidérurgique et Sylvia, une héritière séduisante. Pour autant que nous le sachions, Lil n'a jamais assisté à une réunion.

Aucune femme n'a jamais répondu aux articles du *Plain Dealer*, et la première femme dont se rappelait Warren C. a été expulsée du mouvement par les femmes des membres. « Elle était dans un tel état qu'elles ne la toléraient pas dans leur maison », dit-il.

Cependant, d'après les souvenirs de Clarence S., cette femme a fini par devenir abstinente. Elle a commencé à travailler auprès des enfants et s'est installée ensuite en Floride, où elle a fait fortune dans l'immobilier. Elle est pourtant restée à l'écart du mouvement parce qu'elle en avait été rejetée au départ.

Dr Bob a toujours accepté de parler aux rares femmes qui ont croisé sa route. En général, il les confiait ensuite à Anne et aux autres épouses qui acceptaient de s'occuper d'elles.

Elgie estime qu'Anne a été pour beaucoup dans le changement d'attitude progressif de Bob. «Doc secouait la tête en disant : Je pense que je ferais mieux de m'occuper des hommes parce que les femmes... je ne me sens pas sûr. Je ne sais pas.»

«Et Anne répondait : Essayons pour voir.» Elle sentait que nous ne saurions jamais si nous ne faisions pas un essai. Ce qui dérangeait Bob, c'est que la plupart des femmes arrivaient avec une réputation de *nymphomanes*. La plupart des épouses prenaient leur distance et les hommes devenaient méfiants parce qu'ils craignaient de se trouver dans des situations délicates. Par conséquent, au début, les femmes étaient considérées comme une source de problèmes et personne ne voulait s'en occuper.

«Mais moi, je me disais : pourquoi pas ? Où est la différence ? Elles se soûlent comme les hommes.»

Ruth T. de Toledo est une autre femme de milieu aisé qui est venue chez les AA au printemps de 1939 parce que son père, un avocat, avait contacté le groupe d'Akron.

Doc a demandé à Elgie de la prendre chez elle. «C'était drôle, remarque-t-elle, parce que nous n'étions mariés que depuis un an et nous vivions dans une petite maison d'un quartier plutôt pauvre. À ce moment-là, je ne connaissais pas son milieu et je ne savais rien d'elle. Je l'ai accueillie, j'ai pris soin d'elle et nous avons bavardé. J'étais désolée pour elle. Nous sommes allées aux réunions, nous avons travaillé ensemble, et elle semblait tout assimiler.

« Quand est venu le moment de retourner chez elle, le tribunal a refusé de la laisser rentrer à la maison avec ses enfants, à moins qu'un adulte responsable ne veille à ce que tout se passe bien.

« Doc m'a dit alors : Elgie, tu n'as pas d'enfant. Je pense que John s'en sortira très bien seul. Pourquoi n'irais-tu pas avec elle ? Ainsi, les enfants pourront rentrer chez eux après l'école et tu pourras les préparer pour leur camp de vacances. »

Elgie est restée chez Ruth une semaine. « Bob, Anne, Roland et Dorothy J. sont venus passer une fin de semaine avec nous. Nous avons parlé de créer un groupe à Toledo et Doc pensait que Ruth était capable de le faire. Lorsqu'elle s'est rendue compte qu'ils comptaient sur elle, elle a eu comme une sorte de réveil et elle a décidé d'aller de l'avant. J'ignore combien de temps elle est demeurée abstinente mais je sais que le groupe s'est formé et qu'il y a eu des réunions. »

D'après Elgie, l'idée que les hommes devaient s'aider entre eux, et les femmes entre elles, s'est développée en tant que moyen de sauvegarder le mouvement. L'expérience a prouvé que cette mesure était sage pour le bien des nouveaux. Par contre, elle posait un problème car il n'y avait pas assez de femmes AA pour aider les nouvelles. C'est pourquoi les épouses continuaient de s'occuper d'elles. Par exemple, en novembre 1940, Dorothy S. écrivait qu'elles s'occupaient de deux femmes et essayaient de créer un groupe vraiment anonyme pour elles.

Mentionnons enfin qu'Ethel et Rollo M. sont arrivés ensemble en mai 1941. John et Elgie ont répondu à l'appel du couple et sont allés le rencontrer.

Il y a quelques années, Ethel a raconté lors d'une réunion qu'elle avait dit à un type dans un bar qu'elle songeait à faire appel aux AA. « Il m'a dit : Ma vieille, si tu te crois cinglée maintenant, attends de les voir, *eux* ! Ils braillent et se roulent par terre. J'en connais quelques-uns et je peux te faire entrer. »

Inutile de dire qu'Ethel a continué de réfléchir. « Plus tard, dans un bar, une femme m'a dit que son mari était chez les AA et qu'il pouvait m'aider. Il est venu nous voir, Rollo et moi, avec quelques autres personnes. »

« Elle pesait 150 kilos, raconte Elgie, et son mari, Rollo, était un gars chétif et court ; il devait mesurer la moitié de sa taille à elle, à peine un mètre cinquante. Ils étaient très drôles, comme Mutt et Jeff, et parlaient sans arrêt. John leur a posé quelques questions, puis nous les avons laissés s'exprimer et se disputer. Nous sommes partis en les assurant que nous reviendrions. Nous savions, et c'est toujours vrai, que s'ils n'étaient pas prêts à accepter les AA, ce n'était pas la peine de perdre notre temps.

« Doc nous disait souvent : S'ils sont prêts, occupez-vous d'eux ; s'ils ne le sont pas, vous feriez bien de les laisser parce qu'ils ne s'arrêteront pas de boire. »

« À ma première réunion, raconte Ethel, j'ai vu des gens que je connaissais. Je me suis sentie acceptée et aimée tout de suite. Je me souviens qu'Annabelle G. m'a dit : Si je comprends bien, tu bois, toi aussi. – *Oui ! c'est pour cela que je suis ici.* Je pensais que les épouses allaient peut-être me mépriser mais cela n'a pas duré longtemps. Je suis devenue très intime avec Henrietta D. »

« Ethel et Rollo travaillaient en équipe, et c'était plus sûr, dit Elgie. Tout le monde se sentait à l'aise. Mais chaque fois qu'une femme arrivait seule, c'était comme un signal d'alarme pour toutes les épouses. Elles en avaient une peur bleue. »

« Bien sûr que nous nous méfiions des femmes qui commençaient à être abstinentes, dit Emma K., qui devait plus tard prendre soin de Dr Bob. Je pense que nous les méprisions, que nous ne savions quoi penser d'elles parce qu'aucune femme respectable n'était censée boire. Les femmes devaient surmonter plus d'obstacles que les hommes. Aujourd'hui, je crois qu'il y a autant de femmes que d'hommes chez les AA. (En 1978, lors de cette interview d'Emma, cette estimation ne s'avérait correcte que dans certaines grandes villes. Les femmes représentaient environ un tiers des membres mais cette proportion a augmenté rapidement.)

« Ethel a été très active dès le début, poursuit Emma, et après la mort de Rollo, le mouvement des AA a été toute sa vie. Elle a été la marraine de bien des femmes qui ont adhéré au mouvement. »

D'après Oscar W., il y avait une autre femme, bâtie comme un joueur de football et qui portait un chapeau plat sur la tête. « Si elle était ta marraine et que tu te soûlais, elle te prenait par le cou et te flanquait une raclée. Ensuite, elle te disait : Si tu ne deviens pas abstinente, tu en recevras d'autres. »

Selon Anne C., même Sœur Ignatia avait du mal à comprendre comment une fille « bien » pouvait avoir un problème d'alcool. « Elle connaissait mes parents et toute ma famille avant l'existence du mouvement, dit Anne. Lorsqu'elle a appris que j'en faisais partie, elle s'est exclamée : Mais comment est-ce que cela a pu t'arriver avec une famille aussi merveilleuse que la tienne ? Ce n'est pas possible ! »

– N'êtes-vous pas heureuse que j'en sois ? lui ai-je répondu. Ou préférez-vous que je retourne d'où je viens ?

– Oh ! bien sûr que non ! » Pourtant, pendant des années, elle a répété aux gens qu'elle ne comprenait pas *comment* j'étais devenue alcoolique. »

Vi S. a adhéré au mouvement à Cleveland en même temps que son mari Freddie, en mai 1941. Elle se souvenait que, chaque fois qu'elle voyait deux épouses bavarder ensemble, elle croyait qu'elles parlaient d'elle. « Quelle ivrogne j'étais. Je ne parvenais pas à ouvrir la bouche. Je disais bonjour mais je ne pouvais pas faire plus. Et je ne connaissais aucune autre femme AA. Les épouses me terrorisaient. Je pense qu'elles essayaient vraiment de m'adopter mais j'étais trop sur mes gardes.

« Je n'ai parlé en public qu'une seule fois. J'ai remercié Clarence d'accepter les femmes dans le mouvement, parce que je savais qu'on ne voulait pas de moi. On me disait en quelque sorte que j'étais trop jeune, que je ne buvais pas assez, que je n'avais pas besoin du programme. Leur idée était de me laisser venir, parce que ça pouvait aider Freddie.

«Nous avons créé un groupe de femmes. Il n'y avait que là que je m'exprimais. Jusqu'au jour où nous sommes allés à Akron, cinq ans plus tard. Freddie, comme à son habitude, s'est levé et a raconté à quel point j'étais ivrogne. Dr Bob se trouvait d'un côté de la salle et Paul S. de l'autre. Ils se sont levés tous les deux comme un seul homme, et ont dit : « Fred, laisse Vi raconter sa propre histoire. »

«J'étais incapable de lever les yeux. Je ne sais même pas ce que j'ai raconté. Après, j'ai dit à Dr Bob que je savais ce que j'aurais dû dire. Il m'a répondu : Ne te tracasse pas pour cela, je fais la même chose.

«Bill D. (le troisième membre) allait d'habitude à toutes les réunions. Fred lui a demandé pourquoi : *Eh bien, Fred, c'est comme cela que je reste abstinent.* Nous avons donc pensé que si *lui* en avait besoin, *nous* en avions besoin, nous aussi. »

Pour montrer le danger que les femmes pouvaient représenter, Oscar W. rappelle le premier cas d'un homme qui a été tué lors d'une visite de Douzième Étape.

«Cet homme a rendu visite à une femme après le départ de son mari. Les voisins l'ayant aperçu, ont informé l'intéressé. Un soir, celui-ci l'a attendu, à plat ventre dans les herbes devant la maison. Quand le membre des AA est venu chercher sa femme pour la conduire à la réunion, le mari l'a tué avec son fusil de chasse. Cela s'est passé dans le nord de l'État de New York, et on dit que le nom de ce membre a été donné à un groupe.

«Un centre de cure a été ouvert pour les femmes à Cleveland, ajoute Oscar, parce qu'on ne pouvait pas les envoyer à l'hôpital. Des AA les avaient hébergées chez eux mais elles avaient besoin de plus de place. Elles ont loué un duplex et une infirmière AA et son mari s'y sont installés. »

«Les voisins ont remarqué les allées et venues de nombreuses femmes. Certaines d'entre elles étaient manifestement ivres. Du coup, ils ont appelé la police, qui les ont trouvées en chemises de nuit, etc. Essayez donc de raconter à un agent de police que vous les aidez à devenir abstinentes ; il va vous rire au nez. »

Petit à petit, la situation a évolué. Polly F.L. a adhéré au mouvement à Chicago en 1943, et elle a ensuite travaillé au Bureau des Services généraux à New York. « Ils voulaient faire davantage pour les femmes, raconte-t-elle. Les hommes disaient : *Si une femme peut rester abstinente, alors, moi aussi je le peux.* J'étais consciente des soupçons des épouses mais elles étaient aimables avec moi. En fait, bon nombre d'entre elles me demandaient de convaincre leur mari de faire ceci ou cela. »

Selon Peg S., qui a adhéré au mouvement au milieu des années 1940, « les épouses des AA faisaient tout ce qu'elles pouvaient pour être aimables et m'aider. Un soir, j'étais à une réunion et deux autres femmes AA étaient debout derrière moi. L'une a dit à l'autre : « Fais attention à ta façon de te conduire devant les épouses. Elles vont croire que tu es la fille qui sort avec leur mari. » J'ai réfléchi un moment, puis je me suis retournée pour leur dire : « Non, vous vous trompez. Il y en a peut-être qui sont comme ça mais je n'en ai jamais rencontré une. »

C'est une femme qui est à l'origine de la création du premier groupe noir à Cleveland. Il y a donc eu collaboration entre deux minorités. Voici ce qu'a raconté Oscar W. : « À trois heures du matin, nous avons reçu l'appel d'une femme de couleur qui travaillait dans une boîte de nuit et qui était dégoûtée de la vie. Je suis allé la voir et je lui ai lu des extraits du livre (le Gros Livre), et nous avons bavardé. Puis, un type a fait irruption et m'a poursuivi dans les escaliers en me lançant des bouteilles de lait.

« Le lendemain, cette femme m'a téléphoné pour me dire qu'elle était encore abstinente et me demander ce qu'elle pouvait faire. Je l'ai emmenée au groupe Lake Shore. Les membres ont dit qu'elle pouvait adhérer aux AA mais qu'elle devait fréquenter un autre groupe. Malgré notre ouverture d'esprit, nous ne pouvions pas accepter une femme de couleur. Nous nous sommes assis dans le hall et nous avons bavardé avec quelques membres mais le concierge est venu nous dire de partir. Comme elle était la seule femme noire, nous avons dû former un groupe pour elle.

« Un tas de membres m'ont aidé. Nous avons créé un groupe avec elle dans un quartier noir, sur l'avenue Cedar ; le bruit a couru qu'une bande de cinglés pouvait aider les autres à arrêter de boire ! Nous lui avons aussi trouvé un emploi de fille d'ascenseur qu'elle n'aimait guère parce que ça ne rapportait pas assez.

« Le chauffeur d'une famille importante de la ville a été un des premiers membres ; il nous a ensuite emmené deux ou trois gars et, assez vite, il y a eu une quinzaine de membres. À ce moment-là, j'étais prêt à quitter le groupe. Un jour, le chauffeur est venu à la réunion en Rolls Royce. Il a ouvert la porte à un homme blanc. Ils sont entrés tous les deux et le chauffeur nous a présenté son patron en tant que nouveau membre. »

Faisant remarquer que « nous avions des préjugés à l'époque », Oscar rappelle ces lignes du *Bulletin* de Cleveland d'avril 1945 (une publication AA) : « Nous, les Blancs, si nous prêchons l'amour fraternel, nous devons le mettre en pratique. Même si c'est un nègre qui nous appelle pour demander aide et conseil, c'est notre devoir de chrétiens de donner le meilleur de nous-mêmes, en étant conscients que nous avons entre nos mains une âme humaine que nous pouvons aider ou détruire. »

Clarence S. se souvient de la façon dont les membres ont continué de s'occuper d'une autre minorité : les clochards des quartiers mal famés. En 1942, ils se sont rendus dans un asile de l'Armée du Salut et ont commencé à parler à ces gens, qui ne leur répondaient pas. Finalement, un type, qui semblait être leur chef, a posé une question. La réponse a paru le satisfaire, et il en a posé une autre. « Cela a été le début d'une expérience qui s'est rapidement développée », se rappelle Clarence.

« Nous avons convenu avec l'Armée du Salut d'utiliser leur sous-sol, dit Oscar W. Au début, nous avons essayé d'attirer ces hommes avec du café et des beignes, mais ils n'en voulaient pas. Nous avons eu recours à la ruse. Nous restions à l'extérieur avec des pièces de monnaie. Ils s'approchaient et demandaient cinq cents pour une tasse de café ou dix cents pour un lit. Nous leur disions : « Allez, soyez honnêtes. Qu'*est*-ce que vous voulez vraiment faire de cet argent ? – C'est pour aller chercher des cigarettes chez Smoky Joe's, – répondaient-ils. Alors, nous leur en donnions. La rumeur s'est répandue qu'il y avait une poignée d'abrutis qui ne donnaient rien pour manger ou pour dormir mais qui donnaient de la monnaie pour aller boire. Ils ont commencé à nous faire confiance et trois types sont venus à la Citadelle. Le hasard a voulu que le premier qui devienne abstinent soit le fils d'un couple de l'Armée du Salut et les membres de cette association nous ont trouvés merveilleux.

« Ils nous ont soutenus complètement et nous ont donné quarante lits. Les clochards n'étaient admis qu'à la condition d'avoir un parrain AA. Ils voyaient le médecin et le dentiste, recevaient de la nourriture et avaient un lit pour trois mois. Parfois même, ils travaillaient.

« Les AA ont gâché cette collaboration en voulant expliquer aux gens de l'Armée du Salut comment gérer leurs affaires. Et relativement peu de clochards sont restés abstinents. »

Une autre minorité dans le mouvement regroupait les membres qui parlaient une autre langue que l'anglais. Au début de 1940, Dorothy S. écrivait dans une lettre adressée au bureau de New York qu'un couple de Mexicains habitant dans le quartier ouest de Cleveland aurait rendu quelqu'un abstinent à Mexico.

L'un de ces Mexicains de Cleveland était Dick P., sans doute le premier AA hispanophone et le premier à tenter de transmettre le message au Sud de la frontière. Entré illégalement aux États-Unis, Dick a adhéré au programme en 1940, après avoir lu l'article de Rollie H. dans le *Plain Dealer*. En 1963, longtemps après avoir légalisé son statut et être devenu citoyen américain, Dick a été responsable du Bureau Central de Cleveland.

Il se rappelait son arrivée chez AA. « Harry R. est venu vers moi et m'a dit que je pouvais fréquenter le groupe d'Orchard Grove si j'arrêtais de mentir, de traîner dans les rues et si je ne buvais plus. Je suis resté abstinent et je me suis mis à rendre visite à d'autres Mexicains qui, à mon avis, avaient besoin des AA. Comme je ne pouvais recourir qu'à mes propres mots, ma femme a décidé de traduire différentes phrases du Gros Livre. Elle en a traduit de plus en plus et, après un certain temps, elle a proposé de tout le traduire. Elle a terminé en 1946. Lors de mes premières vacances, j'ai emporté le livre à New York et je l'ai remis à Bill. »

Auparavant, Dick s'était rendu au Mexique avec des publications qu'il avait distribuées aux prêtres et aux travailleurs sociaux. « Il y a eu une réunion, les journaux nous ont un peu aidés, mais il ne s'est rien produit d'important, dit-il. Finalement, un groupe a été lancé à Mexico par une Américaine dont le mari avait été muté des États-Unis. »

Les handicapés ont constitué une autre minorité. Norman Y., un AA aveugle, a fait traduire le Gros Livre en braille en 1940 et l'a fait envoyer aux autres membres aveugles par la bibliothèque de Cleveland. « Nous étions 19 à correspondre à l'époque », dit Norman.

Le plus curieux, c'est que Norman lui-même n'a jamais lu le livre. « Je n'ai jamais lu un seul mot des livres AA. Il n'est pas nécessaire de lire. Personne n'est obligé de lire toutes ces brochures qu'ils publient. On peut appliquer le programme en apprenant à réfléchir.

« C'est merveilleux de connaître le mouvement des AA, ajoute Norman, et d'appliquer son programme – mais dans votre vie. C'est dans la rue qu'il faut le vivre. Si vous voyez quelqu'un, qui que ce soit, qui a un problème, aidez-le. C'est ça les AA. »

XX. Pour les AA de Toledo, une division n'est pas un désastre

En mai 1940, il y a eu d'autre publicité en provenance de Cleveland. Elle concernait cette fois le receveur du club de baseball local, Rollie H. des Indians, qui venait de réussir un match parfait aux dépens du lanceur Bob Feller.

Cela faisait un an que Rollie était abstinent grâce aux AA et quand la nouvelle s'est sue, elle a fait du bruit, non seulement à Cleveland et dans l'Ohio mais dans les pages sportives de tous les journaux du pays.

Rollicking Rollie (comme on l'appelait jadis) avait mis le feu à des voitures, causé de fameuses pagailles dans les trains, attrapé une balle lancée depuis le sommet de la tour Terminal de Cleveland alors qu'il était soûl (abstinent, il a réitéré cet exploit). Il était sur le point d'être écarté des ligues majeures lorsque Dr Bob a appelé John R. en avril 39.

Voici ce que John a raconté : «Doc m'a dit : Tu es le seul ici à connaître quelque chose au baseball. Tu connais un joueur appelé Rollie H. ? – Bien sûr ! C'est un receveur de l'équipe de Cleveland. – Ah bon ! Eh bien, quelqu'un l'a amené à l'hôpital, et il se trouve ici. Tu pourrais venir lui parler ?

– J'ai oublié sous quel nom on l'avait inscrit, poursuit John, mais je sais qu'un journaliste sportif du *Beacon-Journal* était furieux parce que Doc ne voulait pas le lui dire. À sa sortie, Rollie s'est rendu chez T. Henry, qui n'a rien révélé lui non plus.

« Un soir qu'on se trouvait tous là, Rollie nous a dit : – Vous savez, j'admets tout ce que vous racontez ici mais quand je voyage, j'ai tout juste un petit sac et je suis incapable, d'y fourrer une Bible. »

« Cet été-là, Rollie nous a fait parvenir des tickets pour assister aux matchs. Après les parties, Annie, Doc, Elgie et moi allions rejoindre Rollie pour bavarder. Quand Rollie est devenu abstinent, sa femme a commencé à perdre du poids et à mettre du rouge à lèvres. Dieu qu'elle était jolie ! Je crois qu'elle avait pris l'habitude de grignoter pour se calmer les nerfs. »

Clarence S. se souvient que Rollie avait voulu se rendre à l'un des piques-niques organisés par les AA. Il possédait une Packard flambant neuf. « Il nous a demandé le chemin, et on lui a répondu : – Va jusqu'au parc. Quand tu apercevras un tas de voitures qui ont l'air de sortir de chez le marchand de ferrailles, tu nous auras trouvés. – Vous savez, ajoute Clarence, nous, on a inventé les voitures sans marchepied. »

Une autre fois, un de ses équipiers a voulu lui offrir à boire. « Non merci, lui répondit Rollie.

– Qu'est-ce qui t'arrive ? Tu as peur d'agir comme un fou ?

– Oui. Alors, bois à ma place et agis comme un fou *toi-même*. »

Quand les AA d'Akron ont quitté le Groupe Oxford, Rollie est resté avec T. Henry pendant un moment. C'est ainsi que lorsque son histoire s'est répandue en 1940, c'est au Groupe Oxford qu'on a attribué le mérite de son rétablissement. Cependant, à cette occasion, Rollie a rompu le silence et déclaré qu'en fait, tout le mérite en revenait aux Alcooliques anonymes.

Si cette histoire a amené aux AA des centaines de nouveaux membres, elle a également représenté le premier manquement à l'anonymat dans le Mouvement au niveau national. Les AA s'en sont inquiétés mais en toute honnêteté, on ne saurait le reprocher à Rollie.

Plus tard, Rollie a expliqué de la façon suivante la différence qu'il voyait entre le Groupe Oxford et les AA : « Si quelqu'un me refile un tuyau au baseball et si j'apprends qu'il n'a jamais joué, je ne lui accorderai pas une grande attention. Avec l'alcool, c'est pareil. »

Parmi les gens qui sont devenus abstinents suite à l'histoire de Rollie, nous pouvons mentionner Duke P., un vendeur de Toledo. Après avoir lu l'article, son patron l'a convoqué, lui et sa femme, Katie. « Duke, je crois que ces AA vont te convenir, a-t-il dit. Cela m'a l'air solide du point de vue psychologique et sain du point de vue religieux. Deux gars vont venir te voir. Fais tout ce qu'ils te diront. S'ils veulent que tu ailles passer la fin de semaine avec eux à Akron, vas-y. Nous paierons la note. »

Les deux gars en question étaient Charles (C. J.) K. et Eddie B. qui tous deux avaient effectué de leur plein gré un séjour à l'asile d'aliénés de l'État à Toledo durant l'été 1939. C'est là qu'on leur avait montré le manuscrit du Gros Livre. Ils avaient été tellement impressionnés qu'ils avaient quitté l'asile et étaient allés vivre à Akron. Le père de C. J. l'avait prévenu qu'il devrait subvenir lui-même à ses besoins tant qu'il vivrait en dehors de Toledo.

D'après Ernie G. le second, l'existence des AA à Toledo remonte à plus loin. « Lorsque j'ai fait partie des AA en mai 1939, dit-il, il y avait un type qui sortait de l'hôpital. Il n'est jamais devenu abstinent mais il avait le manuscrit et il l'a apporté à l'hôpital de l'État. C'est comme ça que Walter C. l'a lu. »

Quoi qu'il en soit, C.J. avait dû demander la permission à son père pour venir voir Duke à Toledo. Katie, a accepté l'offre faite à son mari mais 38 ans plus tard, elle avait encore les larmes aux yeux en racontant l'événement : « Je me souviens m'être alors demandé quelle bonne femme naïve je pouvais être pour laisser partir mon mari en week-end à Akron avec deux anciens pensionnaires d'un asile de fous. »

«J'ai été admis au City Hospital pour une «gastrite aiguë», raconte Duke, en faisant remarquer que l'hôpital était moins cher que l'hôtel à l'époque. Mais le premier soir, je suis allé chez Wally G. J'ai été estomaqué ; il y avait là une douzaine de types qui se traitaient d'ivrognes et d'alcooliques sans avoir l'air de s'en faire. Wally était grisonnant et ressemblait à Warren Harding. Il ne semblait pas avoir le moindre souci. Pourtant, il avait été renvoyé de la W.P.A. (La Works Progress Administration était un programme d'emploi fédéral qui avait été mis sur pied durant la crise des années 1930.)

«Le lendemain, qui est-ce qui vient me voir ? Dr Bob ! Il irradiait la gentillesse, l'amour, la confiance, tout ce dont j'étais dépourvu. Il me dit : *Duke, tout va bien aller.* Et je savais que tout irait bien.

«Après son départ, j'ai éprouvé un sentiment de paix. La peur était partie. Je savais qu'en revoyant Katie, je lui dirais tout. Et lorsque je lui ai parlé, elle a su que je disais la vérité pour la première fois.

«Ce lundi-là, Katie est venue avec moi à Youngstown, dans l'Ohio. Là, j'ai rencontré Neil K., qui avait été prévenu de mon arrivée. Le soir, il nous a invités à dîner. J'ai téléphoné à Katie pour le lui dire. Rentré à l'hôtel, je l'ai trouvée en pleurs. « Qu'est-ce que je vais bien avoir à raconter à sa femme ? Nous ne connaissons pas ces gens-là. – Nous devons y aller, ai-je dit – Ces choses-là ne se *font* pas. Nous n'avons jamais été présentés. –Nous commençons une nouvelle vie, ai-je répondu.

«Bien entendu, nous n'étions pas là depuis cinq minutes que nous nous appelions par nos prénoms. J'ai même fait une Douzième Étape ce soir-là. Ils ont amené un nouveau et nous nous sommes assis sur la galerie avant. Il était nerveux et agité et j'ai commencé à lui parler, moi, un vétéran de 36 heures ! Il m'a dit : *Pour vous, ça va, parce que vous vous connaissez depuis un bout de temps.* Il ne pouvait pas croire que j'étais un parfait étranger, comme lui.»

Comme les quelques membres de Youngstown et d'autres villes de l'Ohio, Duke et Katie faisaient le voyage de Toledo à Akron tous les mercredis soir pour assister aux réunions à l'école King. « En cinq minutes, sans quitter sa chaise, Dr Bob nous donnait, à Katie et à moi, assez d'inspiration pour tenir le coup jusqu'à la prochaine fois.

« Plus tard, au Kessler Donut, si nous avions un peu de chance, nous pouvions nous asseoir à côté de Dr Bob. Il nous régalait avec ses histoires. Il ne ratait jamais l'occasion de glisser un mot d'argot quand il le pouvait. Il appelait un billet d'un dollar *une peau de grenouille*. Et quand on lui posait une question, il répondait : « Pourquoi me demander ça, à moi ? Je ne suis pas un oracle. » Nous serions restés là des heures et des heures.

« Avec lui, la vie devenait agréable, divertissante, poursuit Duke. Pour nous, il était comme un père ou comme un oncle. Il aimait tout le monde mais il aimait particulièrement Bill Wilson.

« Il s'inquiétait beaucoup de Bill. « Moi, ça va, disait-il. Je pratique une opération de temps en temps. Mais on devrait faire quelque chose pour Bill. » De son côté, Bill disait : « Moi, je me débrouille, mais on devrait faire quelque chose pour Smitty. » Ils s'aimaient comme David aimait Jonathan. C'est merveilleux de pouvoir repenser à tout cela.

« Anne, elle, donnait une impression de stabilité. Elle trouvait toujours le mot juste pour toutes les occasions. Il était impossible d'éprouver de la colère ou de l'animosité contre quelqu'un quand elle était près de nous. Elle disait toujours que pour connaître les pensées de quelqu'un, il faut marcher un kilomètre dans ses chaussures. »

« Je me souviens dit Katie, qu'elle m'a dit de ne pas m'étonner quand Duke a recommencé à boire.

– Mais pourquoi, lui ai-je demandé ?

– Il n'a jamais eu tous les problèmes que les autres ont eus, dit Anne. Il n'a jamais été réellement dans la misère.

– Pourtant, je crois qu'il a toujours été en difficulté, ai-je répondu. »

Duke n'a jamais repris un autre verre. Quelques mois plus tard, en septembre 1940, il a fondé son propre groupe avec d'autres membres de Toledo. Duke se souvient qu'ils étaient treize dans la grande maison de Ruth T., près de la rivière. Huit d'entre eux étaient alcooliques. Parmi eux, il y avait Ruth et Ernie G., qui venaient de déménager d'Akron. En fait, la première réunion a été remise d'une semaine pour leur permettre d'y assister.

Ernie se rappelle que Dr Bob leur avait dit : «Je suis tellement content que vous alliez à Toledo. Ils ont besoin d'aide là-bas.»

«Anne nous a dit de maintenir le caractère spirituel de nos réunions et que tout se passerait bien, ajoute Ernie. Le samedi, nous allions voir Dr Bob à Akron. Nous lui parlions de ce qui se passait. Si nous avions des problèmes, Dr Bob priait pour nous.

– Restez sur des bases spirituelles, nous répétait-il. Si vous placez les principes au-dessus des personnalités, si vous êtes actifs, si vous partagez le programme avec d'autres, cela fonctionnera. Face à l'alcool, les gens sont tous égaux. Ils le sont aussi au sein des AA.»

D'après Duke, il y avait un autre homme qui était allé à l'hôpital de l'État, Chet M. Il allait chercher à l'hôpital les patients du docteur Kaiser, laissait un reçu et les amenait à la réunion de Toledo. «Jusqu'en décembre 1940, dit Duke, c'est de cette façon qu'on a ramassé nos nouveaux. On les sortait directement de cette maison de fous.»

Le groupe de Toledo s'est réuni chez Ruth T. jusqu'en janvier, puis il a loué un local pour dix dollars par mois. «Le propriétaire était ravi de le voir occupé par les AA, poursuit Duke, parce qu'il favorisait beaucoup les associations sportives. Il nous disait : «La règle que je me suis fixée, c'est de ne jamais laisser entrer de boissons fortes ici. Je n'ai rien contre de la bière de temps en temps, mais de l'alcool, jamais.» Et vous pouvez me croire, il n'a jamais deviné que les AA n'étaient pas une association sportive.

« C'est Katie qui a été notre première trésorière, parce qu'on ne voulait pas confier cette fonction à un membre. » Duke ajoute qu'on doit également à sa femme l'invention du « programme élargi de 24 heures ».

Ce programme s'appliquait à un couple où régnait une telle discorde qu'il y avait de l'électricité dans l'air. « Katie a dit au mari : *Tu t'es engagé à rester abstinent 24 heures. Alors, pourquoi ne pas aimer Grace pendant 24 heures ?* Elle a tenu le même discours à Grace. Le vendredi suivant, ils sont venus à la réunion la main dans la main. »

Il y a eu aussi l'histoire d'un membre appelé Bob, qui a été amené dans le mouvement juste au moment où il allait faire la démarche lui-même. Quelques jours plus tard, Bob lui a rendu une visite de Douzième Étape avec Walter C. Le candidat les a écoutés, puis leur a dit : « Ce que vous me racontez là est très intéressant mais je ne crois pas que cela me concerne. Toutefois, j'ai une amie dont le frère pourrait bien avoir besoin de vos services.

– Qui est-ce ?, demande Bob.

– Je ne connais pas son nom, mais sa sœur s'appelle Édith M.

– Ça alors ! C'est *ma* sœur ! s'écrie Bob, à qui on venait de conseiller de faire un appel de Douzième Étape auprès de lui-même !

D'après Duke, la première personne hospitalisée par les AA de Toledo s'est retrouvée à l'étage d'obstétrique du Women's and Children's Hospital ; c'était le seul endroit où ils avaient pu trouver une place. On a sevré le nouveau en lui donnant une gorgée de whiskey toutes les cinq heures. Après un certain temps, alors qu'il réclamait sa potion, l'infirmière lui a dit : « M. B., est-ce que vous prêtez la *moindre* attention à ce que ces messieurs vous racontent ? Voyons, si vous pouvez sauter la prochaine dose. » Il n'a plus jamais bu depuis.

« Nous sommes devenus si nombreux, dit Duke, que nous avons dû créer ʼautres groupes, et cela a été un choc. Il y a un gars qui s'est enivré à cause de cette décision. *Vous allez vous diviser,* disait-il. Ce n'était pas se diviser, c'était se développer. Nous avons tout planifié, partagé l'argent et réparti les réunions sur une base géographique. Il ne s'agissait pas d'une division provoquée par des ressentiments et pourtant, elle a suscité des rancœurs. Le jour de Pâques 1942, quand nous (Duke et Katie) avons quitté Toledo, il y avait plusieurs groupes.

«Nous avons aussi assisté à la première réunion de Youngstown. Je dis *nous* parce que les collectivités s'aidaient les unes les autres. Cette réunion s'est tenue dans le salon de Neil K. Dr Bob était l'animateur. Appuyé contre la cheminée, il nous a parlé tout simplement.»

À cette époque, les représentants de commerce ont également joué un rôle important; après s'être rejoints au mouvement à Cleveland et à Akron, ils répandaient le nom des AA à l'extérieur. Ils faisaient halte dans des localités où ils rencontraient des candidats ou des «solitaires» dont le nom leur avait été transmis d'une manière ou d'une autre, le plus souvent par le bureau de New York.

Ernie G. le second vivait maintenant à Toledo. Au moment où il a été interviewé en 1977, il s'occupait d'un nouveau d'une vingtaine d'années qui avait juste six mois d'abstinence. Il a aidé à la formation de groupes dans l'ouest de l'Ohio et dans le sud du Michigan, tout comme J.D.H., qui devait se déplacer beaucoup pour son travail.

Il y avait trois ans que J.D. s'était joint au groupe d'Akron lorsque le livre Alcooliques anonymes est sorti de presse. «J'avais toujours trois ou quatre exemplaires du Gros Livre dans ma voiture, raconte-t-il. Si un groupe ne le possédait pas encore, je leur en donnais un exemplaire, ainsi que quelques brochures. Ou encore, connaissant le secrétaire d'un groupe voisin, je m'arrangeais pour que les deux groupes communiquent entre eux. Parfois, j'avais affaire à un solitaire. Je devais rouler 50 à 60 kilomètres pour rencontrer, dans un patelin de 400 habitants, un gars dont le nom m'avait été communiqué par le bureau.»

J.D. nous a parlé d'un ami, Doherty S., «à qui on doit dans l'Indiana plus de groupes qu'à n'importe qui d'autre. Il s'arrangeait pour que deux isolés de villes différentes se rencontrent le dimanche, à l'heure du déjeuner. Je devais partir le samedi soir et passer la moitié de la nuit à me rendre au rendez-vous. C'était un voyage pénible avec des changements de train et tout ce qui s'ensuit. Je repartais vers midi pour rentrer chez moi. J'avais mis dix ou douze heures pour faire 250 kilomètres mais c'était une expérience fort intéressante. »

Parfois, l'expérience n'était pas seulement intéressante. Voici ce qu'a raconté Oscar W.: «Je suis revenu visiter un groupe que j'avais aidé à créer au cours d'un voyage. Il y avait quatre pasteurs assis au premier rang. N'est-ce pas merveilleux? ai-je dit. Nous avons quatre pasteurs chez les AA. »

«L'un d'eux s'est levé : Nous ne sommes pas des pasteurs alcooliques, m'a-t-il dit. Nous formons le comité de sélection des Alcooliques anonymes, nous déterminons qui est apte à devenir membre ! »

Irwin M. était l'un des premiers représentants de commerce les plus connus de cette époque. Il partait de Cleveland pour aller vendre des stores vénitiens aux grands magasins sudistes. Bill Wilson l'a décrit ainsi: «Plein d'énergie et de dynamisme, Irwin était un colosse pesant plus de 120 kilos. Mais la perspective d'avoir à nous en remettre à Irwin comme émissaire nous rendait passablement perplexes. »

Néanmoins, il y avait pour son territoire une longue liste d'alcooliques, qui lui a été remise avec réticence parce qu'il « avait depuis longtemps brisé toutes les règles de diplomatie et de discrétion avec les nouveaux candidats ». Il les a tous rejoints, en travaillant jour et nuit. De plus, il leur écrivait et les a amenés à correspondre entre eux. «Il avait fait une brèche dans le territoire ; écrit Bill, et il avait fondé ou stimulé des nouveaux groupes. »

Larry J. était un journaliste qui a quitté Cleveland pour s'installer à Houston dans le Texas. Il a écrit une série de six ar-

ticles sur les AA pour le journal *Press* de Houston. C'était un
condensé du Gros Livre. Parmi ceux qui ont contacté Larry après
avoir lu ces articles, Roy Y. a été le premier Texan à devenir et à
rester abstinent. C'est ainsi qu'a débuté le Mouvement au Texas.

Plus tard, Roy s'est engagé dans l'armée. En poste à Tampa,
il a fondé les premiers groupes sur la côte ouest de la Floride.
Un autre membre de Houston a déménagé à Miami où il est devenu un des pionniers des AA de l'endroit.

Les années passaient, des groupes se formaient, et les membres des AA représentants de commerce continuaient d'assister à
leurs réunions, apportant des publications et des messages, met-
tant en contact les secrétaires de différents groupes, partageant
leur expérience et donnant des conseils lorsqu'ils l'estimaient
utile. Ces voyageurs ont vu dans ces nouveaux groupes les mêmes douleurs de croissance que celles survenues dans les groupes d'Akron et de Cleveland. Bien souvent, ils étaient à même
de les aider à progresser, une fois passées les premières étapes.
On a ainsi découvert que, comme les membres des AA, les
groupes ne devaient pas toujours apprendre par leur propre expérience. Ils pouvaient tirer des leçons et croître grâce à
l'expérience des autres.

XXI. Inquiétude et mécontentement des groupes

Les réunions de Cleveland ont suivi une évolution un peu différente de celles d'Akron. «Nous commencions par une prière à haute voix, raconte Clarence S. Le conférencier, choisi quatre semaines à l'avance, parlait pendant quarante-cinq minutes et nous terminions par le Notre-Père.

«Après, la réunion reprenait avec des commentaires à bâtons rompus, des questions, etc... La réunion durait en tout de une heure et demie à deux heures. On ne pouvait pas fumer pendant la première partie, uniquement pendant la partie informelle.

«Le problème aujourd'hui est que tout se passe trop librement, ajoute Clarence. Je pense qu'il faut un peu de discipline. Je pense que les AA étaient plus efficaces alors. Les archives de Cleveland montrent que 93 pour cent des personnes qui se sont jointes à nous ont arrêté définitivement de boire. Quand j'ai découvert que certains membres avaient des rechutes, j'ai été réellement bouleversé. Aujourd'hui, le message est trop dilué. N'importe qui peut venir faire n'importe quoi.»

Warren C., un autre pionnier de Cleveland, avait une vision des AA un peu plus optimiste lors d'une interview réalisée en 1977. «Je pense que le programme est exactement le même, dit-il. Les principes sont là; les Étapes sont là; les usages sont là et les occasions sont là. Si vous faites ce que dit le Gros Livre, vous suivez le même programme que celui que j'ai connu à mon arrivée en 1939.

«Aujourd'hui, plus de gens viennent chez les AA et en sortent. C'est compréhensible puisque nous avons plus de monde. Les gens qui voulaient rester abstinents à l'époque étaient ceux qui suivaient les suggestions du programme. Aujourd'hui, ceux qui veulent arrêter de boire sont aussi ceux qui mettent le programme en pratique. La seule différence, c'est que je ne connais plus tous ceux qui font partie du mouvement.

«Il y a une autre grande différence aujourd'hui, du fait que certains arrivent après avoir perdu argent, femme et enfants. Ce n'était pas le cas au début. Ils n'avaient plus beaucoup d'argent, mais la plupart avaient encore leur femme et leur famille.

«De plus, il y a maintenant tant de jeunes. Par exemple, mon fils est devenu membre à 31 ans. Moi, à 38. Ces sept années font une énorme différence.

«À 36 ans, j'étais une ruine. J'en ai 76. Quand vous restez abstinent aussi longtemps que moi, les nouveaux vous admirent et veulent entendre tout ce que vous avez à dire, que cela ait du sens ou non. Ils peuvent avoir quelque chose de bien plus important à offrir.»

Vers septembre 1940, Cleveland faisait savoir à Bill qu'en plus de leurs six réunions comprenant de 400 à 500 membres, l'Ohio comptait également des réunions à Akron, Toledo, Youngstown, Dayton, Ravenna, Wooster et Canton.

Dorothy S., la femme de Clarence, s'est informée de la possibilité de disposer d'un annuaire polycopié «indiquant l'adresse des gens». Elle a également proposé la publication d'un bulletin d'information qui pourrait être envoyé à tous les groupes et qui «rapprocherait les membres du mouvement». Jusqu'alors, les AA de l'Ohio se contentaient de lire en réunion les lettres que

Bill leur envoyait, comme Bill lisait à New York les lettres en provenance d'Akron ou de Cleveland.

Dans les premiers temps, l'alcoolique actif, ou même abstinent depuis peu, n'était pas du tout bienvenu aux réunions de Cleveland. En septembre 1940, Clarence écrivait ceci à Bill : « Plusieurs groupes n'acceptent un nouveau que s'il a été hospitalisé ou s'il a rencontré au moins dix membres. » Clarence notait aussi qu'ils avaient une « organisation solide » dans trois hôpitaux et deux sanatoriums, et qu'ils avaient en permanence dix ou quinze personnes hospitalisées.

En janvier 1941, les exigences avaient légèrement diminué. Selon Clarence, avant qu'un nouveau ne puisse assister aux réunions, « la plupart des groupes » exigeaient soit l'hospitalisation, soit des entretiens avec au moins cinq membres, soit un examen par un comité.

À Youngstown, l'usage voulait qu'un nouveau reçoive la visite de deux couples avant sa première réunion. Le mari donnait à l'homme des explications sur les AA et sa femme parlait à l'épouse. « Ainsi, ils savaient à quoi s'attendre quand ils arrivaient finalement chez les AA », dit Norman Y.

« Groupes différents, manières différentes, écrivait Clarence. Mais l'idée générale est de tester et de préparer un membre éventuel en lui faisant bien comprendre les buts et les principes des AA avant qu'il n'assiste aux réunions. On élimine ainsi une bonne part des inconvénients d'avoir des gens ivres à nos réunions. »

« Si quelqu'un arrivait ivre à une réunion, se rappelle un autre ancien, trois ou quatre membres le prenaient à part et discutaient avec lui. »

« Cleveland n'admettait pas d'étrangers aux réunions, dit Warren C., mais laissait entrer les membres des familles. Certains groupes admettaient les familles pour la première partie de la réunion mais demandaient ensuite aux femmes de sortir pour la deuxième partie. Une des premières femmes membres s'est levée, croyant que cette demande la concernait. »

Comme il a été dit dans un chapitre précédent, la situation des femmes chez les AA aujourd'hui a remarquablement évolué. Par contre, certains principes des premiers groupes de Cleveland – tels les clubs des AA et l'anonymat des membres – sont toujours d'actualité.

«Certains clubs se sont transformés en salles de poker et n'ont pas duré, dit Warren. Nous sentions que ce n'était pas bon et nous n'encouragions pas leur création. Tous les groupes étaient indépendants. Ils avaient leurs secrétaires et leurs responsables.

«Quant à l'anonymat, *nous* savions qui nous étions. Pas seulement chez les AA mais également dans nos activités sociales. Nous avions l'impression de passer notre vie ensemble. Nous amenions les gens chez nous pour les aider à arrêter de boire. Le groupe de Cleveland avait le nom, l'adresse et le numéro de téléphone de chacun des membres. Je me souviens que Dr Bob disait : «Si je me levais et si je déclarais m'appeler Dr Bob S., les gens qui ont besoin d'aide auraient bien des difficultés à entrer en contact avec moi ! »

«Il (Dr Bob) disait, poursuit Warren, qu'il y avait deux manières de manquer à la Tradition de l'anonymat : 1) donner son nom publiquement à la presse ou à la radio ; 2) être tellement anonyme que d'autres ivrognes ne parviennent pas à vous contacter. »

Dans un article du Grapevine de février 1969, D.S., de San Mateo en Californie, écrivait que Dr Bob commentait ainsi la Onzième Tradition :

«Comme notre Tradition sur l'anonymat indique expressément la ligne de conduite à suivre, il doit être évident, pour toute personne sachant lire et comprendre, que maintenir l'anonymat à tout autre niveau est à coup sûr une violation de cette Tradition.

«Le membre des AA qui utilise un nom d'emprunt pour cacher son identité à un autre membre viole autant la Tradition qu'un AA qui autorise la diffusion de son nom dans la presse à propos de questions concernant le mouvement.

« Le premier maintient son anonymat *au-delà* de la presse, de la radio, du cinéma, et le second maintient son anonymat *en-deçà*, alors que notre Tradition stipule que nous devons maintenir notre anonymat *dans* nos rapports avec la presse, la radio et le cinéma. »

Ernie G. de Toledo commente ainsi ce qu'il considère comme un plus grand respect de l'anonymat aujourd'hui par rapport aux débuts du mouvement : « Un soir, je suis allé jusqu'à Jackson, dans le Michigan. Tous venaient me saluer en disant : « Je m'appelle Joe », « Je m'appelle Pete ». Un des gars m'a dit : Bon voyage de retour. Si tu as un problème, téléphone-moi. Plus tard, j'ai dit à celui qui m'accompagnait : « Suppose que nous ayons un accident sur le chemin du retour, comment pourrions-nous prévenir un AA ? Nous ne connaissons pas les noms de famille. » Ils sont tellement à cheval sur cette notion de l'anonymat que cela en devient comique. J'avais un carnet (un de ces petits carnets d'adresses que tenaient les anciens ou leur femme) dans lequel étaient inscrits les noms des cent premiers membres – leur prénom *et* nom de famille – leur numéro de téléphone et leur adresse. »

Joe P. d'Akron (le diplômé de Dartmouth) se souvient très bien du point de vue de Dr Bob sur l'anonymat. Bien que ce n'ait pas été la coutume au milieu des années 1940 de faire des causeries sur les AA en dehors des cercles d'alcooliques, disait Joe, quelques membres ont formé un comité informel d'information publique et commencé à s'adresser aux clubs Rotary et Kiwanis dans tout l'État.

« Bien sûr, nous avons dû obtenir la permission de Bob, dit Joe. Il nous a répondu que nous n'étions pas sensés manquer à l'anonymat dans les journaux ou à la radio, mais il ne croyait pas que nous arriverions à quelque chose si les gens ignoraient que nous appartenions aux AA. Il avait la ferme conviction qu'il fallait se faire connaître comme AA dans la collectivité et il s'assurait de nous le répéter à chaque rencontre. »

La grande considération que la plupart des AA locaux témoignaient pour les idées et la personne de Dr Bob s'est manifestée officiellement à l'automne 1941. Clarence S. et d'autres membres de Cleveland ont mis sur pied une journée d'hommage au docteur Smith, qui devait consister en une après-midi de discussion et de partage, suivie d'un dîner. Ils ont invité Bill en lui disant : « Doc sera touché de vous voir ». À la même époque, Clarence écrivait ceci : « Je suis allé à Akron et la santé de Doc m'inquiète. Il n'est pas bien et devrait se reposer. Dans sa position, c'est vraiment difficile ; Doc est tellement consciencieux qu'il va crâner. Il faudra lui épargner le plus de tracas possible. Bien des gens ne prennent pas la peine de penser qu'il n'est plus un jeune homme et continuent de lui mettre de la pression. »

« Le prix du dîner et des autres manifestations était de 1,35 $. Il ne faut pas beaucoup d'imagination à quelqu'un qui a déjà fait partie d'un comité de ce genre pour entendre quelques membres se plaindre du prix demandé.

Quoi qu'il en soit, 900 membres des AA et leur famille étaient présents. Parmi les conférenciers, il y avait Dr Bob, Bill Wilson, Bill D. et Henrietta Seiberling. Comme le rappelle Duke P., ils se sont cotisés pour offrir au Dr Bob une obligation pour l'effort de Guerre de 75 $ (qui ne coûtait que 67,50 $). Les membres du groupe de Toledo ont rassemblé le prix d'un billet aller et retour pour permettre à Bill de venir les voir de Cleveland afin qu'il leur rende aussi visite. « N'ayant pas les moyens de lui payer l'hôtel, il a logé chez nous, dit Duke. D'autres membres sont venus nous rejoindre et nous avons passé toute la nuit à parler. »

Les cofondateurs des AA n'étaient pas toujours accueillis avec tous les égards. En 1942, le bruit circulait à Cleveland que le Bureau de New York et le Gros Livre n'étaient rien d'autre

Vénéré en tant que cofondateur et aimé comme parrain exigeant, Dr Bob n'a pourtant pas été épargné lorsqu'il a été critiqué suite à des rumeurs.

qu'une escroquerie. Ces rumeurs concernaient surtout les redevances sur la vente du livre.

Clarence S. dit qu'il ne savait pas que Bill Wilson et Dr Bob
touchaient des redevances « avant de rencontrer Bill à la gare
d'autobus quand il est venu pour la fête » (la journée de Dr Bob).

« C'est alors qu'il m'en a parlé. J'étais abasourdi. Je pensais
que c'était un travail d'amour, que personne ne devait toucher
de redevances. Mais Bill ne s'en cachait pas. Comme les gens de
New York étaient au courant, il supposait que Dr Bob en avait
parlé à Akron.

« Bill était prêt à en parler aux membres de Cleveland à pro-
pos de lui-même, mais pas de Dr Bob. Il dirait tout. Je lui ai dit :
« Ne le fais pas maintenant, j'arrangerai cela. »

Peu après, Clarence a eu un entretien avec Dr Bob : « Cela a
nui quelque peu à nos relations. Je l'admirais et j'étais désillu-
sionné. Cette histoire a beaucoup perturbé Annie. C'est une de
ces choses que vous espérez ne jamais connaître mais qui se
produit néanmoins. »

Il aurait probablement été préférable que Bill suive son idée
première et aborde directement le problème des redevances avec
les membres de Cleveland. Malgré la promesse de Clarence de
prendre l'affaire en main, quelqu'un a parlé. Inutile de dire que
l'histoire a été complètement déformée.

Décidés à prendre le taureau par les cornes, quelques AA de
Cleveland ont organisé, pour Bill et Dr Bob, un dîner au cours
duquel les cofondateurs devaient prendre la parole. Après le repas, boudés par beaucoup de membres, les deux « invités
d'honneur » ont été priés de participer avec les présidents ou les
secrétaires de tous les groupes locaux à une réunion privée, en
compagnie d'un avocat et d'un comptable agréé. Les membres
des AA ont rapporté avoir entendu dire que Bill et Bob faisaient
des bénéfices énormes sur la vente du livre et qu'ils s'étaient
partagés 64 000 $ en 1941.

En fait, à cette époque, Bill recevait 25 $ par semaine des
ventes des publications. De plus, Bob et lui recevaient 30 $ par

semaine provenant de contributions faites par des amis non-membres du mouvement. (La septième Tradition sur l'autonomie financière des groupes et de l'ensemble du mouvement ne devait être rédigée que quatre ans plus tard). Les livres montrent que Dr Bob a reçu 1 000 $ au total en 1941. De toute évidence, leurs 30 $ hebdomadaires ne leur parvenaient pas toujours.

Bill avait amené au dîner, «par hasard», un rapport officiel sur les finances des AA depuis le début. Le comptable du comité d'enquête a lu le rapport à haute voix et a certifié son exactitude. Bill et Dr Bob ont tous deux reçu des excuses.

Les responsables présents ont promis de faire l'impossible pour stopper la propagation des ragots mais d'après Bill, ils n'y sont jamais parvenus tout à fait. L'affaire de «l'escroquerie» a survécu encore pendant plusieurs années.

Le plus drôle dans cette histoire, c'est que Dr Bob, au début de 1941, avait écrit à la Fondation des alcooliques (le conseil d'administration des AA) qu'il considérait «peu sage» l'idée des droits d'auteur, et que le Gros Livre devrait être «l'entière propriété» de la Fondation. Bill partageait aussi cet avis, tout en n'étant pas opposé aux droits d'auteur. Il avait cédé à la Fondation ses actions dans la société créée pour la publication du Gros Livre, mais sous réserve que Dr Bob et Anne reçoivent des droits d'auteur à vie.

Chaque cofondateur nourrissait (avec raison) des craintes pour la situation financière de l'autre. La première réaction de Bob a été que Bill avait besoin de redevances plus que lui. Mais ses propres revenus étaient fluctuants ; si optimiste qu'il fût, il avait une famille à nourrir. La réticence de Dr Bob à accepter cet argent a fondu devant les réalités de la vie.

En fait, toute cette question des droits d'auteur était très théorique. Les sommes perçues sous cette rubrique avaient surtout servi à payer les frais du Bureau des Services généraux. À la fin de 1942, les ventes du Gros Livre étaient en constante progression et chaque fondateur a reçu au total des redevances de 875 $, ce qui est bien loin des présumés 32 000 $ pour chacun d'eux.

XXII. L'impression des anciens sur Dr Bob

Comme l'a indiqué la question des droits d'auteur, les AA n'é-prouvaient pas toujours de la vénération envers les cofondateurs, leur attitude allait de l'amour et de la gratitude chez la plupart des membres, à de l'antagonisme et à de la méfiance occasion-nels chez quelques-uns. Cette liberté d'opinion est tout à fait normale dans une association fondée sur l'égalité – un alcooli-que parle toujours *d'égal à égal* à un autre alcoolique.

Ni Dr Bob, ni Bill n'ont jamais voulu être considérés autre-ment que ce qu'ils étaient réellement : des alcooliques, des êtres humains, au même titre que les autres.

Vers 1942, Clarence et son groupe de Cleveland n'appréciaient plus autant Bill qu'au début. Dans les années qui ont suivi, il y a eu d'autres conflits à propos des finances, des politiques, de la création de la Conférence des Services généraux des AA ou autres sujets. Bill faisait l'objet de plus de critiques que Bob.

«Ceux de New York avaient décidé qu'ils étaient *le* mou-vement et nous étions jaloux, raconte Oscar W. Bob n'était pas comme ça. Il avait une nature merveilleuse. Je ne comprends pas cette animosité ancrée en nous. Clarence n'aimait pas Bill et il le réprouvait. Vous pouvez donc constater que mon animosité venait de seconde source. Si quelque chose allait de travers à New York, j'accusais Bill. Il fallait que je blâme quelqu'un.

« À Akron, la plupart d'entre nous n'aimaient pas toutes ces prières. Nous en avions eu assez dans le Groupe Oxford. Encore aujourd'hui, je n'aime pas prier chez les AA, je n'aime pas la Prière de la Sérénité. New York l'avait introduite et elle nous irritait. Nous pensions que cela nous ramenait au temps du Groupe Oxford.

« Ils ont voulu m'expulser des AA parce que je n'aimais pas la prière. Bill a répondu que dans ce cas, ils devraient expulser tout le monde, car nous étions tous pareils... » (tous enclins probablement à se plaindre de temps en temps).

Cela ne veut pas dire que Dr Bob n'avait pas aussi ses détracteurs. « Les uns l'aimaient, d'autres pas, dit un membre. Certains pensaient qu'il ne reconnaissait pas assez notre dette envers Henrietta (Seiberling) ou le Groupe Oxford ; d'autres le jugeaient trop conservateur ou trop strict ; si vous alliez le voir, il vous faisait connaître la règle et vous disait quoi faire. Et si vous vouliez le rencontrer, c'est *vous* qui deviez aller *le* voir. »

« Il ne se mêlait pas de nos débats politiques, dit Ed B. Il ne voulait pas indisposer un groupe ou l'autre. Il y avait un membre, Sam C., avec qui nous avions des problèmes. Il avait, de sa propre initiative, organisé un groupe et demandé à Bob de parler à la première réunion. Nous avons chargé Ed M. de convaincre Dr Bob de ne pas s'y rendre. Je ne sais pas exactement ce que Bob lui a répondu, mais c'est à peu près ceci : « Ces gens forment un groupe pour aider d'autres alcooliques. On m'a demandé d'y aller et j'irai. Je ne vais pas là pour Sam mais pour ceux qui seront là. »

« Il n'écoutait pas les ragots, poursuit Ed. Certains venaient chez Bob avec des commérages et je me souviens de ce qu'il leur disait : « Avant de parler contre cette personne, vous devez l'amener ici *avec* vous. » Cela mettait rapidement fin à ce genre de choses. »

« Le Dʳ Bob est l'homme le plus tolérant que j'aie jamais connu, dit Lavelle K, et je ne crois pas qu'il ait eu de l'animosité envers qui que ce soit ». Il était toujours prompt aux éloges et lent à la condamnation. Si quelqu'un se conduisait mal, il lui trouvait toujours des excuses.

Henrietta D. (femme du troisième membre) se rappelait cette phrase de Dʳ Bob : « Si vous pensez que le conférencier ne dit pas exactement ce qu'il devrait dire, ne le critiquez pas. Peut-être dit-il exactement ce que l'homme de la dernière rangée souhaite entendre. »

Mais « nous ne sommes pas des saints ». Parfois, Dʳ Bob pouvait se montrer obstiné ou dogmatique et prendre plaisir à la controverse. « Je peux vous dire que c'était un gars déterminé, dit John R. Si vous aviez votre idée et s'il pensait autrement, vous étiez certainement dans l'erreur et c'est lui qui avait raison. »

Parce qu'il était « déterminé » – il exposait ses idées sans ménagement et sans détour et présentait parfois le programme des AA comme un programme à prendre ou à laisser – Dʳ Bob donnait probablement une impression d'intolérance et de rigidité. En réalité, non seulement son esprit était ouvert aux idées nouvelles mais il était également disposé au changement et sa curiosité était insatiable.

La notion de tolérance n'est pas venue facilement au Dʳ Bob. « Je l'ai entendu dire qu'il lui était difficile d'être tolérant, dit Smitty, que ce n'était pas dans sa nature et que cela constituait un réel obstacle. Il l'a appris de Maman et a dû faire de grands efforts pour l'acquérir. »

Voici ce que Dʳ Bob a dit lui-même à ce propos : « Une autre difficulté que j'ai eue (et je ne pense pas avoir fait beaucoup de progrès) a été la tolérance. Nous avons tous tendance à vouloir garder l'esprit fermé, très fermé. C'est une des raisons pour laquelle certains trouvent nos principes spirituels difficiles. Ils ne *veulent* pas trop les connaître pour divers motifs personnels, comme la peur de passer pour efféminé. Pourtant, il est très important d'acquérir de la tolérance envers les idées des autres. Je crois m'être amélioré un peu dans ce domaine-là, mais pas encore assez. Si quelqu'un me contredit, j'ai tendance à répliquer de manière caustique. J'ai souvent agi de cette façon, bien à regret. Plus tard, je me rendais compte que la personne à qui je m'étais opposé était beaucoup plus connaissante que moi en la matière. J'aurais infiniment mieux fait de me taire. »

En juillet 1944, Dr Bob a écrit un article sur la tolérance dans *Grapevine* :

«La tolérance s'exprime de différentes façons : par la gentillesse et la considération envers l'homme ou la femme qui vient d'entamer sa marche sur le chemin de la spiritualité ; par la compréhension envers ceux qui ont été plus désavantagés au niveau de l'éducation ; par la sympathie envers ceux dont les convictions religieuses semblent très éloignées des nôtres.

«Cela me fait penser à une roue avec ses rayons. Toujours, le point de départ est la circonférence et nous approchons de notre destination par l'un des nombreux rayons. Dire qu'un rayon est meilleur que l'autre n'est vrai que dans la mesure où c'est celui qui convient le mieux à notre personnalité. La nature humaine est telle que sans un certain degré de tolérance, chacun de nous serait tenté de croire qu'il a trouvé le meilleur rayon, peut-être même le plus court. Sans un peu de tolérance, nous pourrions devenir prétentieux, supérieurs, ce qui, évidemment, ne ferait pas de bien à la personne que nous essayons d'aider et pourrait nous rendre insupportable ou antipathique aux yeux des autres. Aucun de nous ne souhaite poser un acte qui constitue un obstacle à la progression d'un membre et une attitude condescendante peut ralentir cette progression. »

«La tolérance a comme effet secondaire une plus grande liberté vis-à-vis les idées et les opinions préconçues auxquelles nous avons adhéré avec entêtement. En d'autres mots, elle nous procure souvent une ouverture d'esprit fort importante, qui est indispensable en fait à l'aboutissement heureux de toute recherche, qu'elle soit scientifique ou spirituelle.

« Voilà donc quelques-unes des raisons pour lesquelles chacun de nous doit s'efforcer d'acquérir la tolérance. »

Mentionnons également ceux qui, au premier abord ou à un autre moment, ont eu une réaction extrêmement négative envers le Dr Bob, pour ensuite avoir eu l'occasion de changer d'avis.

Ed B. était de ceux-là. Il avait fait partie des AA, puis il s'était mis à la recherche de nouvelles expériences. Un beau jour, il s'est réveillé au sous-sol d'un petit hôpital public.

« Dr Bob est venu me voir et m'a demandé : « Qu'est-ce qui t'est arrivé, Ed ?

– Je n'en sais rien, Doc, je me suis retrouvé dans un bar, sans savoir comment. »

« Je le vois encore se lever de sa chaise et pointer un doigt vers moi : « Attends une minute ! Avant de discuter plus avant, une de nos exigences – et elle est importante – est l'honnêteté. Or, tu n'es absolument pas honnête envers toi-même.

« Personne ne t'a poussé dans ce bar. Tu y es entré, tu as commandé un verre et, évidemment, tu l'as bu. Alors, ne me dis pas que tu ne sais pas comment tu es entré là. Maintenant, tu occupes un lit dont quelqu'un pourrait avoir besoin bien plus que toi. Et tu me fais perdre mon temps alors que je pourrais l'utiliser bien mieux qu'en te parlant. Si j'étais à ta place, je sortirais d'ici, j'irais me soûler et je resterais soûl jusqu'à ce que je sache ce que je veux vraiment faire. Pour ma part, je te trouve dégueulasse ! »

« J'étais vraiment furieux, poursuit Ed. Je me suis dit : « S'ils n'ont que des gars comme ça chez les AA, ça ne sera jamais une réussite. » Le soir même, j'ai appelé Annie (ma femme) pour lui demander de me sortir de là. C'était en août 1944, le soir de mon dernier verre.

« Évidemment, à ma première réunion après l'hôpital, je me suis fait un devoir de remercier Doc d'être venu me rendre visite. Il en a été tout heureux et m'a dit : « En t'aidant, je m'aide moi-même et je voudrais que tu fasses la même chose. »

« Vous savez, après cette rechute, nous sommes devenus bons amis parce que, abstinent, j'ai compris qu'il m'avait fait plus de bien en m'engueulant que s'il m'avait témoigné de la sympathie. Il le *savait*. S'il vous fallait de la sympathie, il vous en donnait, mais s'il fallait vous secouer il le faisait aussi. »

« Bob n'était guère patient avec ceux qui rechutaient, confirme Alex M., mais il ne les laissait pas tomber. Au besoin, il pouvait vous dire vos quatre vérités sans ménagement. Si quelqu'un essayait de jouer au plus fin, il le remettait vite à sa place. Mais il pouvait avoir de la compassion. »

Dan K. avait lui aussi démarré sur le mauvais pied avec Dr Bob : « Notre première rencontre n'a pas été très amicale. À l'hôpital, j'avais amené quelques magazines dans ma serviette et il voulait savoir où je les avais trouvés.

« Sans savoir qui il était, je lui ai dit que je les avais apportés avec moi et qu'ils étaient payés. « Ici, me dit-il, nous avons de la documentation sur les Alcooliques anonymes. Si tu ne veux pas ce que nous vous offrons, sache que ce lit est très précieux et que nous avons quelqu'un d'autre qui attend pour s'y installer. »

John S. (devenu membre à Akron en 1940) se rappelle ce qui suit : « Il a pointé son doigt vers moi – il avait un doigt long comme une règle, osseux à l'extrême – et il m'a dit : « Tu veux faire quelque chose pour ton problème de boisson, n'est-ce pas ? »

« Il était plutôt rude, dur. Il a ajouté : « Il te reste un peu d'argent ? » C'était pour le livre. Je ne voyais pas où il voulait en venir. Je pensais qu'il vendait peut-être des livres ou quelque chose du genre.

« Après avoir lu le livre, il est revenu me voir dans ma chambre. Il m'a posé un tas de questions. Un peu comme un maître questionne son élève pour voir s'il a appris sa leçon. Il valait mieux avoir quelques bonnes réponses.

« Il m'a demandé quand je commencerais les Étapes. « Il me semble que c'est aussi bien de le faire tout de suite », lui ai-je répondu. Cela revenait à admettre mes torts vis-à-vis de Dieu, de moi-même et d'une autre personne. C'est donc ce que j'ai fait. (De toute évidence, John était rendu à la cinquième Étape.)

« À cette époque, en (janvier 1940), il ne vous faisait pas sauter du lit et vous mettre à genoux afin de capituler et de prier. Je ne suis pas certain que cela aurait bien marché avec moi. »

Même John R. n'a pas éprouvé de sympathie particulière pour Doc lorsqu'il a fait sa connaissance. « Quand il est venu à la maison et qu'il m'a raconté qu'il n'avait pas pris un verre depuis trois ans et demi, je l'ai bien regardé et, ma foi, j'en ai douté ! Je lui ai dit : « Il y a un type, aux cheveux gris, qui est venu me voir aujourd'hui. Vous savez qui c'était ? » Doc, en riant, m'a répondu qu'il s'agissait de Bill D. « Est-ce que vous pourriez vous arranger pour qu'il revienne me voir ? » Il a téléphoné et Bill est revenu me voir immédiatement. »

Bien sûr, Dr Bob ne réussissait pas avec tous ses *pigeons*. « J'ai rencontré Dr Bob en 1942 ou 1943, dit Bruce M., grâce à un ami médecin. Nous avons eu toute une conversation. Je regrette de dire que cela n'a servi à rien. Dr Bob était très aimable, dans le style du Vermont, mais il parlait sèchement et allait droit au but, sans détour ni hésitation.

« Il m'a dit que des amis et lui-même avaient mis au point un programme grâce auquel les personnes qui avaient un problème d'alcool pouvaient recevoir de l'aide si elles le souhaitaient. Puis, il m'a raconté certaines de ses expériences personnelles. Je me souviens parfaitement de l'une d'elles : quand il pratiquait et qu'il en était encore capable, il posait un gobelet rempli de whiskey sur sa table de nuit. Le matin, en se réveillant et avant même de se lever, il l'attrapait et le vidait. Ma réaction a été qu'il buvait trop de whiskey. *Moi*, j'avais l'habitude de verser du whiskey dans un petit verre à jus d'orange et de le mettre sur ma commode.

« Il m'a parlé de l'hôpital mais est resté plutôt vague sur ce qu'on y faisait, sauf que je pourrais rester couché, méditer et lire la Bible. À ce moment, j'en ai conclu que non seulement il buvait trop, mais qu'il était cinglé et apparemment un fanatique religieux.

«Lorsque je l'ai quitté, il a été aussi aimable que possible. Il m'a dit : «Jeune homme, je ne crois pas que vous soyez prêt à recevoir ce que nous avons à offrir.» Et je me souviens avoir pensé en mon for intérieur : «Tu parles que je ne suis pas prêt!» Comme il tentait de vous convaincre d'un seul coup et il ne vous courait pas après, je ne l'ai pas revu avant 1945, quand je me suis joint aux AA à Canton (Ohio).»

Henry W., un membre des AA de Cleveland, est allé en 1949 à une grande réunion à Akron, où il a entendu non seulement Dr Bob, mais également Bill Wilson, Bill D. et Sœur Ignatia. Après, il est allé se soûler.

«En 1950, lorsqu'enfin j'ai arrêté de boire, dit Henry, le Dr Bob m'a dit : «Garde ton enthousiasme, jeune homme. Cela t'aidera à tenir.» Je lui ai alors répondu : «Après vous avoir entendu, vous, Bill Wilson, Bill D. et Sœur Ignatia, je suis allée me soûler.»

«Le Dr Bob s'est contenté de rire en disant : «Eh bien, Bill est mon parrain et moi aussi, je suis allé me soûler après qu'il m'a parlé.»

«Nous ne sommes pas arrivés à être des amis dans la pleine acceptation du terme, dit Bruce M. Il me faisait plutôt l'effet d'un type un peu distant. Depuis, j'ai rencontré d'autres personnes du Vermont qui étaient comme lui. Elles se tiennent à l'écart et n'engagent pas facilement la conversation. Et si elles vous parlent, ce n'est jamais long.

«Il est possible que cette froideur apparente soit due à ma propre réaction, dit Bruce, parce que je suis moi-même timide. D'ailleurs, j'ai découvert depuis qu'il parlait aux gens. Plus tard, j'ai très bien connu Bill (Wilson) mais je n'ai jamais pensé que j'avais, comme membre, le droit de pouvoir leur parler comme à des amis.»

«Bien sûr, il était facile de parler avec lui, dit John R., en parlant du Dr Bob. J'ai été représentant en bijouterie et je passais

pas mal de temps du côté de Dartmouth et des États de la Nouvelle-Angleterre. Il suffisait de raconter quelque chose à propos
de Dartmouth et le D*r* Bob était lancé. J'avais un salon de bar-
bier dans la rue West Exchange à ce moment-là. Bob s'y arrêtait
deux minutes le matin, puis il allait à la boucherie de Ed M.,
juste à côté, avant de prendre sa voiture pour aller en ville. Parfois, il repassait le soir. »

   « Au début, il parlait à tout le monde, dit Elgie R. Il se dé-
pensait énormément. Mais quand les gens se sont mis à venir le
trouver, la pression s'est faite si forte qu'il a dû battre en retraite.
Il demandait à d'autres de faire le tri. Par exemple, il m'envoyait
quelqu'un, ou bien il faisait appel à Annabelle G., ou encore à
Dorothy S. si elle était en ville. Tous les moyens étaient bons
pour diminuer la pression parce qu'à un certain moment, il en
était arrivé à ne plus pouvoir la supporter. Vous savez comment
sont les gens ; quand ils commencent, ils ne vous lâchent plus. Je
crois que c'était sa façon de se protéger parce qu'il ne pouvait
pas faire plus. »

   Au sujet du D*r* Bob et d'Anne, Dorothy S.M. a dit : « Ils aimaient tout le monde et leur maison était toujours pleine de visiteurs. On se serait cru à la gare Grand Central. Il leur arrivait de
venir chez nous pour échapper à cette énorme pression des gens
qui leur tombaient dessus sans arrêt. Je me suis toujours sentie
privilégiée. »

XXIII. Les prescriptions de Bob en matière de sobriété

Dans les années 1940, la situation financière de Dr Bob s'améliora. «Au fur et à mesure que le Mouvement se développait et que le nombre de membres augmentait, la clientèle de mon père augmentait également, dit Smitty. Il retrouvait le respect de la communauté et on le louait autant pour ses qualités de chirurgien que pour les efforts que Bill et lui fournissaient pour les AA.

«Il était d'une honnêteté scrupuleuse dans sa vie professionnelle et il s'efforçait de respecter le plus possible son serment d'Hippocrate. Il était très compétent et cherchait constamment à se tenir au courant des progrès de la médecine. Je ne crois pas qu'il ait jamais perdu de vue les idéaux qui lui avaient été inculqués durant ses études médicales ou qu'il ait jamais dévié de ses principes. Ils étaient très concrets à ses yeux et je sais qu'il était choqué lorsqu'il entendait dire que des médecins opéraient sans nécessité dans le simple but de se faire plus d'argent, bien qu'il n'ait jamais cité de nom, même à ses proches.»

Dorothy O. (la femme de Jud), qui avait repris son métier d'infirmière au début de la Seconde Guerre mondiale, dit ceci :

« Je suppose qu'il n'a pas toujours eu le nombre de patients qu'il aurait espéré mais quand j'ai fait sa connaissance, il avait une bonne clientèle. Il a été occupé pendant la guerre parce qu'il était âgé et que beaucoup de jeunes étaient dans l'armée. Il savait quels jours je travaillais et il venait toujours me voir. Quand il parlait de ses patients, c'était sur un ton très professionnel. Autrement, notre conversation était amicale. »

« Il mettait autant de sérieux dans ses efforts pour aider à la croissance du mouvement des AA, ajoute Smitty. Il faisait de son mieux pour faire le travail, même s'il y avait des aspects qui lui déplaisaient, comme parler devant beaucoup de monde. Non seulement cela le rendait nerveux mais je crois aussi qu'il n'aimait pas faire l'important. C'était un homme de principes par rapport aux objectifs du programme des AA. Il essayait de prendre les décisions au mieux des intérêts du groupe en excluant tout avantage personnel. Les résultats l'étonnaient toujours. Il était constamment surpris de voir que tant de monde voulait lui parler alors qu'il se sentait un simple agent de Dieu et que, dès lors, rien ne lui était dû pour ses réalisations personnelles. »

Pour ce qui est des priorités du Dᵣ Bob, les AA de la région d'Akron ne doutent pas une seconde de ce qu'elles étaient. « Les AA étaient la chose la plus importante dans sa vie, dit John S. Un après-midi, quelques-uns d'entre nous sommes allés à son bureau. Quatre ou cinq personnes se trouvaient là pour des raisons professionnelles. Il nous a vues et a dit : « Venez les gars. Bon sang, je peux à tout moment parler à des gens dont le cul est douloureux. Par contre, je n'ai pas souvent la chance de parler à des AA dans ce bureau. »

Son bureau était également ouvert aux femmes des membres. L'une d'entre elles se souvient d'être allée le voir à un certain moment, très découragée à propos de son mari. « Ne le bousculez pas, lui a-t-il dit. Vous ne pouvez pas le bousculer, lui faire des reproches sans arrêt et l'obliger à faire certaines choses. Ayez foi en lui. »

À la même époque, la maison de Dr Bob restait ouverte à tout ceux qui avait besoin de ses conseils ou de ceux d'Anne. «J'avais l'habitude de m'y arrêter chaque fois que j'allais à Akron en fin de semaine, dit Alex M. Je me promenais dans la rue principale pour faire des achats. Il y avait beaucoup d'animation. J'entendais des juke-boxes. Je pensais : «Oh, comme ce serait bon de prendre un verre ! » J'entendais les gens rire à l'intérieur, un demi-pâté de maisons plus loin. J'allais dîner au café Stones. Puis, je commençais à reluquer vers le bar et je décampais ; je prenais un taxi pour aller chez Doc.

«Il me disait : « Tiens-toi loin de cet endroit. Il n'y a rien là-bas que tu ne puisses trouver ailleurs, que ce soit de la nourriture, des cigarettes ou un coke. »

Se rappelant son propre voyage désastreux à Atlantic City et l'expérience de Bill qui gardait de l'alcool dans le vide-poche de sa voiture pour se prouver qu'il n'était plus tenté de boire, Dr Bob conseillait aux membres de fréquenter autant que possible des endroits sans alcool. «Vous ne pouvez pas demander au Seigneur de ne pas vous induire en tentation, disait-il, et aller ensuite vous jeter dans la gueule du loup. »

«Vous pouviez toujours aller le voir et il avait toujours une réponse, dit Alex. Il n'avait qu'à vous regarder pour voir que vous n'alliez pas bien. J'avais l'habitude de lui serrer la main et il disait alors : «Il y a quelque chose qui te tracasse. – Oui, à commencer par *toi*. »

«J'avais de la difficulté à saisir la dimension spirituelle du programme. « Je vais te rendre les choses un peu plus faciles, disait-il. Essaye de trouver ton propre Dieu, tel que *tu* Le conçois. »

«Nous parlions beaucoup ensemble, mais je ne voulais pas prendre trop de son temps parce que tout le monde avait besoin de lui. Il donnait l'exemple et il était supposé connaître toutes les réponses. Et il les connaissait ! Quand vous l'interrogiez, il avait toujours une réponse. Mais il n'était pas Dieu. C'était un être humain. Un homme dans toute la force du terme. Il était un homme pour l'homme. »

Dan K. se rappelle avoir fait plus ou moins la même chose quelques cinq ou six années plus tard. «Je m'étais rendu au 855 Ardmore et je m'étais assis sur les marches de l'entrée. Doc et Anne sont sortis pour me parler. «J'avais seulement envie de m'asseoir ici, ai-je dit. – Qu'y a-t-il Dan? a demandé Dr Bob en me regardant. Quel est ton problème aujourd'hui? » Il pouvait le voir sur mon visage. J'étais jeune et j'avais de la difficulté. »

« Tu sais, Dan, beaucoup de gens qui se joignent aux AA ont une fausse idée du slogan *Agir aisément*, et j'espère que ce n'est pas ton cas. Ce slogan ne veut pas dire que tu dois rester assis à la maison loin des réunions et laisser les autres mettre le programme en pratique à ta place. Il ne signifie pas que la vie est facile sans boire. *Agir aisément* signifie que tu dois prendre les choses un jour à la fois. »

«Il m'a dit qu'avant d'être honnête envers lui, envers mon parrain ou qui que ce soit d'autre, il me fallait «être honnête envers ce fou du roi dans le miroir».

«Je ne comprenais pas ce qu'il voulait dire par «ce fou du roi dans le miroir». Il m'a expliqué que c'était l'homme qui était dans le miroir. «Quand tu te raseras demain, sois honnête avec l'homme que tu verras dans le miroir et qui te regardera ! »

« Dr Bob disait que, même pour lui en ce moment, *agir aisément* n'était pas facile. «Le matin quand je me lève et pose les pieds sur le sol froid (de toute évidence, il n'y avait pas de moquette), je dois lutter toute la journée pour ne pas prendre un verre. Tu sais, Dan, il y a eu des moments au début des Alcooliques anonymes où, lorsque je passais devant un bar, je devais arrêter la voiture le long du trottoir et dire une prière. »

«Lorsque j'ai eu un problème avec d'autres membres parce que j'étais jeune, continue Dan, il m'a dit qu'ils étaient jaloux parce qu'ils n'avaient pas réglé leur problème plus tôt comme je l'avais fait.

« Dr Bob et Anne m'ont amené aux réunions pendant près d'un an et demi parce que je n'avais pas de permis de conduire. De plus, j'appelais Dr Bob et je lui disais : « Il y a ici le conférencier de la réunion générale (une réunion mensuelle qui s'adressait aux membres de toute la ville). Cela t'embêterait-il si nous te rendions visite ? – Mais non, Dan. – Il ne m'a jamais repoussé. »

Nous voyons donc que Dr Bob était d'un abord facile et que les membres l'ont souvent consulté, pratiquement depuis les débuts du mouvement jusqu'au jour où la maladie l'a empêché de voir quiconque.

« C'était une belle personne, dit Madeline V., qui nous a donné un des plus agréables et des plus simples témoignages qui soit. Il n'était pas du genre à se lever et à se mêler aux autres. On lui disait « Hello Dr Bob » et la seule réponse que l'on recevait était « Bonjour ».

« Néanmoins, j'étais vraiment proche de lui. Je connaissais Bill également. J'étais nerveuse intérieurement car chaque fois que Bob et Bill venaient, ils demandaient « Où est Madeline ? Où est Madeline ? » Et j'arrivais immédiatement.

« Bob m'a dit « Sois franche et honnête. Tu vas bien maintenant. Continue. Si tu as besoin d'aide, tu peux venir ici chez les AA. Nous sommes prêts à te rejoindre et à partager le programme avec toi. »

« Anne était une personne charmante. Je l'aimais bien. Elle venait toujours vers moi et s'asseyait à mes côtés. Elle disait : « Je veux être près de Madeline » à la personne à côté de moi. « Désolée, je voudrais m'asseoir près de Madeline. »

« Ils me disaient seulement : « Si tu veux de l'aide, il faut la demander. Nous ne pouvons te dire ce que tu dois faire, mais nous pouvons t'aider », ajoutaient-ils. Si vous alliez à une réunion, vous n'aviez pas à vous inquiéter pour votre retour à la maison. « Tu n'as qu'à aller à la réunion et nous veillerons à ce que tu puisses rentrer chez toi », me disaient-ils.

« Des anciens disaient : « Va à la réunion et tu rencontreras Madeline. Elle va te serrer la main. » Et c'est ce que je faisais. Je donnais une poignée de main et j'ajoutais : « Je suis contente que tu sois là. Dieu soit loué. J'espère que ça te plaira. »

« Et Sœur Ignatia. C'était une grande amie. Quand on l'invitait quelque part, elle me demandait souvent de l'accompagner. Si j'hésitais, quelqu'un me disait : « Ne vois-tu pas qu'elle veut que tu l'accompagnes ? Si tu n'y vas pas, peut-être qu'elle-même n'ira pas. Nous sommes heureux qu'elle ait accepté de venir et nous lui avons promis que tu viendrais, toi aussi. »

« Je suis devenue membre dans la quarantaine. J'ai arrêté (de boire) et n'ai jamais recommencé. Merci mon Dieu. Je n'ai jamais forcé quelqu'un à faire partie des AA. Dr Bob avait l'habitude de me dire : « Madeline, quoi que tu fasses, quelle que soit la personne à qui tu parles, ne force pas. – Eh, qui a dit que je les forçais ? Parce que c'est faux. »

« Ne force personne, insistait-il en riant. Raconte leur seulement que tu t'es prise en main grâce aux AA, que tu en es reconnaissante et que les choses ont changé. Parle de toi. Puis dis-leur : « Si vous avez besoin d'aide, si vous voulez de l'aide, joignez-vous aux AA. »

« Je n'avais pas à aller vers *lui* quand j'avais besoin d'aide. En fait, chaque fois qu'il venait à St. Thomas, il s'écriait : « Où est Madeline ? Où diable est Madeline ? N'est-elle pas ici ce soir ? » J'étais dans la cuisine pour aider les nouvelles à préparer le repas et je m'emportais. « Qu'est-ce que vous me voulez ? lui demandai-je. Que puis-je faire pour vous ? Vous pouvez vous débrouiller tout seul. » Alors il me faisait une réponse effrontée et nous éclations de rire. Tous les autres disaient : « C'est fait, Bob et Madeline se sont réconciliés. »

« Vous voyez, c'était une sorte de plaisanterie » ajoute Madeline. En 1977, elle vivait dans une magnifique maison de retraite en banlieue d'Akron – « où on ne boit pas et où il n'y a que des braves gens. Je ne me suis jamais disputée avec lui. J'étais reconnaissante de l'aide que j'avais reçue du groupe, de Dr Bob, de Bill Wilson et d'Ethel M. (la femme de Rollo). C'était une grosse fille, un exemple merveilleux. Je l'ai aidée à faire démarrer le groupe pour femmes.

«J'avais un mari merveilleux. Nous étions tellement heureux. Il me conduisait aux réunions et disait toujours : «Madeline, tu restes sur la bonne voie et tu ne t'inquiètes de rien. » Quand je buvais, je n'étais pas la femme vraie que je suis devenue quand je me suis jointe aux AA.

«Oui, j'allais à la réunion de l'école King et tous s'écriaient : «Voilà la vieille Madeline – «Comment ça, la vieille ? – On te taquine », répondaient-ils.

«Je n'ai revu pratiquement personne depuis que je suis ici. Ils avaient l'habitude de me téléphoner et de me demander à quelle réunion j'irais. Si vous connaissez des membres, demandez-leur de parler des AA. Dites-leur que vous avez parlé à une femme qui a plus de choses à raconter sur sa vie d'abstinence que sur sa période de boisson.

«Je connais tous les anciens. Je les appelle les chers pionniers. Nous voici à nouveau ensemble, chers pionniers. Et je me dis : «Madeline, tu as tellement de chance de faire partie des AA. » J'ai trouvé chez les AA toute l'aide dont je peux avoir besoin et de cela, je suis reconnaissante.

«Je suis très heureuse que vous soyez venus me voir et que vous écriviez un livre sur Dr Bob – sur le bon vieux temps. Appelez-le *Les Pionniers, Les chers pionniers.* »

xxiv. L'influence de Dr Bob sur les AA de l'Ohio

C'est probablement au début des années 1940 que Dr Bob s'est mis à déléguer de plus en plus ses tâches à d'autres. À la fin des années 1930, c'est lui qui rencontrait habituellement les futurs membres pour la première fois et jugeait s'ils étaient prêts à suivre le programme des AA. Maintenant qu'ils étaient si nombreux, cela lui prenait de plus en plus de temps. John R. se souvient que Dr Bob l'envoyait voir des nouveaux membres. «Il m'a fait rencontrer quelques cas désespérés.»

«Quand il y a eu un semblant d'organisation, il s'est retiré, dit John. Ce n'est pas qu'il en avait envie. Il était pratiquement forcé de le faire. Tout le monde voulait voir Doc! Il a donc confié ce boulot aux autres membres. Je pense d'ailleurs qu'il a bien fait. Quand il s'est lancé dans le Mouvement, Doc n'était pas riche et il devait donc saisir l'occasion de gagner sa vie. Pendant la guerre, il a été fort occupé.»

«Dr Bob savait écouter et il connaissait la façon de manipuler les gens, dit Elgie R. Il chargeait un membre ou l'autre de n'importe quel travail qui devait être exécuté dans le mouvement.»

Selon Joe P., Dr Bob employait la bonne vieille manière AA dans les années 1940. « Au départ, il expliquait à cinq ou six d'entre nous ce qu'il voulait que nous fassions. Nous acceptions. Ensuite, il jugeait si nous l'avions fait correctement ou non. C'était un dirigeant plutôt sévère. Progressivement, avec sa propre « médecine », il s'est adouci pour devenir une personne aimable et bienveillante. Mais il continuait à exiger que les choses soient faites.

« Il s'occupait de tout dans le mouvement, poursuit Joe. Il passait son temps à conseiller les membres des villes voisines : comment démarrer, comment résoudre les problèmes. Normalement, il se libérait pendant à peu près une journée pour assister à la première réunion d'un nouveau groupe.

« Quand je suis entré dans les AA, il y avait 12 ou 14 groupes. Actuellement (1977), il y en a 92 dans la région. Il a vraisemblablement assisté à la naissance de 75 d'entre eux. Je ne sais pas si je traduis exactement sa pensée mais il était généralement d'accord avec nous sur le fait qu'un groupe ne devrait pas être trop gros sinon, il commençait à perdre un peu de son efficacité.

« Je n'ai pas l'impression qu'il était inhibé par le fait d'être un des fondateurs. Au contraire, les AA sont devenus l'œuvre de sa vie. Il sentait qu'il devait faire tout ce qui était en son pouvoir pour leur réussite, que c'était sa responsabilité de faire en sorte qu'ils continuent à progresser lorsqu'il ne serait plus là. »

« À l'hôpital St. Thomas, il a été l'étincelle qui a déclenché toute l'organisation des soins. Je dirais que son intérêt pour les AA s'est accru au fur et à mesure de son développement. Et si un saint peut voir l'avenir, Dr Bob le voyait sous ses yeux. »

Dr Bob a exposé ses idées sur l'avenir des AA lors de son dernier discours important, en 1948 à Détroit :

« Nous savons ce que les AA ont réalisé au cours des treize dernières années. Mais que va-t-il nous arriver dans l'avenir ? D'après mes calculs, à l'heure actuelle, nous comptons quelque 70 000 membres. Ce nombre va-t-il encore augmenter ?

« La réponse dépend de chaque membre des AA. Le mouvement grandira encore ou il ne grandira pas, suivant ce que nous déciderons. Si nous refusons de nous lier irrémédiablement à quelque cause que ce soit, si nous évitons de nous empêtrer dans des controverses (religieuses, politiques, médicales), si nous restons unis par l'intermédiaire de nos bureaux centraux, si nous conservons à notre mode de vie sa simplicité, si nous nous souvenons que notre responsabilité est d'arrêter de boire, de ne pas retourner boire et d'aider nos frères moins privilégiés que nous à faire la même chose, alors, la santé et la croissance du Mouvement sont assurées.

« Il avait un tas d'excellents amis qui n'étaient pas alcooliques et il les tenait à l'écart de ses activités AA, dit Joe. Sa vie de médecin était active. Sa vie sociale aussi. Pourtant, il ne se vantait pas de ses actions. Ce qu'il avait fait, vous l'appreniez simplement parce qu'on en parlait d'une manière ou d'une autre.

« Il avait ses entrées chez Goodrich et ensuite chez Goodyear. Finalement, nous avons conclu une entente avec les trois fabricants de pneus ; s'ils désiraient qu'un membre de leur personnel arrête de boire, ils nous appelaient. En retour, si quelqu'un parmi nous était devenu abstinent et avait besoin de travail, nous pouvions faire appel à eux. Nous avons appliqué ce système pendant quelque temps dans les années 1940, et il a bien fonctionné. Il y avait même un juge que Dr Bob avait intéressé à nos activités. Il avait l'habitude, dans ses verdicts, d'ordonner aux gars de se rejoindre aux AA.

« Bien sûr, il y a aussi eu des disputes – lorsque les frères S. (Paul et Dick) n'étaient jamais d'accord. Pour en finir, quand nous ne pouvions pas nous entendre, nous demandions à Doc de régler le problème. Il a dépensé un temps considérable pour les AA. Et il se rendait bien souvent à New York.

« Doc était très démocratique, poursuit Joe. Lorsqu'il allait à une réunion, il ne voulait pas s'asseoir sur l'estrade. Il s'installait toujours dans la seconde rangée, ou pas loin de là. J'ai toujours eu l'impression qu'il avait cessé d'être pompeux et autocrate, pour devenir extrêmement amical. Pourtant, il a dû beaucoup intervenir pour que tout fonctionne bien. »

« Au Comité central, raconte Dan K., Doc jouait un rôle important. C'était le comité directeur du bureau. Les réunions avaient lieu le premier lundi de chaque mois. Il y assistait toujours. Il y avait un membre de chaque groupe.

« Parfois, pendant la réunion, les mots volaient comme si vous étiez dans un bar. Je n'oublierai jamais la fois où Doc s'est levé. Il a levé les bras en l'air pour les faire taire. Il a dit : « Messieurs, je vous en prie. Nous sommes toujours membres des Alcooliques anonymes. Appliquons les principes des AA pendant ces réunions de service. Vous êtes les serviteurs de vos groupes, vous êtes ici pour prendre connaissance des idées formulées par le comité. Parlons chacun à notre tour et menons cette réunion comme un service rendu au Seigneur et à nos amis les Alcooliques anonymes. » Après cette intervention, nous n'avons plus jamais eu de tapage quand Dr Bob était là.

« Certains groupes ont démarré, puis ils ont fermé. C'était une des choses les plus alarmantes à l'époque. Ces groupes n'entretenaient aucun rapport avec le comité directeur. »

Les rechutes étaient tout aussi alarmantes. « Quand quelqu'un s'enivrait, dit John R. Bob se sentait blessé. Qu'il s'agisse de n'importe qui d'ailleurs. »

« Nous avions organisé un dîner dans le quartier est d'Akron, rappelle Emma K. En arrivant là, on nous a annoncé que Wally G. avait fait une rechute. Wally était depuis des années le bras droit de Doc. J'avais peur pour mon mari (Lavelle). Il suivait toujours l'exemple de Wally. À Akron, ce fut un choc terrible. »

« Habituellement, on s'assoyait autour de la table et on discutait pour savoir si c'était notre faute quand quelqu'un rechutait, dit Elgie R. Est-ce que nous lui avions bien transmis le message ? Pendant un temps, nous nous blamions sans autre forme de procès – jusqu'à ce que Wally prenne une cuite. C'était quelqu'un qui connaissait toutes les réponses. Il travaillait dur et n'avait jamais douté du programme des AA. C'est alors que nous avons compris que peu importe nos qualités ou les efforts que nous faisions, quand une situation incompréhensible survient, on doit monter la garde. »

« Wally n'acceptait absolument pas ceux qui rechutaient, dit Sue Windows, la fille de Dr Bob. Selon lui, il fallait les excommunier ! Maintenant, il devait ravaler ses mots. Si on l'avait écouté, *il* n'aurait jamais eu la permission de revenir. »

« Il a mis longtemps à revenir, dit Joe. Sans Annabelle (la femme de Wally), je ne crois pas qu'on l'aurait revu. Elle l'a traîné aux réunions. Finalement, il a de nouveau cessé de boire et il est resté abstinent jusqu'à sa mort. Son attitude avait changé. »

« Au début, je crois que nous n'avions pas conscience de la gravité d'une rechute, dit Elgie. Par exemple, quelqu'un allait chez le dentiste se faire arracher une dent. On lui donnait du penthotal de sodium. Il sortait du cabinet en planant plus haut qu'un cerf-volant et entrait dans le premier bar venu parce qu'il ne se rendait pas compte qu'il était déjà ivre de cette drogue. C'est ce genre de choses qu'on découvrait de dure façon. On faisait de nombreuses expériences parce qu'on n'avait pas de réponses toutes faites. »

Pour illustrer le danger d'une rechute, Jud O. raconte qu'en 1969, il a pris un verre une semaine avant de fêter son trentième anniversaire d'abstinence. « J'avais été directeur de recherche d'une grosse fabrique de caoutchouc. Ayant pris ma retraite, j'ai effectué un voyage en Europe. J'avais été plutôt actif dans les AA pendant un certain nombre d'années, mais, pris par mon travail, j'avais cessé d'aller aux réunions. Ma femme était hospitalisée et je m'appitoyais sur mon sort... »

« Ce jour-là, raconte Dorothy, il était ivre en arrivant à l'hôpital. Il était 11 heures du matin. Cela m'a tellement bouleversée que j'ai demandé qu'on me fasse une piqûre. Quand je me suis réveillée, j'ai cru que j'avais fait un cauchemar. Je ne pouvais pas le croire. Je n'arrivais pas à le croire. Après 30 ans ! »

«Jud? Mais c'était le rocher de Gibraltar !», s'est exclamée Kate P., la femme de Duke, lorsqu'elle a appris sa rechute, presque dix ans après l'événement.

«Quand je suis revenu chez les AA, poursuit Jud, c'était exactement comme je me le rappelais, sauf qu'il y avait plus de monde et plus de réunions. Quelques anciens amis m'ont aidé, des nouveaux également, mais m'en sortir a été la chose la plus pénible que j'aie jamais entreprise. Cela m'a pris trois ans. Par contre, ma rechute a convaincu d'autres personnes que l'idée de départ était correcte : la durée de votre abstinence importe peu car le prochain verre vous attend toujours au coin de la rue. L'alcoolisme ne vous quitte jamais. Le Dr Bob avait raison : « C'est le premier qui aura raison de vous. »

xxv. Souvenirs personnels des années d'abstinence

Le dévouement de Dr Bob pour les AA et le programme ne s'est jamais fait aux dépens de sa vie familiale. Il ne faisait que l'enrichir. Pendant les années 1940, Anne et lui ont continué de vivre simplement dans leur modeste maison, partageant les joies parentales et les chagrins, de même que la compagnie de leurs amis.

Dorothy S.M. dit avoir été impressionnée par « son amour pour sa famille, son attachement à ses enfants, à Anne et à son foyer. J'ai rarement vu un homme aussi dévoué à sa famille. Quant à ses amis, il les aimait beaucoup, eux aussi ! »

Jusqu'à ce qu'il prenne sa retraite, les journées de Dr Bob étaient partagées entre l'hôpital, le bureau et le club, pour les loisirs. Pendant la plus grande partie de sa vie adulte à Akron, Dr Bob déjeunait au City Club. C'est dans ce club, au milieu des tapisseries, des tapis épais, et des murs lambrissés, devant de grandes cheminées que se réfugiaient dans de profonds fauteuils les barons du caoutchouc et les hommes d'affaires. Ils y faisaient la sieste, lisaient les journeaux, jouaient aux cartes ou causaient. Durant sa vie d'alcoolique actif, Dr Bob se glissait au bar parmi la foule de l'après-midi ou allait se cacher au fond d'une pièce. Devenu abstinent, il a continué d'y aller pour retrouver la compagnie de ses nombreux amis en dehors du mouvement.

À midi, il était presque toujours à la même table, dans un coin de la salle à manger réservée aux hommes. Pendant plus de dix ans, c'est la même serveuse, Nancy, qui s'est occupée de lui. Dr Bob la saluait toujours en disant : « Comment va ma copine aujourd'hui ? » Ils étaient bons amis. Tout en lui servant un déjeuner frugal (melon ou pamplemousse, potage, lait ou café et sa *Boston cream pie* préférée, Nancy lui racontait ses problèmes. Un jour où elle était souffrante, dans un accès de colère, elle a lancé une corbeille de pain à la figure d'une autre serveuse. « Allons, vieille copine, l'exhorta Dr Bob, ne te laisse pas troubler par des riens. » Le lendemain, il lui a envoyé deux livres : *As a Man Thinketh* et *the Runner's Bible* ».

Nancy se réjouissait toujours de servir Dr Bob et ses amis. Souvent ils discutaient ou débattaient d'un sujet à table. Quand elle lui demandait pourquoi lui-même ne disait rien, il répondait : « On en a déjà trop parlé ! » Nancy disait de lui : « C'était un homme si bon, si généreux. Il avait une confiance si simple dans la prière. »

Après le déjeuner, quand il en avait le temps, Dr Bob rejoignait ses amis pour une partie de rami ou de bridge. Il était un expert à ces jeux et jouait toujours pour gagner. Par contre, il ne se fâchait jamais. Il parlait sans arrêt pendant les parties. Ses amis disaient que cette habitude aurait pu être gênante s'il n'avait pas été aussi drôle. Ils ne pouvaient s'empêcher de rire.

On raconte que Dr Bob déclarait souvent qu'il était stupide de prendre le bridge au sérieux. Lors d'un séjour avec Anne en Floride, il a exprimé cette opinion à un étranger sympathique, devenu par après son partenaire dans un tournoi de bridge. Cet

Après les souffrances dues à l'alcoolisme actif et les luttes du début des AA, Anne et Bob ont vécu dans la sérénité.

après-midi là, ils ont gagné mais ils ont dérangé tellement leurs
« sérieux » adversaires que l'un d'eux a fait remarquer : « Si vos
enchères et votre jeu avaient été corrects, vous n'auriez jamais
gagné. »

– *Très juste*, répondit Dr Bob d'un ton laconique, et il s'en
fut chercher son premier prix.

Par contre, Elgie R. se souvient avoir été un jour son partenaire. « Je jouais d'habitude le bridge aux enchères et j'ignorais
tout du bridge contrat. J'ai fait une annonce, Bob a renchéri et
j'en ai conclu qu'il avait un beau jeu. J'ai donc fait grimper les
enchères très haut. Je n'oublierai jamais sa mine déconfite. Finalement, il s'est levé en déclarant : « Je crois que je ne jouerai
plus jamais au bridge. » Plus tard, je lui ai demandé ce qu'il
avait, et il m'a répondu : « Elgie, au bridge, tu dois te concentrer.
Parfois, en conduisant ma voiture, j'imagine des donnes de
bridge. »

Peut-être refusait-il de prendre le jeu au sérieux uniquement
quand il gagnait. Comme dit le vieux dicton : « Au poker, les ga-
gnants rient et plaisantent, tandis que les perdants réclament la
donne ». En tout cas, tous ceux qui connaissaient Dr Bob s'ac-
cordent pour dire qu'il ne jouait pas souvent aux cartes avec des
AA. Quand il le faisait, ce n'était pas pour de l'argent.

Dan K. a répété cette citation de Dr Bob : « Celui qui se fait
battre aux cartes devient furieux. Et quand il devient furieux,
vous savez ce qu'il fait – il s'enivre ». C'est pourquoi, d'après
Dan K., Dr Bob croyait que les cartes et le Mouvement ne faisaient pas bon ménage.

Elgie avait une autre explication : « Il ne jouait pas souvent
au bridge avec des AA parce qu'il n'y avait personne de suffisamment fort pour jouer avec lui. »

« Il pouvait dire ce qu'il y avait dans votre jeu après trois
tours », dit Smitty, en soulignant que son père avait joué avec
Sidney Lang, un des plus grands joueurs de bridge de son époque.

Quand à savoir si les Smith jouaient ensemble, Elgie raconte qu'Anne déclarait : « Jamais de la vie ! Ça ne me viendrait pas à l'idée. » Anne jouait avec d'autres femmes à l'occasion, mais jamais avec Doc.

En fait, Anne était considérée comme une très bonne joueuse. Bob et elle ont joué plus tard avec Smitty et sa femme Betty. « Ils nous ont appris quelques-uns de leurs plus beaux coups, dit Betty. Ils étaient tous les deux très bons. »

Pour une raison qu'on ignore, Dr Bob avait toujours les poches pleines de monnaie. C'était peut-être un souvenir des jours incertains, des jours difficiles où il lui fallait garder assez d'argent pour acheter une bouteille, ou simplement parce qu'il aimait entendre le tintement des pièces. Parfois, il avait au moins dix dollars en monnaie dans sa poche. « Je crois qu'il en donnait beaucoup, dit Sue. Souvent, il ne se limitait pas aux pièces. Il était toujours en train de refiler un bill et de cinq dollars à quelqu'un. »

Smitty a écrit que les dernières années que son père et sa mère ont vécu ensemble ont été merveilleuses. « Non seulement, ils donnaient espoir et encouragement à ceux qui venaient frapper à leur porte, ils parcouraient tout le pays, rencontrant les membres de nouveaux groupes, s'efforçant de soulager les douleurs de croissance qu'ils avaient connues eux-mêmes. »

Lors d'un de ces voyages, Dr Bob a rencontré le docteur Philip P. Thompson, qui avait partagé sa chambre au collège de Dartmouth.

Une quarantaine d'années après la fin de nos études, raconte Phil, j'avais été nommé secrétaire de notre promotion. J'avais écrit à plusieurs anciens et j'ai reçu de Bob ce livre sur les AA. Après l'avoir parcouru, je me suis rendu compte à quel point ce travail était magnifique. J'ai écrit à Bob qui s'est dit heureux que je me souvienne enfin de lui. Il avait lu dans un de mes articles que je passais mes hivers à Delray Beach (en Floride). Il m'a demandé comment s'y rendre et m'a dit qu'il souhaitait m'y rencontrer. Je lui ai donné les renseignements que je pouvais sur Delray et ensuite, je n'y ai plus pensé.

«En arrivant cet hiver-là à Delray, je suis entré dans la salle à manger avec ma femme pour le petit déjeuner, lorsque la serveuse est venue nous dire que deux personnes souhaitaient nous avoir à leur table. J'ai dit à ma femme : «C'est peut-être Bob Smith et sa femme, mais je ne sais pas comment nous allons nous entendre avec eux.»

«Notre petit déjeuner a été agréable. Bob était toujours aussi maigre, efflanqué et nerveux, et il consommait une grande quantité de café. Son langage était assez vulgaire, ce qui a surpris et intrigué ma femme. Il appelait la sienne *femme* ou *petite femme*.

«Son histoire a commencé à m'intéresser fortement. En Floride, Bob recevait la visite de nombreuses personnes de tous les coins du pays. Tous étaient des gens charmants qui l'adoraient.»

«Il parlait toujours aussi crûment. Un jour, nous étions en train de jouer au bridge quand j'ai vu une ravissante jeune femme dans l'entrebâillement de la porte. Comme Bob lui tournait le dos, il ne pouvait pas la voir. «C'est moi», s'est-elle écriée en se précipitant sur lui, en passant les bras autour de son cou et en l'embrassant. Et Bob de s'exclamer : «Qui est-ce qui vient de me refiler sa salive ?»

«Une autre fois, nous étions installés avec des gens charmants sur des fauteuils de plage. Nous avions invité Bob et sa femme à venir nous rejoindre ; quand Bob est apparu en maillot de bain, nous nous sommes aperçus qu'il avait le torse et les bras splendidement tatoués de dessins étranges, serpents et autres. Ma femme lui a demandé dans quel état il était lorsqu'il s'était fait tatouer ce dernier dessin sur le bras. Et il lui a répondu : *C'était une blague.*

«Sa femme était presqu'aveugle ; ce n'était pas une beauté mais c'est l'une des personnalités les plus attachantes que j'aie connues. Je pense que c'est grâce à elle s'il a fini par vaincre cette habitude (la consommation alcoolique).

«Nous avons rencontré Bob et Anne une seconde fois à Long Beach en Californie, où habitait le frère d'Anne, un ingénieur en vue. Bob était venu pour prendre la parole lors d'un grand rassemblement à Los Angeles. Si mes souvenirs sont exacts, il m'a dit qu'il avait dû serrer la main d'au moins 3 500 personnes.

« Bob nous disait toujours le nombre de mois, d'années et de jours qui s'étaient écoulés depuis son dernier verre. Il est venu chez nous une première fois avec sa femme, une seconde fois après la mort de celle-ci, et nous sommes allés lui rendre visite à Akron.

« Un des événements marquants de ma vie, c'est le dimanche que nous avons passé avec lui dans sa maison d'Akron. C'était comme si les gens venaient à Lourdes, des gens qu'il n'avait jamais vus, dont il n'avait jamais entendu parler. L'un d'eux était le doyen d'un grand collège de l'Ohio. Deux personnes restent gravées dans ma mémoire : un avocat et sa femme, qui étaient venus de Détroit en voiture pour lui dire ce qu'il avait fait pour eux grâce aux AA. Cette femme, qui était ravissante, avait traîné dans les bas-fonds et nous avions du mal à le croire. Les larmes aux yeux, elle tenait à dire à Bob qu'elle allait chaque dimanche prêcher (sic) dans une maison de correction de Détroit et elle était très fière de ses trois derniers dimanches. Elle avait parlé devant pratiquement tout l'établissement, alors que le pasteur a fait son sermon devant seulement deux ou trois personnes.

« Je ne sais pas combien de personnes sont venues ce jour-là à Akron. Il y en a eu sept ou huit qu'il ne connaissait absolument pas et qui sont venues chez lui uniquement pour lui exprimer leur gratitude. Et c'était comme cela partout où il allait.

« En Floride, quand ils ont appris qu'il était à Delray, les gens sont venus de Miami, de Fort Lauderdale, de Palm Beach, et des alentours. C'étaient tous des gens qui valaient la peine d'être sauvés. Pour moi, c'était étonnant qu'ils aient été à un moment donné dans l'état où ils ont dû se trouver. »

Évidemment, à cette époque, les congrès des AA et les autres rassemblements locaux n'étaient guère fréquents par rapport au calendrier surchargé d'aujourd'hui. Dans le Minnesota, il y avait un rassemblement de deux semaines auquel Dr Bob a assisté à quatre reprises jusqu'en 1947, au moment où il a pris fin. On l'appelait la Journée des Fondateurs. On ne s'y rendait que sur invitation ; celle-ci était envoyée habituellement à ceux qui étaient considérés comme des fondateurs des groupes du Midwest.

« On y était invité pour une semaine déclare Polly F.L., et la dernière année, nous étions environ quarante par semaine ». Selon Polly, ce rassemblement a été abandonné parce qu'il n'était pas ouvert à tous et allait donc à l'encontre de la politique des AA. (Poly, membre des AA de Chicago, a travaillé quelque temps au Bureau des Services généraux de New York.)

« Dr Bob jouait tout le temps au bridge, dit-elle. Ceux qui avaient la chance de savoir jouer le voyaient davantage. Il se promenait et n'était pas distant du tout. Il était très facile de l'aborder si vous vouliez lui parler. »

À un de ces rassemblements, c'était le mois d'avril et il faisait froid au Minnesota. Ernie et Ruth G., qui partageaient une cabine non chauffée avec Bob et Anne, se rappellent qu'ils devaient dormir avec leur manteau. Un matin particulièrement froid, Dr Bob s'est aspergé le torse d'eau en déclarant que sa toilette était faite pour aujourd'hui.

Bien qu'établi à Akron, Dr Bob restait fort attaché à son Vermont natal. Chaque année, il rendait visite à sa famille et à ses amis.

Au Vermont, Bob assistait aussi aux réunions du groupe des AA de St Johnsbury et Ed G. se rappelle qu'il a pris la parole à l'occasion du premier anniversaire du groupe.

Eleanor E. écrit que, étudiante dans un collège du Vermont, elle avait été invitée par la nièce de Dr Bob à assister à une réunion à

Même les parties de pêche sont plus agréables une fois abstinent. Comme la plupart, Dr Bob aimait se retrouver en compagnie de membres des AA.

Burlington en 1946. Dr Bob et un autre homme devaient y raconter
« d'intéressantes histoires » au cours d'une réunion des AA.

« Je m'en souviens très bien, écrit Eleanor, qui connaissait bien
l'alcool mais n'avait jamais entendu parler des AA. Malheureusement, il m'a fallu vingt ans pour comprendre que ce soir-là, j'avais eu
le privilège extraordinaire d'entendre les *deux* fondateurs des AA. »

Polly F. L. se souvenait que Dr Bob était « un grand blagueur » et
que tout le monde se taisait lorsqu'il racontait une histoire. « Peut-être
riaient-ils, même quand ce n'était pas drôle. Mais je pense qu'il avait
un fameux sens de l'humour. Quand on est alcoolique, on *doit* développer son sens de l'humour pour vivre parmi le monde. »

Gene C., un autre AA de Chicago, disait que Dr Bob avait une
sobriété heureuse et citait cette phrase de lui : « Si vous ne pouvez pas
être heureux dans le programme, cela ne sert pas à grand-chose d'y
être. » Gene ajoutait ceci : « Quand une réunion devenait trop sérieuse, il détendait l'atmosphère en racontant une blague. »

L'histoire la plus osée de Bob (les critères étaient différents à
cette époque) dont toutes les personnes interviewées ont parlé, est
celle d'un ivrogne de Cleveland qui avait entendu dire qu'il y avait un
docteur à Akron qui pouvait l'aider. « Mais quand il a appris que
j'étais proctologue, il s'est écrié : Si c'est par là qu'il veut y arriver,
alors qu'il aille au diable. »

Selon plusieurs membres, Anne semblait très agacée quand Bob
racontait une de ses histoires. John R. a mentionné qu'Anne avait fait
une remarque caustique au cours d'une conversation. Quelqu'un lui
avait dit que cela ne lui ressemblait pas mais Bob avait déclaré : « Oh !
elle est capable d'en sortir des salées de temps en temps. »

Smitty se rappelait que son père aimait leur faire partager les incidents drôles de sa journée. Il ne pouvait pas attendre longtemps
avant de raconter une bonne histoire glanée à l'hôpital. Il se renversait
sur son fauteuil et riait aux larmes. Puis, d'un geste familier, il ôtait
ses lunettes pour s'essuyer les yeux, tout en continuant de rire. « Notre
maison était heureuse à cette époque », ajoute Smitty.

La guerre, puis son mariage, ont éloigné Smitty de la maison pa-
ternelle pour l'amener au Texas, où il vit aujourd'hui. Il riait en racontant la première entrevue de son père avec Betty, sa future belle-fille.

Dr Bob l'a examinée lentement de la tête aux pieds, puis il a déclaré : « Elle est très bien, fils. Elle est bâtie pour accomplir rapidement les tâches ménagères légères ! »

Un jour, Smitty avait installé sur la voiture de Betty, légèrement prédisposée aux accrochages, un jeu de plaques qu'il avait commandées tout spécialement et sur lesquelles figurait la mention « OOOOPS ». Il avait également demandé au garagiste d'avoir toujours sous la main un pot de peinture de la teinte de sa carrosserie. Comme on peut le constater, sur le plan de l'humour, c'était « tel père, tel fils ». Par contre, ni le fils ni la fille n'ont jamais eu de problèmes d'alcool. Sue n'aime pas les alcools forts, mais boit un verre de bière à l'occasion, « quand j'en ai envie ».

Le jeune couple Smith a deux filles et deux garçons, et vit actuellement à Nocona, au Texas. Leur plus jeune fils est né alors que Smitty avait 47 ans et Betty 45. « Il pense que nous en avons 34 », dit Smitty. Actuellement, Smitty est un petit producteur indépendant de pétrole et un passionné de vieilles voitures.

Betty Smith se rappelle sa première visite chez Bob et Anne : « J'ai pris l'avion avec Bob en 1944 afin d'aller rencontrer ses parents avant notre mariage. Je n'avais jamais entendu parler des AA. Nous sommes allés à une réunion ce soir-là et j'y ai entendu mon premier témoignage AA. J'étais presque en transe. Mon père avait un problème d'alcool et ma mère et moi devions vider ses bouteilles dans l'évier. »

« Je suis rentrée à la maison, en brandissant le livre des AA et en disant à ma mère : *Nous avons la réponse.* Le père de Betty est devenu abstinent et plus tard, il a été cofondateur d'un groupe à Clovis, au Nouveau-Mexique.

« Je me souviens avoir dit un jour à mon beau-père : *Quel merveilleux mouvement. Vous devez être fier.* Eh bien, franchement, c'était une maladresse. Il m'a regardée de ses yeux d'acier jusqu'à ce que je me sente entrer sous terre et il m'a dit : Il n'y a rien que *j'*ai fait par moi-même. Je n'ai été qu'un instrument. »

Plus tard, Dr Bob a appris à mieux accepter les éloges, « et même à les apprécier, dit Smitty. Mais, lorsqu'il s'adressait à un nouveau, il tentait toujours de faire oublier qu'il était le fondateur des AA. Je me rappelle qu'il m'a dit une fois que c'était merveilleux que tant de gens aient l'impression qu'il les avait aidés.»

«J'aimais profondément Maman et Papa Smith, dit Betty. Papa Smith et moi adorions le rami. Quand nous jouions, nous nous lancions des gros mots et nous passions des moments merveilleux. Son sens de l'humour fonctionnait toujours au maximum. Et je ne sais combien de fois il m'a glissé un billet de 50 dollars en me disant: *C'est entre nous; dépense-les à ta guise.* Un jour, j'ai fait mine de les refuser. J'ai commis une grosse erreur.»

«Papa aimait les vêtements de qualité. Les tissus de ses costumes étaient sensationnels. Il avait un penchant pour les diamants et les autres pierres précieuses; il en portait et il en achetait à Maman. Quand elle est morte, il m'a donné un superbe diamant qui lui avait appartenu. J'y tiendrai toujours.

«Lors d'une de ses visites, Maman portait une veste de fourrure. Elle a voulu que je la mette lorsque nous sommes allés dîner, ce que j'ai fait. Par la suite, j'ai découvert qu'elle ne l'avait jamais portée. Elle me traitait vraiment comme sa propre fille.

«En général, Anne était calme. Pourtant, un jour, j'ai vu qu'elle était contrariée. Elle est allée dans sa chambre et est revenue peu de temps après. Elle avait trouvé une solution à son problème dans la prière.

«Elle était un havre pour les gens en difficulté, ajoute Betty. Je me demande si un ministre du culte aurait pu, à n'importe quel moment, conseiller autant de personnes ou prier avec elles. Au moindre problème, les gens accouraient chez elle. C'était un roc, une source de réconfort avec l'aide de Dieu – quelqu'un qui allait tranquillement son chemin au milieu du bruit et de la précipitation.

«Nous avons *tous* eu des conversations profondes avec eux. Vous savez, Papa lisait au moins deux heures chaque soir. Il n'est pas courant d'avoir autant d'humour et un esprit si profond. N'est-ce pas?»

Smitty, le fils du Dr Bob, a fait son service militaire au Texas pendant la Seconde Guerre mondiale. C'est là qu'il vit maintenant avec sa famille.

XXVI. La quête spirituelle

Dr Bob était un homme en quête de Dieu. Dans ce domaine, il se classait sans doute, à l'instar de Bill Wilson, parmi les moins conservateurs. Cela n'a rien d'extraordinaire lorsqu'on sait que, tout en étant politiquement et matériellement conservatrice, la Nouvelle-Angleterre entretenait encore plusieurs philosophies dites « nouvelles » et des religions du type « guérison spirituelle » dont parle William James dans son livre *The varieties of Religious Expérience.* (Ce livre, bien que peu populaire chez les AA d'Akron, était un des livres de chevet de Dr Bob.)

On pourrait penser que les recherches de Dr Bob ont commencé très tôt, mais lui-même déclarait qu'elles avaient réellement débuté au moment de son premier contact avec le Groupe Oxford, au début de 1933.

Paul S. (le pionnier d'Akron dont le frère Dick s'est aussi joint au mouvement) disait ceci à propos du Dr Bob : « C'est à cette époque qu'il a entamé une quête consciente de la vérité en faisant une étude poussée de la Bible pendant les deux années et demie qui ont précédé sa rencontre avec Bill. Il avait le sentiment que tout au long de cette période, Dieu n'avait pas entendu ses prières. Il ne pouvait pas lui en vouloir. Il lui semblait qu'il ne méritait aucune considération. La révélation est survenu dans la vie de Dr Bob quand il a fait une seconde découverte : il est impossible de s'ouvrir à la spiritualité en buvant comme une éponge mais on peut la découvrir en guérissant et en aidant ceux qui sont sous l'emprise de cette maladie à s'en libérer. »

C'est évidemment ce que Dr Bob voulait exprimer lorsqu'il disait que Bill lui avait donné l'idée du service. « Je pense que le genre de service qui compte vraiment est le don de soi-même, qui demande invariablement du temps et de l'énergie. Il ne s'agit pas simplement de verser une aumône discrète dans le tronc. Cela aussi est nécessaire, mais pour l'individu moyen, c'est un apport très relatif, étant donné qu'à l'heure actuelle, les gens s'en tirent plutôt bien au niveau matériel. Je ne pense pas que ce genre de don puisse maintenir quelqu'un dans l'abstinence. Mais donner son énergie, ses forces, son temps, c'est une autre paire de manches. À mon avis, c'est ce que Bill a appris à New York, et c'est ce que je n'ai pas appris à Akron avant notre rencontre. »

L'expérience de Dr Bob différait de celle de Bill d'un autre point de vue ; il n'a jamais connu la révélation, l'expérience spirituelle. Un membre se rappelle qu'il n'a jamais mentionné ce genre de réveil ; chez les AA, il parlait plutôt d'une lente croissance spirituelle. Il disait que ses valeurs spirituelles s'étaient modifiées au fil du temps.

« Il pensait que nous étions tous à la recherche de la paix intérieure, disait Smitty, mais que pour réussir dans quelque chose, il fallait travailler. »

« À mon avis, disait Dr Bob lui-même, nous ne pouvons rien réussir en ce bas-monde à moins de nous y appliquer. Aussi, pour être un bon membre des AA faut-il mettre en pratique les principes du Mouvement... Nous devons, par exemple,... acquérir l'esprit de service. Nous devons aussi nous efforcer d'acquérir une certaine forme de foi. Voilà qui n'est pas facile, particulièrement pour quelqu'un qui a toujours été très matérialiste dans l'esprit de la société d'aujourd'hui. Mais, pour moi, la foi s'acquiert. Elle vient lentement ; elle doit se cultiver. Comme

la tâche n'a pas été facile pour moi, je peux comprendre les difficultés des autres...

«Tous recherchent exactement la même chose, le bonheur.
Nous voulons la paix d'esprit. Notre problème à nous, les alcooliques, c'est que nous exigions du monde qu'il nous donne ce
bonheur et cette paix d'esprit de la façon précise que nous
avions choisie de les obtenir – par l'alcool. Et nous n'arrivions à
rien. Mais quand nous prenons le temps de chercher certaines
lois spirituelles, de nous familiariser avec elles et de les mettre
en pratique, alors nous trouvons le bonheur et la tranquillité
d'esprit... Bien sûr, il y a quelques règles à observer, mais le
bonheur et la paix d'esprit nous attendent, offerts à chacun.»

D'après Paul S., il y a eu un moment où la foi de Dr Bob a
vacillé au point qu'il s'est retrouvé au bord de la dépression nerveuse. «Des commérages s'étaient répandus, dit Paul, et certaines âmes bien intentionnées avaient rappelé son passé d'alcoolique pour le discréditer et le faire renvoyer du City Hospital.»

Malgré l'avis des médecins, il s'est rendu avec Paul chez le
doyen des études bibliques au Wooster College. «Là, poursuit
Paul, nous avons appris que les hommes peuvent nous abandonner, mais Dieu, jamais. Nous avons appris aussi le sens des paroles suivantes du Christ : « Si donc vous présentez votre offrande
à l'autel, et que là, vous vous souveniez que votre frère a quelque grief contre vous, laissez votre offrande devant l'autel et allez d'abord vous réconcilier avec votre frère. Alors seulement
vous pourrez venir présenter votre offrande. »

D'après Paul, Dr Bob a été guéri sur le champ. Il a passé
deux jours à présenter ses excuses à tous ceux qu'il croyait être
ses persécuteurs. Le lundi suivant, il reprenait son travail.

«Papa me disait qu'il recherchait une révélation spirituelle,
que certaines personnes peuvent avoir de façon soudaine, explique Smitty. Il espérait qu'il en serait ainsi pour lui. Il travaillait
fort pour y arriver et comme rien ne se passait, il se disait qu'il
commettait peut-être une erreur quelque part. Il passait au moins
une heure par jour à approfondir divers sujets religieux. Le

chemin a été long et lent. Comme résultat final, il a acquis une grande et profonde compréhension des questions spirituelles et religieuses. En fait, il a atteint son but, même s'il n'a jamais connu de révélation soudaine.»

«Jusqu'à son dernier jour, raconte Dorothy S.M., il a cru que si seulement il possédait une meilleure compréhension de la spiritualité, il pourrait la transmettre d'une manière ou d'une autre.»

Bien qu'il n'ait jamais eu de révélation soudaine, Dr Bob a néanmoins décrit à Betty et à son fils un moment particulier qu'il avait vécu à sa table de travail. «Cela n'a pas duré longtemps, expliqua-t-il, mais j'ai ressenti un sentiment de paix extraordinaire qui m'a transporté pendant un moment. C'était vraiment *la paix... qui dépasse tout entendement*, et je ne l'oublierai jamais.»

Vers la fin, lors de son dernier voyage au Vermont avec Smitty et Betty, Dr Bob éprouvait un sentiment de paix – ce sentiment qu'il avait tant recherché. «Assis le soir sur son lit, nous en parlions», dit Betty.

Dr Bob a cherché à découvrir les règles spirituelles et à s'y familiariser en grande partie dans ses abondantes lectures. En parlant avec Bill Wilson, Dorothy S.M. a rappelé ce qui suit : « Vous rappelez-vous la montagne de livres qu'il avait ? Anne cherchait toujours à les monter au grenier. Il y en avait des piles sur sa table de nuit, sous son lit, et partout.»

«Il lisait tout, dit Emma K. Vous auriez dû voir tous ces livres ! Son fils m'a dit (après sa mort) : « Emma, voulez-vous vous en occuper ? Je ne sais qu'en faire.» J'ai donné les livres traitant de sujets spirituels à mon pasteur, et les ouvrages médicaux à deux jeunes médecins qu'il avait aidés à leurs débuts. Il avait été très bon envers ces deux jeunes gens après leur service militaire.»

«Ses lectures englobaient toutes les religions, dit Smitty, pas uniquement le christianisme. Il pouvait vous parler du Coran, de Confucius, même du vaudou et de bien d'autres sujets. Il avait lu

la Bible trois fois de la première à la dernière ligne et il pouvait
citer ses passages favoris par cœur.

« J'ai essayé de lire certains de ses livres, mais je ne les ai
pas compris, poursuit Smitty, en signalant un ouvrage intitulé
Tertium Organum. Nous en avons gardé d'autres. Par exemple,
The Varieties of Religious Experience, qu'il aimait beaucoup,
Les Confessions de Saint-Augustin, La Tunique, de Lloyd C.
Douglas (qui a exercé son ministère dans une église d'Akron
dans les années 1930), *For Sinners Only* (un livre sur le Groupe
Oxford), *Basic Teaching of Confucius, Teach Us to Pray* de
Charles et Cora Fillmore. Et aussi *Prayer Can Change Your
Life.*

Betty Smith ajoute qu'il lui avait recommandé de lire *The
Art of Selfishness* de David Seabury.

Smitty dit qu'il avait aussi beaucoup d'estime pour *The
Greatest Thing in the World* de Drummond.

Pourtant, Smitty fait remarquer que son père ne parlait
pas beaucoup de philosophie ou de religion aux autres car il
ne voulait pas les effaroucher. « Il était aussi capable de voir
le côté drôle de la spiritualité. Je me souviens qu'un jour,
Paul S. avait dit de quelqu'un qu'il était le reflet du Christ. Et
papa avait rétorqué que son miroir était peut-être un rien
poussiéreux. »

« La première chose qu'il a fait, dit Dorothy S.M., a été de
me procurer *Le sermon sur la montagne,* d'Emmet Fox. Un jour
que je m'occupais d'une femme à Cleveland, je lui ai téléphoné
pour lui demander ce que je pouvais faire pour cette femme qui
avait le delirium tremens. Il m'a dit quel médicament lui administrer puis il a ajouté : « Quand elle reprendra ses esprits et
qu'elle aura décidé de devenir une autre femme, donne-lui *The
Greatest Thing in the World* de Drummond. Dis-lui de le lire
chaque jour, pendant trente jours. Après cela, elle sera une
femme différente. »

« En fait, je ne sais pas si elle est devenue ou non une femme
différente, ajoute Dorothy. Mais au cours des années, j'ai conti-

nué moi aussi de lire et de relire cet ouvrage. Les trois livres importants à cette époque étaient celui-là, *The Upper Room* et *Le sermon sur la montagne*. Bob s'intéressait à tous les types de philosophie et de religion, mais il était très prudent dès qu'il s'agissait de les conseiller aux autres, de peur de les perturber. Si les gens demandaient son avis, il leur donnait mais il ne forçait personne à lire tel ou tel livre. »

« Papa montrait une grande ouverture d'esprit à propos de religion, dit Smitty, rappelant l'époque de leur vie où leur père les accompagnait, Sue et lui, dans différentes églises.

De plus, Dr Bob allait régulièrement en retraite dans un centre catholique de Cleveland. « Il s'en allait là-bas pour la fin de semaine avec sa Bible, son pyjama et sa brosse à dents », rappelle un membre.

« Il s'intéressait même à ceux qui prétendaient posséder une perception extrasensorielle ou d'autres pouvoirs spirituels, dit Smitty. Il pensait que dans un avenir lointain, les sciences de l'esprit atteindraient un tel niveau de développement qu'elles permettraient la communication entre les vivants et les morts. »

C'est là un sujet d'intérêt que le Docteur partageait avec Bill Wilson et un certain nombre des premiers AA. Ensemble ou séparément, ils recherchaient des expériences mystiques.

John et Elgie R. se rappellent que vers la fin des années 1930, Doc pouvait parler pendant des heures avec un certain Roland J., « qui croyait à tout ce qui était insolite, dès lors qu'il s'agissait de spiritualisme. Il pouvait vous hypnotiser », dit Elgie. Roland avait étudié de nombreuses croyances dans sa recherche de l'abstinence, mais il n'avait jamais cessé de boire avant de rencontrer Doc.

« À Toledo, j'ai fait plusieurs expériences avec Roland J., sa femme, Doc et Anne, ainsi qu'avec Ruth T., dit Elgie. Un soir, au cours d'une séance de spiritisme, il s'est produit quelque chose de stupéfiant ; en fait, je suis entrée en transe. J'ai parlé à Doc de son père qui était juge alors que je n'en savais rien.

« Ensuite, lorsque je suis revenue à moi, Doc m'a conseillé d'éviter les foules. Il m'a dit que j'étais quelque peu impres-

sionnable et que je risquais d'entrer dans cette sorte de transe si
une personne troublée était à mes côtés. Longtemps après cela,
j'ai évité les endroits bondés parce que j'avais peur.

«Je me rappelle une autre fois. Un dimanche après-midi,
nous étions dans le salon de Roland. Doc lisait un journal, Anne
fumait une cigarette et Roland était assis dans un fauteuil pendant que Dorothy était en train de préparer le dîner dans la cuisine.»

«Tout à coup, Anne se mit à écarquiller les yeux pour attirer
mon attention. Je regardai dans la direction qu'elle m'indiquait.
Dieu m'est témoin, Roland portait une barbe, ou du moins, il en
créait l'illusion. Je ne pouvais pas en croire mes yeux ! Dès qu'il
a vu que je l'observais, il a fait disparaître sa barbe. Sans s'é-
mouvoir, Doc s'est mis à rire. D'après lui, c'était la chose la
plus drôle qu'il ait jamais vue.»

«Bon nombre d'entre nous croyaient au spiritisme, raconte
Clarence S. Le dimanche soir, nous nous retrouvions chez Roland. Il appelait les esprits. Après un bout de temps, ces soirées
sont devenues si étranges que nous ne pouvions plus les supporter. Doc a fait marche arrière, lui aussi.»

«Ils se sont tenus à l'écart de Roland J., confirme Smitty,
lorsqu'ils ont commencé à ressentir des vibrations maléfiques.
Ils craignaient que cela ne devienne dangereux.»

Les AA d'Akron ont eu la même réaction, dit Sue. «Ils
étaient tous contre ces séances de spiritisme. Papa a senti qu'il se
faisait critiquer et c'était vrai. Les membres ne l'approuvaient
pas. Pourtant, je pense qu'au fond, ils réagissaient ainsi parce
qu'ils se sentaient exclus de ces séances.»

Sue se rappelle avoir également rencontré Roland, qui lui
avait dit : *Quand je te parle, j'entends constamment le bruit d'un
train.* «C'était un de mes souvenirs d'enfance, raconte Sue. Je
marchais le long d'une voie ferrée avec une dame âgée, com-me
une grand-mère. C'était avant d'aller à l'orphelinat. J'avais trois
ans !»

Ruth G., la femme d'Ernie de Toledo, se rappelle qu'elle souffrait d'une maladie qu'elle essayait de soigner par le spiritualisme. « Dr Bob n'a jamais essayé de me dissuader. Il m'encourageait. Il me disait que j'étais guidée vers cela. Anne l'appuyait. Il ne m'a jamais offert ses services et ne m'a jamais suggéré un traitement. Il disait toujours : – Donne une chance à Dieu. »

« Doc et Anne savaient que Ruth avait trouvé une réponse spirituelle, dit Ernie, et ils échangeaient des livres et d'autres choses. Cela nous rapprochait. »

« Nous avons évidemment su avant tout le monde que Doc avait un cancer, poursuit Ruth. Je croyais qu'il avait attrapé la maladie dont je souffrais, parce que nous avions partagé une cabine dans le Minnesota. Quand nous sommes allés là-bas, il venait de l'apprendre. « Je ne l'ai encore dit à personne, nous a-t-il annoncé, mais j'ai un cancer. Je m'en doutais, mais on ne trouvait jamais rien ». Un jeune médecin lui avait rendu visite, lui avait posé un tas de questions et avait formulé ce diagnostic.

« Quelque temps plus tard, cependant, Doc m'a annoncé : *Je crois que j'ai une solution pour toi, Ruth.* Il avait entendu parler de quelqu'un qui souffrait du même mal que moi, et d'un médecin qui avait pratiqué une opération. *Ne crois-tu pas que tu devrais essayer ?* C'était la première fois qu'il émettait un avis médical, et dire que j'avais consulté sans succès les meilleurs médecins de Cleveland. Plusieurs chirurgiens m'avaient dit qu'il n'y avait rien à faire. Je lui ai répondu que je devais prier. Il m'a dit de faire ce qui me semblerait le mieux.

« Mon médecin de Toledo refusait d'écrire à son collègue de Cleveland mais Dr Bob l'a fait. Je luis dois la vie. »

D'après Virginia Mac L., Dr Bob a également joué un rôle dans une autre guérison par le spiritualisme. Virginia Mac L. était la sœur de Dorothy S. et cette dernière lui avait suggéré d'emmener Clarence chez Dr Bob à Akron. (Par la suite, elle devint elle-même membre des AA.)

La fille des Mac L., alors âgée de quatre ans, était malade depuis la naissance. «J'étais venue à Cleveland pour la faire opérer dans une clinique de pédiatrie, raconte Virginia. Roland avait contribué à la guérison de certains enfants et ma sœur Dorothy voulait que je le voie d'abord afin de lui donner une chance de réaliser une guérison spirituelle. Je n'accordais aucun crédit à ce genre de pratique et je pensais que ma fille était trop malade. C'est alors que le Dr Bob a fait son entrée. C'était la première fois que je le rencontrais et il m'a fait immédiatement une forte impression. Il était médecin et il savait ce qu'il faisait. Sa présence a été décisive.

«Il a pris la température de ma fille et a dit qu'elle était très malade. Elle ne pouvait même pas digérer de l'eau. Le Dr Bob m'a dit qu'à son avis il valait la peine d'essayer la guérison spirituelle. Si ça ne marchait pas, elle pourrait toujours entrer en clinique.

«Je ne connaissais pas non plus Roland J. Il m'a questionné sur mes croyances. Je lui ai répondu que je n'en avais aucune. Il m'a suggéré d'aller au cinéma et de ne pas penser à cela, afin que mes pensées négatives ne provoquent pas d'interférence et qu'ils aient le champ libre.

«Quand je suis revenue deux heures plus tard, j'ai entendu le rire de ma fille avant même d'entrer dans la maison. *Oh! maman, nous nous amusons tellement!* s'écria-t-elle. Ma fille semblait complètement guérie et elle le resta par la suite.»

La prière jouait bien entendu un rôle important dans la foi de Dr Bob. «Ses dévotions matinales, selon Paul S. consistaient en une courte prière suivie de l'étude, pendant une vingtaine de minutes, d'un passage familier de la Bible et d'une période de calme pour attendre des conseils sur la façon d'utiliser au mieux ses aptitudes au cours de la journée. Après, il s'occupait religieusement, comme il le disait, des affaires de son Père.»

«Dr Bob me disait que, lorsqu'il devait pratiquer une opération incertaine, il priait avant de commencer, se rappelle Elgie R. *Quand j'opère dans ces conditions*, disait-il, *je ne pose pas un geste qui ne soit le bon.* Dr Bob ne parlait pas beaucoup de religion mais c'était un homme très pieux. Chaque fois qu'il se trouvait dans une impasse, il priait. Mais il ne s'en vantait pas. C'était son attitude personnelle. »

« Il ne priait pas seulement pour son propre compte, dit Bill Wilson, mais aussi pour divers groupes de personnes qui le lui demandaient.

« Lorsque je pense qu'il m'incluait dans ses prières, cela me fait chaud au cœur, poursuit Bill. Je comptais sur lui pour qu'il me conduise tout droit au paradis. Dans ce domaine, Bob était bien plus avancé que moi. Moi, j'étais toujours pressé, je parlais, j'organisais, j'apprenais aux autres *à faire leurs premiers pas.* Je n'ai jamais grandi comme lui. »

XXVII. **Les ombres de la maladie et de la dissension**

Les années heureuses de la sobriété de Bob ont été assombries plus tard par la maladie et la cécité d'Anne. Des cataractes avaient recouvert ses yeux au point qu'elle ne pouvait plus conduire. Elle ne pouvait plus reconnaître quelqu'un à l'autre bout d'une pièce. Pour identifier son interlocuteur, elle devait se trouver tout près ou entendre sa voix.

D'après Smitty, l'amour entre ses parents se manifestait de plus en plus à cette époque dans les attentions qu'ils avaient l'un pour l'autre. «Il ne se passait pas un jour, raconte Betty, sans que papa ne la serre dans ses bras en lui disant: Comment se porte notre amour aujourd'hui, Annie?»

Anne a subi une intervention dans un œil pour enlever une cataracte. Pendant qu'elle était à l'hôpital, son seul désir était que Bob ne soit pas seul. Elle sentait qu'il s'ennuierait, qu'il s'inquièterait et qu'il aurait besoin de ses amis autour de lui.

L'intervention a échoué et elle n'a pas voulu risquer une seconde opération à l'autre œil qui gardait un peu de vision. «Il est préférable de voir un peu que de ne pas voir du tout», disait-elle. Smitty se rappelle que sa mère avait cru énormément à l'opération. Plus tard, il lui a demandé ce qui, d'après elle, avait été la cause de l'échec. « Je crois que je n'ai pas eu assez confiance », a-t-elle répondu.

À partir de ce moment, Dr Bob a été ses yeux, autant qu'il l'a pu. Comme il pratiquait toujours la médecine, il ne pouvait pas être avec elle toute la journée. Il savait que son état nécessitait des soins quotidiens. Il savait également qu'elle aurait été malheureuse de se croire un fardeau pour quelqu'un. La solution qui s'est présentée est née d'une de ses bonnes actions, quelques années auparavant.

En 1941, avant que la cécité d'Anne ne soit devenue grave, Lavelle K. et sa femme Emma, infirmière diplômée, étaient venus chercher de l'aide au bureau du Dr Bob.

« Mon mari était un nouveau – de la deuxième génération, raconte Emma. C'était un adjoint au maître de postes et son alcoolisme, bien qu'avancé, ne lui avait pas encore fait perdre son emploi. Bill V.H. lui avait conseillé d'aller voir le Dr Smith. Nous pensions que c'était pour une sorte d'examen médical.

« Le docteur Smith est l'homme le plus merveilleux que j'aie jamais connu. Mais quand vous ne le connaissiez pas, il vous donnait froid dans le dos, assis devant vous les mains l'une dans l'autre. J'étais pétrifiée – il avait l'air si sévère, si bourru. Il nous a consacré un après-midi entier pour nous parler des AA. Nous étions fascinés.

« Voilà comment nous avons lié connaissance, et nous sommes devenus très intimes. Que de bons moments nous avons passés ensemble ! Aussi longtemps que le Docteur en a été capable, nous partions l'après-midi nous promener en voiture et dans la vallée. Certains soirs, Madame Smith nous téléphonait et disait : *Allons faire un tour. Il fait si chaud !* Elle ne s'assoyait jamais sur le siège avant, même quand ils venaient nous chercher pour aller en ville. C'est Lavelle qui prenait la place du passager. Nous traversions la voie ferrée, nous allions par Peninsula Road jusqu'à Portage Path. Le Docteur connaissait tous les gens qui habitaient les belles maisons de ce coin-là. »

Emma se rappelle également la générosité des Smith. « Lorsque la mère du docteur est morte, Mme Smith m'a dit : « Emma,
j'aimerais que tu portes cette chaîne. C'était celle de mater. » Au
lieu de dire « la mère de mon mari », elle disait *mater.*

« J'étais très heureuse de la porter. Bien sûr, le lendemain, je
lui ai rendue et elle m'a dit : « Écoute. Tu aimes cette chaîne et
elle est assortie à ta bague. Garde-la donc jusqu'à ce que je te la
réclame. » Je l'ai toujours.

« Je possède une broche en onyx noir incrustée de trois diamants que le Docteur m'a donnée à la mort de Madame Smith.
Elle avait de magnifiques diamants. Il en a donné un à Betty, (la
femme de Smitty) et un à Sue.

C'est le genre de choses qu'ils faisaient pour les autres. Ils
ne pouvaient jamais en faire assez.

« Ensuite, ils ont voulu partir en vacances. Ils avaient un
chien qu'ils ne voulaient pas abandonner ni confier à un chenil.
Nous avions nous-mêmes un petit Boston. Un jour, le docteur
Smith est venu sonner à notre porte. Il nous a demandé si nous
accepterions de nous installer chez eux pendant leur absence.

« Je ne voulais pas. Mais mon mari a dit : *Nous leur devons
bien ça.* Et c'est ainsi que tout a commencé. Chaque fois qu'ils
voulaient partir, nous emménagions chez eux jusqu'à leur retour. »

Donc, pendant huit ans, Emma et Lavelle se sont installés de
temps à autre chez Dr Bob. Ensuite, lorsque la nécessité s'est fait
sentir, Emma s'est mise à passer le plus clair de son temps avec
Anne.

« Madame Smith pouvait voir d'un œil, mais pas très bien.
Elle marchait difficilement et ses mains étaient déformées par
l'arthrite, poursuit Emma.

« Je pense que tout le monde l'appelait Anne, sauf moi. Je
n'ai jamais pu l'appeler autrement que *Madame Smith.* Pendant
trois ans, je suis restée auprès d'elle tous les jours sauf les sa-
medis et les dimanches. Bien sûr, ils avaient une femme de ménage. Et le Docteur restait près d'elle la fin de semaine. »

À New York à cette époque – 1947-1948, avant que le Dr Bob ne découvre sa propre maladie – Bill commençait à réfléchir à l'avenir des AA. Qu'adviendrait-il du Mouvement à la mort de ses fondateurs ? C'était surtout Bill et Bob qui reliaient le Conseil d'administration et le Bureau des Services généraux aux groupes des AA. Bill savait que pour la survie des AA, le conseil et le bureau avaient besoin du support moral et financier des groupes. Il a fait à Bob la suggestion suivante : les fondateurs devraient laisser aux groupes le contrôle total de leurs affaires internes par la création d'une conférence des services généraux à laquelle les groupes pourraient envoyer des délégués.

Bill pensait que c'était une question vitale, mais la majorité des administrateurs ne voulaient pas d'un tel changement. Bien des anciens d'Akron, Cleveland, Chicago et New York partageaient leur opinion. Comme les membres du Groupe Oxford, qui avaient eu tendance à superviser les affaires des premiers alcooliques, ces mêmes alcooliques qui s'étaient séparés du Groupe Oxford pensaient qu'ils devaient superviser les affaires des membres qui s'étaient joints aux AA après eux.

De toute évidence, l'opinion de Dr Bob était mitigée. En mai 1948, il écrivait ceci à Bill :

« Même si beaucoup de ces changements semblent souhaitables, je crois qu'ils devraient être apportés sans bouleversement trop brutal. Si les administrateurs ont tort, ils se pendront eux-mêmes. Tout comme toi, l'intérêt des AA me tient à cœur, mais je ne suis pas absolument sûr que ces changements représentent la voie la plus sage et la meilleure organisation au bout du compte. Pour le moment, il me semble que c'est peut-être le *agir aisément* qui est la meilleure route à suivre. Il serait peut-être sage de laisser les administrateurs administrer, en insistant pour qu'ils le fassent, quitte à les inciter par des pressions extérieures. L'objection à cette idée est qu'ils pourraient commettre des bévues dans cette affaire. Mais si c'était le cas, il y aurait sûrement des réactions désagréables de la part des groupes... Ne t'emballe pas pour le moment et rappelle-toi que, quoi qu'il arrive, nous t'aimons beaucoup. Smith. »

Ce n'était que le début. De toute évidence, Bill ne s'est pas emballé pendant un certain temps mais à un moment donné, il s'est dit, comme il l'a raconté lui-même : « Je dois obtenir son accord » (l'accord du Dr Bob). Par contre, il y avait ceux qui pensaient qu'il fallait faire pression sur Bob pour qu'il impose son veto. Par conséquent, le Dr Bob a subi les pressions des deux camps à un moment où sa santé et ses forces commençaient à décliner sérieusement.

Quelques mois seulement après sa lettre à Bill, c'est-à-dire au cours de l'été 1948, Dr Bob a découvert qu'il avait un cancer. Il a fermé son cabinet et pris sa retraite pour qu'Anne et lui puissent vivre leurs derniers jours ensemble, paisiblement.

Plus tard dans l'année, George H. a rendu visite à Dr Bob, qui se relevait d'une de ses multiples opérations. George était l'un des membres de New York favorables à la conférence. Il avait fait le tour des groupes de la région afin de connaître leur opinion au sujet de l'autonomie. Après sa visite à Akron, il a envoyé à Bill un enregistrement, qui comprenait des salutations de Dr Bob et du jeune Smitty.

Net et précis comme à son habitude, Dr Bob y parlait de son état sans se prononcer : « La chirurgie varie du tout au tout, selon que vous la pratiquez ou qu'on la pratique sur vous. »

« J'ai fait la morale à papa pour qu'il fasse un peu d'exercice, ajoutait Smitty. C'était tellement bien tourné que je me suis convaincu moi-même, mais lui ne s'y est pas encore mis. »

George a annoncé à Bill que le Dr Bob était alité et qu'il lui donnait encore six mois au maximum. « Ses traits sont tirés, il perd du poids et il se déplace avec peine. Il a des bons moments, puis la maladie et la douleur reprennent le dessus.

« Il a exagéré parce que son fils était là, poursuit George. Il devrait réduire le nombre de visiteurs et la durée des visites. Mais c'est toujours notre vieux Bob ; il garde la tête haute et il n'admet pas être aussi malade qu'il l'est réellement. »

Dans le reste de l'enregistrement, George raconte les résultats de sa tournée. Il consacre une bonne part de ses commentaires à l'attitude des pionniers de Chicago, Cleveland et Akron. Il les sentait hostiles au changement, « alors que le reste des États-Unis – 370 groupes qu'il avait visités personnellement – croyaient qu'une conférence devait assumer la direction ».

Selon lui, ces pionniers se croyaient plus habilités à servir dans les comités que n'importe quel AA de partout ailleurs. Ils favorisaient un conseil des anciens plutôt qu'une conférence et l'utilisation exclusive des Douze Étapes, jugeant les Douze Traditions trop rigides. (Ces Traditions avaient été présentées par Bill en 1946 dans un article du *Grapevine*.)

George avait une opinion différente : « Le nombre d'années d'abstinence n'est pas tout. Il faut favoriser, entre autres, l'aptitude à planifier.

« Bob et Annie ne sont plus jeunes. Ils sont bien ancrés dans leurs opinions et il sera difficile de les amener à changer. » Déclarant que les deux mots qui définissaient le mieux Dr Bob étaient « travailleur méticuleux », George soulignait que Bob était « foncièrement loyal ». Il n'imaginait pas que des gens qu'il avait fréquentés depuis le début pouvaient se tromper. »

(Sans se référer à ce contexte précis, Sue pensait elle aussi que son père pouvait être un ami « presque de façon excessive ». Elle a mentionné une ou deux personnes d'Akron qui ont agi dans l'intérêt de quelques-uns plutôt que du groupe tout entier, et également un homme qui a été mêlé à des affaires douteuses au détriment d'autres membres des AA. Elle a déclaré que Dr Bob avait pris leur défense, même s'ils avaient tort.)

George a ajouté que quelques personnes « à l'esprit tordu » influençaient les idées de Bob ; il y a un pionnier qui, « de toute évidence, ne pense plus de façon normale depuis deux ans ». Il y en a un autre « qui utilise Bob comme un instrument pour faire marcher les choses à sa guise ». George en décrit un autre comme « un Prince héritier qui aspire au trône et dont les ambitions dépassent les limites de sa ville ».

Selon George, Bob et Annie étaient « trop malades pour pouvoir voir les choses clairement » ou pour « se faire pousser et bousculer comme ils le sont en ce moment. Nous devrions les laisser vivre en paix les dernières semaines ou les derniers mois qui leur restent à vivre ».

George faisait enfin la proposition suivante : « Vous deux (Bill et Bob), vous vous comprenez tellement bien, faites une sorte de déclaration ; proposez un compromis, nommez un conseil consultatif temporaire comprenant des noms sur lesquels vous vous serez mis d'accord tous les deux. »

En écoutant cet enregistrement, on peut déceler, dans la description de Dr Bob que fait George, de l'impatience et une pointe de condescendance mêlée de respect et d'inquiétude. Cette attitude est révélatrice d'un courant de pensée qui allait entraîner, au cours des années suivantes, une controverse croissante au sein des AA. L'autre clan pensait à peu près la même chose de Bill et « des révolutionnaires qui voulaient prendre le pouvoir ».

Il est possible que George ait négligé le détail suivant : aux yeux du Dr Bob, parmi tous les pionniers qui ne pouvaient pas se tromper, il est probable que Bill occupait la première place. De plus, si Bob était réfractaire au changement, c'était une chose pour Bill de le persuader du contraire, mais c'en était une autre pour un « nouveau » qui venait de New York.

On avait l'impression – et ce sentiment persiste encore aujourd'hui – que Dr Bob et les AA de Akron-Cleveland n'ont jamais été pleinement appréciés par « New York » (entendons par là les administrateurs et le bureau).

« Il n'était pas beaucoup question du Dr Bob à New York, dit Emma K. Madame Smith en était peinée. Ils s'étaient rendus là-bas un jour pour un dîner et elle m'avait dit : « Vraiment, Emma, il n'y a pas beaucoup de gens qui ont reconnu Bob ». Dans l'Ohio, évidemment, il n'y en avait que pour *lui*. Je connaissais Bill et cela ne le dérangeait pas. À New York, je suppose que c'était lui qui était important. Probablement que ni l'un ni l'autre ne le remarquait. »

On peut raisonnablement supposer que ce dîner où « pas beaucoup de gens ont reconnu Bob » était la fête organisée pour l'anniversaire de Bill en 1948. Al S., qui présidait le dîner, se souvenait qu'il avait été informé de la présence de Bob et Anne à la dernière minute. « J'étais tellement énervé à l'idée d'avoir à la même table les deux fondateurs et leurs femmes que je n'ai pas pu me rappeler son nom. Ce soir-là, je me suis complètement embrouillé en faisant les présentations. »

Emma, qui a tant côtoyé Dr Bob au cours de cette période si cruciale pour l'avenir des AA, disait des cofondateurs : « Ils étaient aussi différents que deux doigts de la même main. Quand Bill changeait le sujet de la conversation, Dr Bob ripostait : « Allons, Bill. Parlons-en encore un peu. ». Bill était un fonceur et Dr Bob était en quelque sorte la pédale de frein.

« Je les ai souvent entendus discuter. Mais, comprenez ma position. Je savais que ces deux-là avaient bien des choses en commun et bien des choses à débattre. J'avais l'habitude d'entrer, de m'asseoir et de leur parler de différentes choses, mais je ne pouvais quand même pas arriver et me mêler à leur conversation... Ils s'entendaient toujours à merveille. Ils étaient différents mais d'après moi, ils étaient plutôt comme des frères. »

L'état de Bob déclinait et Bill continuait de le presser d'approuver les Traditions et la conférence. La plupart de ces discussions se sont sans doute déroulées en tête-à-tête ou par téléphone.

Cependant, en février 1949, Bill lui a écrit une lettre de trois pages à simple interligne. Il soulignait une fois encore le besoin de transférer le conseil d'administration, le Bureau des Services généraux et Grapevine « avec armes et bagages sous le contrôle direct des représentants régionaux du mouvement des AA ». Il expliquait que les groupes avaient déjà commencé à prendre en charge leurs propres affaires et qu'il ne servait à rien de « s'opposer à cette tendance ; plus le transfert se fera en douceur, mieux ce sera ».

Conscient de la position-clé de Bob, Bill concluait : « J'espère sincèrement que tu pourras et que tu voudras nous donner

un coup de main et je prie pour cela. Nous avons tous besoin de ta présence et de ton influence, moi le premier. Ton calme naturel et ton appui solide peuvent être décisifs. »

Bien qu'il ne s'agisse pas d'une réponse directe à la lettre de Bill, une note adressée à Bill le 14 mars 1949 révèle les sentiments de Bob. Voici ce qu'il écrit : « Ma maladie m'a fait beaucoup souffrir depuis ta visite... Je ne pense pas qu'elle (la conférence) soit particulièrement indiquée à l'heure actuelle. Je me trompe peut-être mais c'est ainsi que je le perçois. Pourquoi n'essaies-tu pas d'amener les membres à accepter ce comité et ne laisses-tu pas les choses faire leur chemin ? Amitiés. Smitty. »

(Le comité en question était envisagé comme un comité « politique » ou « central conjoint », destiné à fournir de l'aide aux éditions des AA et à siéger entre les réunions des administrateurs. Sa création a été approuvée en 1949 et il a fonctionné sous le nom de Comité des Services généraux.)

Ce n'est qu'en 1950 que Dr Bob a accepté d'approuver les Douze Traditions, lors de sa dernière apparition à un grand rassemblement AA – le premier Congrès international, à Cleveland. Quelques semaines plus tard, quand Bill l'a informé que les administrateurs approuveraient probablement l'idée d'une conférence, Bob a fini par y souscrire à son tour.

Le Dr Bob n'était pas le seul membre en Ohio à changer d'opinion. Ed B. se souvient du jour où Bill Wilson est venu parler de la conférence et des Traditions aux membres de la région. « Bill D. (le troisième membre) était contre le projet et il était en colère. Ed, m'a-t-il dit, je vais aller à cette réunion et je vais dire à Bill ma façon de penser ! »

« Je l'ai accompagné. Bill a expliqué le but des Traditions et de la conférence. Il a insisté sur le fait que Bob et lui n'étaient

Ayant appris la grave maladie de Dr Bob, Bill Wilson a intensifié ses efforts pour sauvegarder l'avenir des AA.

pas éternels et que si des membres reprenaient le flambeau, ils devaient savoir *de quoi* ils héritaient.

« Nous avons bien écouté tous les deux (Ed et Bill D.) et puis nous sommes allés manger. Je lui ai demandé : Eh bien, Bill, qu'est-ce que tu en penses ?

– Tu sais, Ed, il y a quelque chose là-dedans.

– Je le crois aussi, ai-je répondu. C'est ainsi que ce soir-là, nous sommes retournés élire un responsable et c'est Bill D. qui a été le premier délégué (de l'Ohio à la première Conférence des Services généraux, en 1951). »

XXVIII. Sans Anne, mais avec des amis affectueux

En mai 1949, Bob et Anne ont effectué leur dernier voyage ensemble, au Texas, pour voir Smitty et sa famille. «Ce Smitty, c'était un brave type, se rappelle Emma. Il était bon pour ses parents. Un jour il est venu faire une petite visite et il est évidemment allé luncher au City Club avec son père. Et Anne m'a dit : «Emma, il portait de vieilles bottes texanes. J'ai cru en mourir ! »

Comme ils se préparaient pour ce long voyage, Anne, très faible et fatiguée, a dit : «Emma, je n'ai pas vraiment envie de partir. Mais *dad* le désire. Cela le rendra heureux. »

Parlant de ce même voyage, Bob m'a dit : «Je n'ai pas tellement envie de partir, mais *maman* le désire tant. Cela la rendra heureuse. »

«Elle l'appelait généralement *dad* et lui l'appelait *mama*, précise Emma.

«Lorsqu'ils ont été de retour, il m'a appelée un jour, tôt le matin, pour me demander d'aller les voir. «Mama n'a pas été très bien, » m'a-t-il dit. Nous savions tous les deux qu'elle était gravement malade. Nous l'avons donc emmenée à St. Thomas. Elle a survécu six ou sept jours. »

Sœur Ignatia se rappelle que Dr Bob l'avait appelée pour demander un lit pour Anne. Une tempête avait cloué leur avion au sol pendant un certain temps et Anne avait contracté une pneumonie, suivie d'une grave attaque cardiaque.

« À leur arrivée à l'hôpital, dit Sœur Ignatia, nous avons remarqué que le Docteur aussi paraissait fatigué par le voyage, en plus de s'inquiéter de sa chère Anne. Elle a survécu pendant quelques jours avant de s'éteindre. » C'était le 1er juin 1949.

Après le décès d'Anne, Sœur Ignatia a écrit une lettre à Dr Bob dans laquelle elle faisait remarquer qu'en tant que malade, Anne avait été un modèle de calme et qu'elle ne s'était jamais plainte. « En fait, écrivait-elle, elle s'en faisait plus pour le confort de ses visiteurs que pour elle-même. Même dans ses derniers moments, elle a fait preuve d'une force, d'une patience et d'un courage exceptionnels. »

« Anne va me manquer terriblement, disait Dr Bob à cette époque. Mais elle n'aurait pas voulu que les choses tournent autrement. Si elle avait survécu à cette attaque, elle aurait été hospitalisée pendant des mois pour être ensuite alitée à la maison. Elle aurait détesté être un fardeau ; elle ne l'aurait pas supporté. »

« Lorsque maman est morte, raconte Smitty, papa a eu le cœur brisé. Ils étaient très attachés l'un à l'autre et lui-même savait qu'il n'en avait plus pour très longtemps. C'est seulement après sa mort que je me suis rendu compte que cette femme, si profonde, si calme, si prévenante, qui savait se battre pour ses croyances et pour protéger sa famille, avait été cette assise solide dont papa avait besoin pour poursuivre son action chez les AA. »

Les articles de presse à propos du décès d'Anne révélèrent au public l'identité de Dr Bob en tant que cofondateur des AA. Dans un éditorial accompagnant la notice nécrologique, le *Beacon Journal* d'Akron écrivait ceci : « Il est dommage que le merveilleux travail de Mme Smith ne lui ait pas valu la reconnaissance du public de son vivant, mais elle devait savoir que les nombreuses personnes qu'elle a aidées avaient le cœur plein de gratitude... Akron devra toujours être fière du mouvement des AA qui est né dans ses murs, et de la grande dame qui a tant fait pour le promouvoir. »

« Papa a eu la chance, dit Smitty, qu'un couple charmant, Emma et Lavelle, vienne prendre soin de lui et de la maison après le départ de maman. Ils ont été pour lui une merveilleuse source d'inspiration et lui ont remonté le moral quand il se sentait déprimé. Ils ont pris soin de lui et de la maison de façon très efficace. »

« Lorsque Mme Smith mourut, se rappelle Emma, le Docteur ne savait que faire. En rentrant chez moi, j'ai dit à mon mari que nous ferions bien d'aller chez lui et d'y passer la nuit. Puis, nous sommes restés jusqu'aux funérailles.

« Nous avons passé deux ou trois semaines chez lui tandis qu'il cherchait une ménagère. Quand les candidates se présentaient, il allait s'asseoir avec elles pour leur parler. Ensuite, il revenait vers nous en secouant la tête.

« Nous devions faire quelque chose. Il disait : « Ne pouvez-vous pas rester ? C'est vrai que vous ne pouvez pas demander à votre mari de renoncer à... » Ce n'était pas raisonnable et il le savait. Par contre, il était si merveilleux. Nous savions que nous devions faire quelque chose.

« Je ne suis pas superstitieuse pour un sou mais une nuit, j'ai rêvé qu'Anne me disait : *S'il-te-plaît, Emma, ne quitte pas dad.*

« Et quand Lavelle s'est levé le matin, il m'a dit : « J'ai une sensation bizarre. Je ne sais pas si j'ai rêvé mais Anne n'a pas arrêté de me parler. Nous ne pouvons pas l'abandonner. »

« Nous avons étudié la question. Nous en avons parlé. Ce soir-là, nous sommes allés chez lui. Nous lui avons dit que s'il le voulait, nous abandonnerions notre logement et viendrions habiter chez lui.

« Je n'oublierai jamais l'expression de son visage. Jamais ! »

Ainsi donc, le couple qui était allé un jour demander de l'aide au Dr Bob a passé avec lui les derniers dix-huit mois de sa vie. Ils ont abandonné leur foyer et ils ont vécu avec lui jusqu'à sa mort. Lavelle disait de Bob : « C'est l'homme le plus adorable que j'aie connu. J'étais de ceux qui croyaient qu'aucune maison n'est assez grande pour deux familles. C'est pourquoi nous avons gardé notre appartement quelque temps après nous être installés chez le Docteur. Mais je crois qu'une personne qui aurait eu des difficultés à vivre avec Dr Bob en aurait eu de plus grandes encore à vivre avec elle-même. »

« Un souvenir douloureux me reste, dit Emma. Quelques jours après la mort d'Anne, Dr Bob m'a dit : *Nous devons lui trouver une pierre tombale. Voulez-vous venir avec moi ?* »

« Nous sommes allés visiter plusieurs endroits et plusieurs cimetières. Lorsque nous nous sommes décidés pour le *Mt. Peace Cemetery*, je lui ai dit : Vous allez sûrement faire inscrire quelque chose à propos des AA sur la pierre. – De grâce, non ! m'a-t-il répondu. »

C'est à cette époque que des membres des AA avaient pensé ériger un monument à Anne et Bob. D'ailleurs, ils avaient déjà commencé à recueillir des dons. En apprenant cela, Dr Bob avait tout de suite demandé que l'argent soit remboursé. Il s'était déclaré contre l'érection, par le Mouvement de tout mémorial ou monument pour Anne et lui. Il a dit à Bill : « Veillons, toi et moi, à être enterrés comme tout un chacun. »

De jour en jour, Dr Bob constatait les progrès de sa maladie. Il savait sa tumeur maligne et incurable. Il acceptait cela avec sérénité et sans rancœur. Il n'avait aucune amertume envers les médecins qui n'avaient pas su diagnostiquer sa tumeur plus tôt. « Pourquoi les blâmerais-je ? disait-il. J'ai probablement fait moi-même un tas d'erreurs fatales. »

Entre les périodes où il était forcé de garder le lit ou d'aller à l'hôpital pour une intervention chirurgicale, il menait une vie aussi normale que possible et il en retirait le plus de joie qu'il pouvait. Après le décès d'Anne, Dick S. (le frère de Paul) et lui s'envolèrent pour la Côte Ouest afin de renouer avec de vieux amis.

À leur retour de Californie, Dick a écrit à Bill « qu'ils avaient fait un voyage formidable et que Bob était tout revigoré », et qu'à leur départ de Los Angeles, Bob affichait une mine qu'il n'avait plus eue depuis des mois. Rentré à la maison, Dr Bob a pu descendre en ville chez le coiffeur mais le dimanche, « des personnes bien intentionnés sont venues lui rendre visite, dont une qui est restée quatre heures et a failli le rendre fou.

« Le lundi, écrit Dick, Bob est entré à St. Thomas, sans raison grave, mais simplement pour se reposer. Je crois qu'il vaut mieux que je vous dise réellement ce qui s'est passé, au cas où vous auriez entendu dire qu'il était à l'hôpital avec l'écriteau *visites interdites* sur sa porte. Moi, j'ai éprouvé une peur bleue quand j'en ai entendu parler. »

Emma nous a dit qu'il y a eu effectivement beaucoup de visiteurs après le décès d'Anne et que la plupart lui apportaient du réconfort. « Il y en avait autant qui venaient de l'extérieur que d'Akron même, dit-elle. Et nous n'étions jamais sans un bouquet de fleurs. Jamais ! »

Elle a mentionné aussi « le bon ami qui venait s'asseoir et s'évertuait à dire au docteur Smith : *Tu dois faire çi, tu dois faire ça* et il rendait le Docteur... Enfin, la moitié du temps, il ne savait pas de quoi cet homme lui parlait.

« Il y avait aussi un autre membre des AA qui venait voir le docteur Smith tous les jours. Ils pariaient des pièces de cinquante cents. Il est venu un jour où le Docteur ne pouvait voir personne. Je lui ai dit : « Je vais parier à sa place. » Et mon Dieu, j'ai gagné ! Moi qui n'avais jamais rien gagné de ma vie. Je suis montée et je lui ai dit que son copain était venu. Il m'a dit : « Est-ce que vous avez parié avec lui, Emma ? » Et j'ai rétorqué : « Oui. Voilà votre cinquante cents. »

« Quand les AA venaient le voir, ils s'assoyaient dans la cuisine où ils pouvaient prendre le café. Vous pouvez voir cette photo dans le livre des AA (*Le Mouvement des AA devient adulte*) ; je suis en train de servir du café à Dick S. – j'en ai versé bien des litres. »

Après leur voyage en Californie, Bob et Dick sont allés visiter la vieille maison dans le Vermont et se sont rendus ensuite dans le Maine. Partout où Bob allait, les AA l'entouraient d'attentions et de gentillesse. Il disait à ce sujet : « Parfois, ces braves gens en font trop pour moi. C'est gênant. Je n'ai rien fait pour mériter cela. Je n'ai été qu'un instrument dans les mains de Dieu. »

De retour chez lui, D' Bob a entrepris de jouir de la présence de ses amis et de faire ce qu'il pouvait pour eux. Entre les attaques de la maladie, il appréciait la bonne cuisine d'Emma. Elle se rappelle qu'il n'aimait pas les aliments chauds. Il ne buvait pas son café chaud. Quand il allait aux réunions à l'école King, il se versait cinq tasses de café qu'il laissait refroidir sur une tablette dans la cuisine.

« Et il n'aimait pas mâcher non plus, raconte Emma. S'il avait pu, il aurait mangé un pain de viande tous les jours de la semaine. « Alors, Emmy, me demandait-il, qu'allons-nous manger aujourd'hui ? » Je me creusais les méninges pour lui trouver quelque chose d'appétissant. Je lui répondais : Eh bien, je vais faire ceci et cela. – Euh, est-ce qu'on ne pourrait pas manger un pain de viande demain ? » Je vous assure que, depuis la disparition de D' Bob, mon pauvre mari n'a pas eu plus de deux fois de pain de viande. Jusqu'à ce jour, je n'ai pas pu en manger à nouveau.

« Il raffolait des framboises. Il avait un voisin qui lui en apportait deux ou trois kilos en saison. Il me demanda : Vous savez comment les manger ? – Bien sûr, on les saupoudre de sucre. – Non, Emmy, ce n'est pas la bonne façon. » Il alla chercher un grand bol à soupe, le remplit de framboises, versa de l'eau glacée dessus, puis les sucra.

« Lavelle et moi avions parlé d'avoir un téléviseur, mais j'avais entendu le Docteur dire que cela ne l'intéressait pas. Nous le lui avons quand même demandé. « Bon, dit-il, je suppose que si vous achetez un téléviseur, je peux vous fournir une cheminée pour placer l'antenne. »

« Mais lui, il ne la regardait pas (la télé). Un soir il y avait une émission très amusante. Mon mari et moi la regardions. Lui était de l'autre côté de la pièce, allongé sur le grand canapé-lit. Il lisait son journal. À un moment, je me suis retournée ; il était en train de regarder l'écran par-dessus son journal. Je n'ai pas pu m'empêcher de rire et il a souri. À cette époque, il y avait de bonnes équipes de lutte et il adorait cela. Il me disait : « Ce soir, disait-il, nous allons regarder la lutte. – À une condition : que vous montiez cet après-midi faire une longue sieste. » Et il le faisait. »

C'est à cette époque que Dr Bob a acheté une décapotable, une Buick Roadmaster noire. Il aimait les voitures et il en avait possédé beaucoup au cours de sa vie. Mais celle-ci était sa favorite, « la voiture que j'ai toujours désirée », disait-il.

« Un jour, nous étions tous dans le salon, raconte Lavelle. Subitement, il se lève et se dirige vers le téléphone. « Allô, Russ ? Ici le docteur Smith, au 855 Ardmore. Dites, j'ai vu que vous aviez une décapotable à vendre. Voulez-vous me l'amener ? »

« La décapotable arriva rapidement, poursuit Lavelle. Le Docteur, confiné à la maison, m'a dit : « Abercrombie, vous voulez mettre vos souliers et l'essayer ? » À mon retour, il m'a demandé comment elle tournait. Je lui ai dit qu'elle était O.K. et ça l'a décidé. Il s'est assi et a rédigé le chèque. »

Des amis se souviennent encore qu'il circulait à toute allure en ville, capote rabattue. Emmy dit : « C'était le plus mauvais conducteur d'Akron. Il recevait un tas de contraventions pour stationnement interdit et pour excès de vitesse. Quand il montait dans sa voiture, c'était pour foncer. »

« Plus il vieillissait, plus il était téméraire en voiture, confirme Smitty. C'était terrifiant de monter avec lui. »

« Chaque fois qu'il en était capable, raconte Emma, il sortait la voiture et descendait en ville pour aller jouer aux cartes au City Club. Je lui disais : « De grâce, ne sortez pas avec cette vieille casquette. – Voyons, Emma, ça fait chic. » Je pouvais régler ma montre à l'heure où il rentrait. Il arrivait par une rue latérale et, tout près de la maison, il freinait en faisant patiner les roues. C'était vraiment quelque chose... comme un gosse. »

Pendant cette période, Dr Bob a continué d'aller aux réunions des AA à l'école King. Anne C. se rappelle avoir entendu quelqu'un lui poser cette question : « Êtes-vous vraiment obligé de venir à toutes ces réunions ? Pourquoi ne pas rester chez vous afin de ménager vos forces ? »

Dr Bob a réfléchi pendant un moment, puis il a répondu : « La première raison, c'est que ça va tellement bien ainsi. Pourquoi prendre le risque d'agir autrement ? La deuxième raison, c'est que je ne veux pas me priver du privilège de rencontrer, d'accueillir et de visiter des amis alcooliques. C'est un plaisir pour moi. La troisième raison est la plus importante. Je viens à cette réunion pour le bien de celui ou de celle qui pourrait franchir cette porte pour la première fois. Je suis la preuve vivante que les AA marcheront aussi longtemps que je marcherai avec les AA, et je le dois au nouveau qui viendra. Je suis un exemple vivant. »

Dr Bob a finalement eu la voiture de ses rêves dans la dernière année de sa vie ; le voici dans le coupé décapotable qu'il avait toujours désiré.

XXIX. La dernière année

Jusqu'à son dernier discours, à Cleveland, en juillet 1950, Dr Bob s'est rendu régulièrement à l'école King. «Après, il brillait par son absence; raconte un des membres. Vous regardiez sa place habituelle... et elle était vide.

«Après leur mort, je pensais si souvent à Dr Bob et à Annie que je détestais me rendre à l'école King, dit Bill V.H. J'avais tellement l'habitude de les voir assis dans la salle. Mon cœur se brisait de ne pas voir Doc car il avait été si important dans ma vie. Il trouvait toujours le mot juste. J'aurais fait un sacré bout de chemin pour aller l'entendre.»

Sa place est restée vide longtemps. Puis un jour, un nouveau qui ne savait pas s'y est assis et personne n'a rien dit. C'est probablement ainsi que cela devait se passer.

À la fin, sachant qu'il allait mourir bientôt, Dr Bob a voulu faire trois choses : aller une fois encore à St Johnsbury, se rendre au Texas pour Noël et être présent au premier Congrès international des AA à Cleveland.

À mesure que les jours passaient et que la date du Congrès approchait, Dr Bob ménageait de plus en plus ses forces. Ses amis pensaient qu'il ne devait même pas essayer d'y aller.

« Il n'était pas capable de s'asseoir, se souvient Emma. À midi, je lui ai dit : – Docteur, de grâce, n'y allez pas. – Je dois absolument y aller, m'a-t-il répondu. »

Al S., un membre de New York, s'est rendu en voiture à Cleveland avec Dr Bob. « Tout ce qu'il a dit, se rappelle Al, c'est : *Je suis fatigué. Excuse-moi si je ne parle pas.* Je ne pensais pas qu'il y arriverait. »

À Cleveland, des milliers de personnes étaient présentes. Certaines se souviennent comment les vagues d'amour des AA semblaient porter le Dr Bob ; d'autres, comment il se tenait le côté en parlant. (Vingt ans plus tard, lors du dernier discours de Bill au Congrès, certains ont remarqué des similitudes entre les deux événements.)

Son discours a été bref. La plupart des participants se souviennent de ses conseils à propos de la simplicité et les citent souvent pour faire valoir leur point de vue. Mais Dr Bob a dit bien plus que cela et, comme il l'a souligné lui-même à propos des Douze Étapes, rien de ce qu'il a dit n'a besoin d'être interprété :

« Chers amis AA et chers amis des AA, je manquerais à tous mes devoirs si je ne profitais pas de l'occasion pour vous souhaiter la bienvenue à Cleveland, non seulement à cette réunion mais aussi à celles qui ont précédé. J'espère de tout cœur que la présence de tant de personnes, ainsi que les discours que vous entendez, sauront être une source d'inspiration pour vous et que vous serez capables de faire partager cette inspiration aux garçons et filles qui n'ont pas la chance d'être ici. En d'autres termes, nous espérons que votre visite ici vous aura été à la fois agréable et profitable.

« J'éprouve une grande émotion en regardant cet océan de visages devant moi, et je me dis qu'il y a bien des années, une petite chose que j'ai faite a peut-être contribué de façon infime à rendre cette réunion possible. J'éprouve aussi beaucoup d'émotion en pensant que nous avons tous connu le même problème. Nous avons tous fait les mêmes choses. Nous avons tous eu les mêmes résultats, proportionnels à notre ardeur, à notre enthousiasme et à notre persistance. Si vous me permettez d'introduire ici une note personnelle, je vous dirai que j'ai passé cinq des sept derniers mois au lit et que je n'ai pas retrouvé mes forces comme je le souhaiterais. C'est pourquoi mon exposé sera nécessairement très bref.

« Il y a deux ou trois observations qui me sont venues à l'esprit et sur lesquelles j'aimerais m'attarder un peu. La première a trait à la simplicité de notre programme. Évitons de le gâcher avec des complexes freudiens et des notions qui intéressent les scientifiques, mais qui ont bien peu de rapport avec le vrai travail des AA. Réduites à leur plus simple expression, nos Douze Étapes se ramènent à deux mots : *amour* et *service*. Nous savons ce qu'est l'amour et nous savons ce qu'est le service. Gardons donc ces deux choses présentes dans notre esprit.

« Pensons aussi à surveiller ce membre souvent fautif qu'est notre langue, et lorsque nous devons nous en servir, faisons-le avec bonté, avec délicatesse et avec tolérance.

« Une dernière chose. Nous ne serions pas ici aujourd'hui si quelqu'un n'avait pas pris le temps de nous expliquer certaines choses, de nous donner une tape sur l'épaule, de nous amener à une ou deux réunions, d'avoir pour nous quantité de petites attentions généreuses et délicates. Par conséquent, ne soyons jamais prétentieux au point de refuser ou de ne plus essayer d'offrir à des personnes moins chanceuses l'aide qui nous a fait tant de bien. Merci beaucoup. »

Après son discours, ceux qui l'observaient ont pu facilement constater que l'effort fourni pour dire ces quelques mots l'avait vidé et affaibli. Malgré son désir de rester, il a été forcé de partir. Dans la consternation générale, des milliers de regards l'ont regardé quitter la scène.

« Lavelle et moi avons dû faire de gros efforts, dit Emma, pour rester à notre place et regarder. Nous savions que chaque respiration lui était pénible. Son discours était beau. Après l'avoir prononcé, il n'est pas resté sur le podium. Il est sorti.

Nous sommes partis aussi vite que possible. J'étais terrifiée. Je pensais qu'il risquait de s'affaisser. Mais nous sommes arrivés à la maison pratiquement en même temps que lui. Il semblait de nouveau aller mieux. »

Al S., qui est rentré à Akron en voiture avec Dr Bob, raconte : « Ce seul effort lui avait coûté tellement qu'il est resté appuyé sur son siège, épuisé. Il s'était vraiment donné à fond. »

Al, qui était à l'époque éditeur de *Grapevine* et qui a beaucoup contribué au numéro-souvenir consacré au Dr Bob (janvier 1951), dira plus tard en parlant des fondateurs : « Sans l'élan donné par Bill, le mouvement des AA n'aurait jamais existé. Sans le contrepoids de Bob, qui sait à quoi il aurait ressemblé ? »

« Je n'avais jamais entendu papa faire un discours important devant une assemblée, dit Smitty. Betty et moi étions à Cleveland. Après la réunion, bien que la santé de papa se soit beaucoup détériorée, nous l'avons conduit dans le Vermont et nous y sommes restés environ une semaine.

« Papa a revu quelques amis d'enfance et de vieilles connaissances ; ce fut un très bon moment pour lui. C'est un voyage que ni Betty, ni moi-même n'aurions voulu manquer pour rien au monde, car nous avons pu causer longuement avec papa. Nous nous intéressions à ses expériences religieuses et nous nous posions tous deux des questions auxquelles il nous a aidés à répondre. »

Avant de partir pour le Vermont, Dr Bob avait demandé à Lavelle quelle voiture il comptait prendre pour aller en vacances. « Eh bien, je pensais n'en prendre aucune, répondit Lavelle.

– Prends la Cadillac, dit Bob. Ce sera plus confortable pour vous deux. Nous prendrons le cabriolet. »

« On en discutait sans fin, raconte Emma. Quand Smitty est arrivé, Lavelle lui a dit : « Smitty, ne le laisse pas faire ça. La Cadillac est tellement plus spacieuse. Il peut s'étendre et allonger ses jambes. Dans la Buick, il ne pourra faire ni l'un ni l'autre. »

« Ils ont été absents dix jours. Nous aussi, la plupart du temps en Virginie. La veille de rentrer à la maison, j'étais terriblement nerveuse et Lavelle m'a demandé : – Te sens-tu fébrile ?

– Pas toi ?

– Oui, je crois que nous devrions rentrer.

« Nous sommes arrivés dans l'après-midi. La Cadillac est arrivée vers quinze ou seize heures. Et lorsque notre bon docteur s'est avancé sur le trottoir et a vu les lumières dans la maison, j'ai dû tourner les talons et aller dans la cuisine car je ne pouvais pas retenir mes larmes. Il avait eu tellement peur que nous ne soyons pas rentrés. »

À son retour, Dr Bob a été admis à l'hôpital St. Thomas pour une autre de ces petites opérations qui semblaient survenir avec tant de régularité pendant les dernières années. Après quoi il est rentré chez lui, soigné par Emma et Lavelle.

Cela se passait au début de septembre et il a vécu jusqu'à la mi-novembre. « La douleur empirait, se rappelle Emma. Chaque jour, il faiblissait davantage. Il détestait aller à l'hôpital mais certaines choses ne pouvaient pas être faites à la maison. Nous devions donc le conduire à l'hôpital. Il y restait un jour et une nuit, puis nous le ramenions chez lui.

« Il y avait de bons et de mauvais jours. Je me souviens qu'une fois, il a du s'aliter durant six semaines. Parfois, il devait recevoir cinq ou six piqûres et chaque fois, il disait : « Merci du fond du cœur !

– Vous me remerciez ? Pour une chose pareille ?

– Mais oui.

« Il était si maigre ! À la longue, tout ce qui restait pour planter mon aiguille était un peu de peau dans la cuisse. Et jamais il ne se plaignait.

« Ma chambre était en diagonale par rapport à celle du docteur. Il s'asseyait sur le bord du lit et fumait une cigarette. Puis, il regardait autour de la pièce et restait assis là. Et je pensais : *Mon pauvre, pauvre ami. Comment peux-tu dormir ?* »

« Il ne nous disait jamais qu'il souffrait mais il devait souffrir. Je sais qu'il avait mal quand il était couché. Il semblait avoir une douleur un peu partout dans les hanches et à l'estomac.

Cela avait commencé dans la prostate. Si on l'avait découvert deux ans plus tôt, on aurait pu faire quelque chose. Mais, à l'examen (biopsie), ils n'avaient pas fait un prélèvement au bon endroit. Il ne leur en a jamais voulu. Il disait que tout le monde pouvait se tromper.

« Oui, *c'était* vraiment un batailleur. Il aimait la boxe, mais je ne sais pas s'il savait ou non boxer. Au-dessus du lit de Madame Smith, il y avait un vieux gant de boxe et un vieux collier de chien, celui de leur premier bouledogue. Ils étaient toujours accrochés là. Je ne les aurais enlevés pour rien au monde.

« Vous savez, un profond sentiment d'amitié nous liait et nous permettait de rester assis des heures sans rien dire ; il pouvait mettre un monde de sagesse dans une seule phrase mais parfois, il se lançait dans une véritable avalanche de paroles. Il aurait parlé pendant des heures. Quand il avait fini, il avait tout oublié.

« Je montais pour un motif quelconque alors qu'il était alité, et il me disait : « Oh Emmy, laisse donc cela. Viens t'asseoir et me parler. » Et il parlait et parlait de choses qui me dépassaient. Mais j'écoutais.

« Parfois, je devais aller chez le coiffeur et il détestait me voir partir. Un jour, comme je rentrais à la maison, il m'a dit : « Emma, dois-tu aller quelque part demain ? » J'ai répondu que non. « Oh, que je suis heureux que tu restes à la maison ! » J'en ai parlé plus tard à mon mari. Il m'a dit : « Tu te gonfles d'importance comme une vieille grenouille ». Ça me plaisait, ça me plaisait beaucoup.

« Oui, c'était une responsabilité. Mais cela nous plaisait à tous deux de penser que Smitty et Dr Bob nous estimaient dignes de rester avec lui et capables de savoir ce qui devait être fait pour lui. Nous ressentions cela comme un privilège car il avait sauvé la vie de mon mari.

« Il savait ce qui approchait mais il n'était pas mélancolique. Bien sûr, on a raconté un tas d'histoires à son sujet, comme quoi il prenait trop de pilules et des tas de trucs comme ça quand il

était à l'hôpital. Mais son esprit est resté aussi clair que le vôtre
ou le mien jusqu'à la fin. La nuit avant sa mort, je m'étais fait
faire une permanente ; mon mari lui a demandé : « Alors, D^r
Bob, que pensez-vous de la nouvelle coiffure avec laquelle vous
allez devoir vivre ?

– Elle a l'air jolie, a-t-il répondu, mais cesse de la taquiner. –
Ne laissez jamais personne vous raconter qu'il ne savait pas ce
qu'il disait ! »

Henrietta Seiberling a rendu visite à Dr Bob durant ces derniers mois : « Bob, toi et moi allons vivre une grande aventure un
de ces jours, » lui disait-elle. Elle a ajouté : « Sa foi était superbe. Ni lui ni Anne ne négligeaient aucun détail dans leur cheminement de croissance. Ils étaient parfaitement préparés au
moment de leur décès. »

Le docteur Tom Scuderi, qui connaissait Dr Bob depuis
1934, se rappelle avoir conversé avec lui lors d'un de ses séjours
à l'hôpital. « Il m'a dit : Je vais sous peu rencontrer mon créa-
teur. Je n'ai pas peur. »

Anne C., qui avait aussi connu Dr Bob même avant qu'il
devienne abstinent, se rappelle qu'il parlait très librement de la
mort. « Vous parlez de mourir comme je parle de rentrer chez
moi en voiture cet après-midi », lui dit-elle un jour. Pas de
crainte, pas d'émotion, rien. Comment cela se fait-il ?

– Anne, répondit-il, es-tu déjà allée à l'aéroport voir des
avions décoller ?

– Souvent, répliqua-t-elle.

– Pendant un instant, tu vois l'avion et puis tu ne le vois
plus. Cela ne signifie pas qu'il se soit désintégré ou qu'il ait disparu. Il a simplement trouvé un nouvel horizon. C'est ce que je
ressens face à la mort. Je vais découvrir un nouvel horizon. »

Mais avant de pouvoir prendre congé, Dr Bob devait com-
pléter pour les AA une tâche inachevée. Cela avait trait au projet
de la Conférence – en un sens, son legs et celui de Bill aux milliers de AA présents et à venir.

Le dimanche avant ce qui devait être le dernier séjour de Doc à l'hôpital, Bill lui a fait une nouvelle visite au 855 Ardmore, d'où « avait émané une grâce incommensurable, depuis que j'y étais entré pour la première fois », comme il le disait luimême. Bill se rappelle avoir dit au Dr Bob que « s'ils ne prenaient pas position et continuaient de se taire, ce silence serait *pourtant* interprété comme une déclaration... Tout le monde supposerait que nous étions pleinement satisfaits de la situation actuelle ».

Bill pensait « qu'il fallait convoquer la conférence de toute façon, même si c'était un échec la première fois. Les délégués du Mouvement pourraient venir à New York et voir ce qu'étaient vraiment les affaires des AA. Ils pourraient décider d'en assumer ou non la responsabilité. Ce serait alors une décision du Mouvement plutôt qu'une décision tacite de Dr Bob et de moi...

« Finalement, il a levé les yeux et m'a dit : – Bill, ce *doit* être une décision des AA, pas la nôtre. Convoquons cette conférence. Ça me va.

« J'ai pris congé de Dr Bob quelques heures plus tard, sachant qu'il devait subir une très grave opération la semaine suivante. Aucun de nous n'a osé exprimer ses sentiments. Nous savions tous deux que c'était peut-être la dernière décision que nous avions prise ensemble. J'ai descendu les marches et me suis retourné. Bob se tenait dans la porte, grand et droit, comme à l'habitude. Ses joues avaient repris quelque couleur, il portait un costume gris clair impeccable. C'était mon compagnon, l'homme avec lequel je n'avais jamais eu de dispute. Son large et merveilleux sourire s'étalait sur sa figure quand il m'a dit, presque en blaguant : *Rappelle-toi, Bill, ne gâchons pas cette œuvre. Gardons-la simple !* Je suis parti, incapable de dire un mot. C'était la dernière fois que je le voyais. »

« La dernière fois que nous l'avons conduit au City Hospital, dit Emma, il y a eu un peu plus à faire. Nous sommes allés le voir le mercredi soir et il m'a demandé de le ramener à la maison. Et je lui ai dit: «Si on vous le permet évidemment». Il voulait que je reste avec lui, mais je ne pouvais pas.

«Vers 11 heures, le lendemain, je me préparais à partir pour l'hôpital en pensant: *Je vais attendre que Lavelle rentre.* C'est alors que l'hôpital a appelé en disant que je ferais bien de venir tout de suite. J'ai dû attendre un taxi... et Sue non plus n'est pas arrivée à temps. Il nous avait quittés.

«Il avait examiné ses ongles. Ils étaient bleus à cause de la cyanose, quand le sang s'arrête de circuler. Il avait compris. Il avait dit: *Appelez la famille. Ça y est.* Il le savait. Il le savait même la nuit précédente, quand il nous avait demandé de le ramener à la maison.

«Je m'en voulais tant de n'avoir pas été là! Mais le médecin m'a expliqué: – Ne souhaitez surtout pas qu'il soit encore en vie. Il aurait étouffé avant longtemps. C'était dans sa gorge.»

Ainsi, le 16 novembre 1950, Dr Bob est passé de la douleur de cette vie à «un nouvel horizon».

«Je suis revenu à Akron pour les funérailles, dit Smitty. Une multitude de ses vieux amis sont venus au salon funéraire. Ils lui étaient très reconnaissants car ils sentaient qu'il les avait aidés. Ce fut une expérience très émouvante pour moi.»

Le service funèbre a été célébré par le révérend Walter Tunks à la vieille église épiscopale, celui dont la réponse à un appel téléphonique, quinze ans plus tôt, avait ouvert la voie en favorisant la première rencontre entre Bob et Bill. Dr Bob a été «inhumé comme tout le monde» au *Mt. Peace Cemetery*. Anne repose à ses côtés, comme elle l'a été des années durant. Il n'y a pas de monument, sauf une modeste pierre tombale.

Pas de monument?

Sur les tombes de Dr Bob et d'Anne, Bill n'a trouvé aucun monument ostentatoire, aucune mention des AA, mais plutôt «une modeste pierre tombale».

Les Douze Étapes
des Alcooliques anonymes

1. Nous avons admis que nous étions impuissants devant l'alcool – que nous avions perdu la maîtrise de nos vies.

2. Nous en sommes venus à croire qu'une Puissance supérieure à nous-mêmes pouvait nous rendre la raison.

3. Nous avons décidé de confier notre volonté et nos vies aux soins de Dieu *tel que nous Le concevions.*

4. Nous avons courageusement procédé à un inventaire moral, minutieux de nous-mêmes.

5. Nous avons avoué à Dieu, à nous-mêmes et à un autre humain la nature exacte de nos torts.

6. Nous avons pleinement consenti à ce que Dieu élimine tous ces défauts de caractère.

7. Nous Lui avons humblement demandé de faire disparaître nos déficiences.

8. Nous avons dressé une liste de toutes les personnes que nous avions lésées et consenti à leur faire amende honorable.

9. Nous avons réparé nos torts directement envers ces personnes partout où c'était possible, sauf lorsqu'en ce faisant, nous pouvions leur nuire ou faire tort à d'autres.

10. Nous avons poursuivi notre inventaire personnel et promptement admis nos torts dès que nous nous en sommes aperçus.

11. Nous avons cherché par la prière et la méditation à améliorer notre contact conscient avec Dieu, *tel que nous le concevions*, Lui demandant seulement de connaître Sa volonté à notre égard et de nous donner la force de l'exécuter.

12. Ayant connu un réveil spirituel comme résultat de ces étapes, nous avons alors essayé de transmettre ce message à d'autres alcooliques et de mettre en pratique ces principes dans tous les domaines de notre vie.

Les Douze Traditions
des Alcooliques anonymes

1. Notre bien-être commun devrait venir en premier lieu ; le rétablissement personnel dépend de l'unité des AA.

2. Dans la poursuite de notre objectif commun, il n'existe qu'une seule autorité ultime : un Dieu d'amour tel qu'il peut se manifester dans notre conscience de groupe. Nos chefs ne sont que des serviteurs de confiance, ils ne gouvernent pas.

3. Le désir d'arrêter de boire est la seule condition pour être membre des AA.

4. Chaque groupe devrait être autonome, sauf sur les points qui touchent d'autres groupes ou l'ensemble du Mouvement.

5. Chaque groupe n'a qu'un objectif primordial, transmettre son message à l'alcoolique qui souffre encore.

6. Un groupe ne devrait jamais endosser ou financer d'autres organismes, qu'ils soient apparentés ou étrangers aux AA, ni leur prêter le nom des Alcooliques anonymes, de peur que les soucis d'argent, de propriété ou de prestige ne nous distraient de notre objectif premier.

7. Tous les groupes devraient subvenir entièrement à leurs besoins et refuser les contributions de l'extérieur.

8. Le mouvement des Alcooliques anonymes devrait toujours demeurer non professionnel, mais nos centres de service peuvent engager des employés qualifiés.

9. Comme Mouvement, les Alcooliques anonymes ne devraient jamais avoir de structure formelle, mais nous pouvons constituer des conseils ou des comités de service directement responsables envers ceux qu'ils servent.

10. Le mouvement des Alcooliques anonymes n'exprime aucune opinion sur des sujets étrangers ; le nom des AA ne devrait donc jamais être mêlé à des controverses publiques.

11. La politique de nos relations publiques est basée sur l'attrait plutôt que sur la réclame ; nous devons toujours garder l'anonymat personnel dans la presse écrite et parlée de même qu'au cinéma.

12. L'anonymat est la base spirituelle de toutes nos traditions et nous rappelle sans cesse de placer les principes au-dessus des personnalités.

1879	8 août : naissance de Robert Holbrook Smith
1898	Diplôme de l'académie de St. Johnsbury
1902	Diplôme du collège Dartmouth
1910	Docteur en médecine de l'université Rush
1912	Dr Bob entreprend sa pratique médicale à Akron
1915	25 janvier : mariage avec Anne Ripley
1933	Premières réunions avec le Groupe Oxford pour vaincre son alcoolisme
1935	12 mai : Dr Bob rencontre Bill Wilson
	10 juin : dernier verre de Dr Bob et début des AA
1937	Arrivée des candidats de Cleveland aux réunions d'Akron
	Novembre : Dr Bob et Bill constatent le début de la « réaction en chaîne » ; les AA d'Akron admettent la nécessité d'un livre
1939	Réunions à Détroit, formation d'un groupe à Youngstown
	Avril : publication de *Alcoholics Anonymous* (le Gros Livre)
	11 mai : première réunion du groupe des AA de Cleveland (sans lien avec le Groupe Oxford)
	Août : Dr Bob et Sœur Ignatia commencent le traitement des alcooliques au St. Thomas Hospital
	Septembre : démarrage du groupe de Chicago
	Octobre : articles sur les AA dans le *Plain Dealer* de Cleveland
	Novembre-décembre : Les AA d'Akron quittent le Groupe Oxford et tiennent leurs réunions dans la maison de Dr Bob
1940	Janvier : le groupe d'Akron trouve un local dans l'école King
	Septembre : première réunion du groupe des AA de Toledo
1941	1er mars : article sur les AA dans le *Saturday Evening Post*
	Les AA de Cleveland organisent la « Journée de Doc Smith »
1942	Dr Bob et Bill sont accusés de tirer des profits du Gros Livre
1948	Décembre : dernier discours important de Dr Bob à Détroit
	Été : Dr Bob apprend qu'il a un cancer et abandonne sa pratique
1949	Mars : Dr Bob trouve prématurée l'idée d'une conférence des AA
	1er juin : décès d'Anne Ripley Smith
1950	Les 28, 29 et 30 juillet : premier Congrès international des AA, à Cleveland ; Dr Bob fait sa dernière apparition à un important rassemblement des AA et se joint à d'autres membres pour approuver les Douze Traditions
	16 novembre : décès de Dr Bob
	Grapevine de décembre : un article (rédigé antérieurement et signé conjointement par Bill et Dr Bob) recommande la mise en place d'une conférence des services généraux des AA
1971	24 janvier : décès de Bill Wilson
1988	5 octobre : décès de Loïs Burnham Wilson

Sources

Les Alcooliques anonymes (Le Gros Livre)

Le Mouvement des AA devient adulte

L'article de Jack Alexander (tiré à part de l'article du
 Saturday Evening Post)

Cassettes ou autres formes d'enregistrement

Les deux fondateurs des Alcooliques anonymes (brochure qui contient le
 dernier grand discours de Dr Bob en 1948)

Causerie d'adieu de Dr Bob (Parchemin où sont reproduits des extraits de sa
 dernière causerie en 1950, disponible intégralement sur cassette et en
 transcription dactylographiée)

The A.A. Grapevine (revue mensuelle)

Lettres

Documentation dactylographiée comprenant des transcriptions d'enregistrement

Les Douze Étapes et les Douze Traditions (livre)

Matériel archivé

Les citations de la Bible sont tirées, pour la plupart, de l'édition King James.

Index